本著为国家社会科学基金项目"集成视角下大学生思想政治教育实效性研究"(15BKS126) 研究成果

高 校 思 想 政 治 工 作 研 究 文 库

教育部思想政治工作司　组编

集成视角下
大学生思想政治教育实效性研究

李红革 ◎著

人 民 出 版 社

| 序 |

　　集成是现代管理学的重要范畴，是一个为实现特定目标，集成主体创造性地对集成单元进行优化并依循一定集成模式构造成为一个有机整体系统，从而更好地提升集成体的整体性能，更有效地实现整体功能倍增或涌现的过程。集成强调主体行为性、创造性、动态性、开放性、整体优化性，也蕴含着辩证唯物主义的思想智慧，是当代社会构造各类系统的崭新理念、模式及解决复杂巨系统问题的科学方法。中国特色社会主义伟业进入新时代以来，习近平总书记多次强调运用集成思想方法推进全面深化改革，推动国家治理体系和治理能力现代化形成总体效应、取得总体效果，进一步把制度优势转化为治理效能，为新时代中国特色社会主义各项事业发展提供了重要思想遵循和战略抓手。大学生思想政治教育作为我们党和国家的一项十分重要的工作，担负着立德树人的根本任务，也是一项极其复杂的系统工程，同样需要不断加强改革创新，同样需要运用集成理论方法来提升其实施成效，把制度优势更好转化为治理效能。习近平总书记高度重视学校思想政治教育，先后作出宣传思想工作创新、高校思想政治工作因势而新、思想政治理论课改革创新等重大部署，提出了构建大宣传工作格局和三全育人长效机制，把握好时、度、效等战略要求。这些重要论述不仅蕴含着丰富的集成观和效能观思想，而且是我们推动大学生思想政治教育改革创新、集成发展和实效性提升的重要依据。

由湖南省思想政治工作名师工作室（湖南文理学院）领衔专家李红革教授独撰、人民出版社出版的学术专著《集成视角下大学生思想政治教育实效性研究》，是一部从学理上沉思如何在集成视角下提升大学生思想政治教育实效性的力作。全书以习近平新时代中国特色社会主义思想为指导，深入探讨了以集成提升大学生思想政治教育实效性的理论基础、现状考察与对策方法等问题。该书的主要研究脉络有四：一是围绕改革创新这一主题，系统解读了大学生思想政治教育集成的思想理论与战略布局；二是着眼制度与治理两个维度，辩证分析了大学生思想政治教育集成的显著优势与迫切任务；三是坚持效果、效率、效益三效合一，深刻阐释了大学生思想政治教育实效性的时代内涵与理想之境；四是立足集成效应、集成管理、集成模式、集成评价四位一体，创新设计了提升大学生思想政治教育实效性的科学理路与具体方略。在此基础上，该书揭示了大学生思想政治教育集成观与效能观的内在关系及其统一路径，具有较强的理论创新和实践应用价值。该书具有以下鲜明特点。

第一，视角新颖，论域开阔。全书紧紧聚焦集成视角下大学生思想政治教育实效性这一中心议题，从理论与实践的双重维度展开系统研究、详细论证和深刻阐发。作者以集成思想、集成效应、集成分析、集成管理、集成模式、集成评价、集成实践为总体框架展开全文逻辑，侧重从学理层面研究集成观视域下提升大学生思想政治教育实效性的科学路径，并在系统阐发大学生思想政治教育集成属性的基础上，通过四个集成典型案例的据实分析，明确提出"大学生思想政治教育集成化"的鲜明观点。全书各章节紧密围绕大学生思想政治教育集成化这条主轴，每一章节既自成体系，又相互贯通，逻辑严密，环环相扣。该书无论是在立论前提的索引，还是在论域焦点的拓展，尤其在理论思想的点睛，均做到了有理有据、层层推进、深入论证，既注重学术创新性，又体现理论科学性，更强调实践操作性，使读者能够在清晰的集成理论框架中厘清大学生思想政治教育集成化的应然性、合理性和践履性，理解集成思维与大学生思想政治教育实效性的辩证关联。

第二，立意深邃，见解独到。该书并非简单地将大学生思想政治教育实效性论域机械地置于集成观视域中进行阐释，而是将其置于全面深化改革这一重大战略部署的背景下进行研究。从改革创新视野和集成观念的总体进程出发，多维度、多层次论述了大学生思想政治教育集成的基础理论与战略思想、显著优势与迫切任务、时代内涵与理想之境，创新设计了提升大学生思想政治教育实效性的科学理路和具体方略。该书一方面注重从学术层面、理论高度澄明大学生思想政治教育集成观与效能观的内在关系及其统一路径；另一方面更注重从现实角度指明如何集成化提升大学生思想政治教育实效性的现实路径。作者以深厚的知识素养"言他人所未言"，在学理层面提出全新论断：要以集成效应为目标导向，以集成管理为组织保障，以集成模式为关键环节，以集成评价为创新动力。据此，作者特别强调集成评价的不可或缺性和终极元素性，作者认为，集成效应程度与集成度通常情况下成正比，但是也并非集成维度、集成密度、集成强度越高，其集成效应就越高。这四个方面之间具有内在和非线性的互动关系，需要进一步在实践中去深刻把握和科学统筹。伴随着前三个集成度的提升，集成过程所需要的时间和各方面资源成本也相应增加，因此在集成过程中必须按照一定的集成目标要求，在确保一定集成速度的基础上提升前三个"度"，这样的集成度才是真正均衡合理的集成度，这是在评价中需要牢牢把握的重要原则。集成评价关键在落实，可从评价对象确立、评价方案制定、评价结论生成、评价结论运用等四个环节着手，切实加强科学评价、动态反馈和及时整改，不断推动大学生思想政治教育集成创新和效应提升。该书的理论分析见解独到，具有较强的科学性和创新性，给人以前所未有的耳目一新之感。

第三，文风朴实，语言生动。该书文风清新，语言质朴，毫无刻意堆砌的痕迹，且文笔流畅，思路清晰。作者学识深厚，通贯多学科界域，善于从交叉视点探寻学术研究的生长点，诉诸朴实无华的语言表达丰富的理论内涵。作者以扎实的理论功底和平实流畅的笔触，深入浅出地向读者演示了大学生思想政治教育集成化的现实图景，并从方法论的视角将建模法贯穿于本研究始终，为解决大学生思想政治教育实效性这一复杂性问题探讨解决对策，提供科学化、可操作性强的分析工具。作者运笔之处，描深奥于浅显，述艰涩于直白，寓真知于通俗，充分展示了文采飞扬之妙笔旨趣。全书内容丰富、条分缕析、语言生动，对每一个问题都力求以真实事例、科学理论支撑佐证，而非浅尝辄止、泛泛之谈，做到了持之有据、言之有依，极具感染力和说服力。

李红革博士虽担任高校领导工作多年，但从未减缓科研工作的节奏，繁忙工作之余仍笔耕不辍，成果丰硕。在我的记忆中，《集成视角下大学生思想政治教育实效性研究》这部力作，已经是他第二本入选《高校思想政治工作研究文库》的学术专著，我也有幸第二次为李红革的大作写序。搁笔之时，我尤其期待他的新作不断，让我们的书序之缘源远流长。

是为序。

秦在东

（华中师范大学教授、博士生导师）

2021 年 8 月 1 日

目　录

绪　论

一、研究背景与缘起

集成是现代管理学的重要范畴，是一个为实现特定目标，集成主体创造性地对集成单元进行优化并依循一定集成模式构造成为一个有机整体系统，从而更好提升集成体的整体性能，更有效地实现整体功能倍增或涌现的过程；集成强调主体行为性、创造性、动态性、开放性、整体优化性，也蕴含着辩证唯物主义的思想智慧，是当代社会构造各类系统的崭新理念、模式及解决复杂巨系统问题的科学方法，已经成为我们党推进全面深化改革及各项工作的科学思维和战略抓手。

大学生思想政治教育是党和国家的一项十分重要的工作，担负着立德树人的根本任务，也是一项极其复杂的系统工程，同样需要不断加强改革创新，运用集成理论方法来提升其实施成效，把制度优势更好转化为治理效能。在思想政治教育领域，习总书记先后作出宣传思想工作创新、高校思想政治工作因势而新、思想政治理论课改革创新等重大部署，提出了构建大宣传工作格局和"三全育人"长效机制，把握好时、度、效等战略要求。这些重要论述蕴含着丰富的集成观和效能观思想，是我们推动大学生思想政治教育改革创新、集成发展和实效性提升的重要依据。

2021 年 7 月，在中国共产党成立 100 周年之际，中共中央、国务院印发《关于新时代加强和改进思想政治工作的意见》指出，思想政治工作是党的优良传统、鲜明特色和突出政治优势，是一切工作的生命线。加强和改进思想政治工作，事关党的前途命运，事关国家长治久安，事关民族凝聚力和向心力；要坚持守正创新，推进理念创新、手段创新、基层工作创新，使新时代思想政治工作始终保持生机活力。宣传思想文化战线与高校深入贯彻落实习近平新时代中国特色社会主义思想，大力推进大学生思想政治教育改革创新、集成发展，取得重要进展和明显成效，但其治理效能、总体效应还有待进一步提升。如何运用集成思想方法进一步加强大学生思想政治教育实效性研究，以集成思维分析全局、谋划全局，以集成效应为指向推动全方位、立体化、协同化的系统创新，形成集成发展的科学方略，切实把大学生思想政治教育的制度优势转化为治理效能，有效破解大学生思想政治教育实效性问题，已经成为当前大学生思想政治教育改革创新面临的重要课题。

二、研究现状与研究价值

（一）研究现状

1. 关于集成的研究

在国外，集成思想的体现最早可以追溯到社会协作系统学派的代表人物——美国学者切斯特·巴纳德（Chester Barnard），1938 年，他的《高级管理人员的职能》一书较为系统地提出了协作思想。而同时期的社会系统学派的代表 E. L. Tirst 认为管理的关键在于协调技术系统与社会系统之间的关系。之后，创新经济学者约瑟夫·熊彼特（Joseph A Schumper）在《经济发展理论》一书中阐述了其在技术创新过程中技术和管理整合的思想。1973 年，美国学者约瑟夫·哈林顿（Joseph Harrington）博士以集成哲理为基础建立了计算机集成制造系统。此后，较多学者对集成理论特别是其在管理中的运用予以了深入研究。20 世纪 70 年代中期，Nelosn、Wnitre 和

Hughes 等分别开展了综合性创新研究和技术系统与社会系统制度之间的关系研究，使集成观在创新管理中变得更加明朗与务实。80 年代初，麦肯锡提出了以结构、制度等为内容的著名 7—S 管理体系，该体系的出现被学界认为是集成思想作为实践体系的首次完整展现。1998 年，查尔斯·萨维奇（Charles Savage）所著《第五代管理》一书提到：集成对组织结构有重要影响，其过程是保持企业内外部联系的关键模式。Drucker、R A. Burgelman 和 Y L. Doz、Cummings 等研究了集成管理的要素、重要意义，战略集成的定义、形式与实施关键、集成管理模式等问题。

在国内，20 世纪 90 年代，著名学者钱学森指出，综合集成是处理开放的复杂巨系统的有效方法，此后，管理领域对集成的研究逐步深化。王洗尘（1992）从方法论角度探讨了系统集成的内在机制。王寿云（1994）提出以"综合集成研讨厅体系"进行系统分析的综合集成方法。龚建桥（1996）等从科技企业研究开发角度提出了集成管理的模式。傅家骥（1998）提出了合作创新的各种模式是资源、功能的互补、互惠的集成思想。于景元（1997）提出综合集成方法是现代科学技术条件下实践论的具体化的观点。华宏鸣（1997）指出，企业管理的发展趋势是现代化集成。刘晓强（1997）认为"人类面临的重大社会问题需要'综合集成'地解决"，提出了集成论的研究对象、内容、若干可能的研究方向及相关的问题。李宝山（1997）提出，从管理角度来说，集成指的是一种创造性的融合过程。海峰（1999）认为，集成正逐渐成为构造各类系统的崭新理念、模式及处理复杂巨系统问题的方法。李必强等（2003）探讨了集成论的基本范畴、基本问题和基本原理。黄杰（2005）探讨了集成的基本理论及企业信息资源集成管理。戴汝为等（2012）系统研究了综合集成的理论基础以及信息科学等技术手段。党的十八大以来，学界对习近平新时代中国特色社会主义思想中所蕴含的集成思想与系统思维进行了较为全面的研究。如章忠民（2016）认为整体性原则既是习近平治国理政思想的显著特征，也是研究习近平治国理政思想的关键切入点和重要原则。韩庆祥等（2017）对习近平治国理政思想的体系性进行了深入剖析。秦书生（2017）探讨了习近平在谋划全面深化改革中所彰显的系统思维。徐建军等（2018）从马克思主义系统哲学维度对习近平人类命运共同体观进行了较为深入的阐释。竺乾威（2019）论述了以习近平同志为核心的党中央在推进党和国家机构改革的实践中所蕴含的集成思想。

2. 关于大学生思想政治教育实效性的研究

国外学者对于政治教育、公民教育等实效性的研究散见于其政治文化、政治社会化、公民教育等有关论著中。有"当代道德教育理论之父"美誉的法国学者迪尔凯姆肯定由社会出发的带有强制性的教育方法的有效性。美国进步主义教育运动的代表人物杜威（1919）对学校的道德教育的实效性进行了探讨。美国著名人格教育家坎纳（Tom Lickona）和戴维森（Matthew Davidson）于20世纪60年代提出以促进"青少年思想道德、价值观念、个人情感全面发展"为内容的"全人格教育"。N. V. 黑渥勒（1970）首先提出了隐蔽课程的概念；美国学者安东尼·奥罗姆（1989）在《政治社会学》中强调，"人和社会，为了能存在下去……必须紧密地围绕保持其制度完整这个中心，成功地把思想方式灌输进每个成员的脑子里"。加拿大学者克里夫·贝克（1990）提出了价值教育理论，强调道德教育的渗透性。美国教育学家霍德华·柯申鲍姆（1992）从内容、方法、教育时空、参与者的综合四个方面对"综合价值观教育"模式进行完整论述。Kevin Ryan（1999）提出了在品格教育中对学生加强以核心价值的认知、实践和认同为目的的多途径、多方法的六 E 策略。V. Battistichetal（2000）指出："建立一套综合的价值观教育模式，从而加强'好的'价值观并消除'坏的'价值观，那么，青少年必将被引向富有成效的道德行为。"从整体上，西方关于学校道德教育、价值教育有效性的探讨，已经开始更多地进入道德教育、价值教育如何才能有效的论域，在对这一问题的解答中，各种流派表现出鲜明的现实针对性及理论交锋性，其研究方法呈现出鲜明的心理学化倾向及实验性、多学科整合性，其依据各自的立场提出的种种"有效"方法，也具有微观性、操作性等鲜明的特点。

　　在国内，一些学者较早在相关论著中对思想政治教育的实效性进行了论述。张耀灿、郑永廷、刘书林、吴潜涛等（2001）认为："思想政治教育的实效性，主要指方法的可操作性、实践中的可行性、产生结果的可靠性。"沈壮海（2001）在专著《思想政治教育有效性研究》中对思想政治教育的有效要素、有效过程、有效结果以及思想政治教育有效性的运行规律进行了全面深入研究。邱柏生（2006）立足政治沟通角度，从政治沟通的内容、表现方式、沟通障碍及克服等方面，考察思想政治教育有效性问题。张耀灿（2008）指出要提高思想政治教育的实效性，"必须废止以'接受学习'为基础的灌输说教的传统教育模式，代之以'交往教育'的新模式"。黄蓉生（2008）指出从理念创新、内容创新、方法创新三个方面提升大学生思想政治教育的实效是大学生思想政治教育的时代要求。张红霞（2009）以文化多样化为视角，对高校思想政治教育实效性面临的挑战、对策及其评价体系进行了全面、系统的研究。骆郁廷（2010）从校园氛围的独特视角，探究了提升大学生日常思想政治教育实效的方法。封希德（2010）专门研究了大学生日常思想政治教育实效性问题。李维昌、盛美真（2010）对高校思想政治教育的实效性进行了不同维度、不同层面和不同程度的探讨。张禧等（2014）所著的《大学生思想政治教育实效性探索》从教育理念创新、教育机制创新、主渠道建设、校园文化建设等方面对新时代大学生思想政治教育实效性的提升路径进行了探索。邱建国（2015）编著的《提升大学生思想政治教育工作实效性的实践与探索》从多视角、多角度梳理和总结了大学生思想政治教育理论研究与实践探索中的经验。施春梅、张澍军（2016）将认知心理模式构建作为大学生思想政治教育实效性提升的重要路径。杨军等（2016）从社会思潮的复杂影响视角探讨了思想政治理论课实效性提升路径。秦在东等（2017）探讨了马克思主义时代观视域下思想政治教育实效性提升问题。杨胜才（2017）从高校领导者视角对增强思想政治教育工作实效性进行了思考。孙伟等（2017）立足新媒体时代，探讨了借助媒体融合增强大学生思想政治教育实效性的对策。代黎明（2019）在专著《高校思想政治教育实效性研究》中从利益向度、影响因素、人文内涵、机制分析、教学模式、课程实施、理论武装、理想与现实教育等不同的角度和层面，对高校思想政治教育实效性作了理论分析和经验探索。还有一些学者研究了大学生思想政治教育实效性的内涵、影响因素和现状等问题。

3. 关于集成与大学生思想政治教育实效性关系的研究

随着研究的不断深入，一些学者开始从整体、综合、集成视角探讨大学生思想政治教育发展问题。张耀灿（2009）提出："改革开放以来，高校加强和改进思想政治教育集中表现为走向整合式的发展创新。"郑永廷提出以"整合""结合""配合""融合"为内容的"合力理论"，探讨构建提升思想政治教育的实效性的"协同运行方式"（2009）；提出以教育资源整合和教育力量整合为内容的"大学生思想政治教育整合论"（2013）。骆郁廷（2010）认为，综合化是大学生思想政治教育的重要趋势之一，也是适应德育资源配置集约化的现实需要，必须整合各方面的力量，提高思想政治教育的整体效应。闵永新（2012）认为整体有效性是大学生思想政治教育科学化的根本特性和要求。许留明、乔晖（2000）研究了信息集成在思想政治工作中的应用方法。王玉玲（2011）探讨了高校思想政治理论课实践教学系统集成模式。王志学（2012）发表《运用综合集成方法推进思想政治教育创新》，认为教育主体、对象、内容、手段、机制和环境等各个要素的综合集成，将使思想政治教育产生倍增效应。李红革等（2016）以集成理论为指导，对大学生思想政治教育实效性的影响因素和提升路径进行了深入探讨。冯秀军（2017）从整体性视角探讨了思想政治教育实效性提升的路径。

综上所述，国内外已有研究成果为本研究提供了重要基础，但从集成视角研究思想政治教育实效性的成果较少，特别是对大学生思想政治教育集成与效能的内在关系、互动机理等问题缺乏深入研究，对如何运用集成理论方法促进大学生思想政治教育实效提升还存在很大研究空间。

（二）研究价值

1. 学术价值

将集成理论引入思想政治教育研究，系统解读了思想政治教育集成的基本理论，重新诠释了效果、效率、效益"三效合一"的实效性内涵及其理想之境，揭示了大学生思想政治教育集成观和效能观的内在关系和统一路径，拓宽了大学生思想政治教育研究视野，丰富了大学生思想政治教育管理、效能及其评价理论体系。

2. 应用价值

将集成理论方法应用到大学生思想政治教育实践工作，运用建模法构建了系列分析与应用模型，形成了集成效应、集成管理、集成模式、集成评价"四位一体"的大学生思想政治教育集成发展和实效提升方略，为推动大学生思想政治教育内涵式、高质量发展提供了创新路径和科学范式。

三、研究对象和主要内容

（一）研究对象

围绕大学生思想政治教育改革创新这一主题，深入探讨以集成思想方法提升大学生思想政治教育实效性的理论动因、显著优势、迫切任务与科学路径。

（二）研究内容

本研究主要按照集成的分析框架展开研究，总体包括理论梳理、现实考察和对策探讨等三大板块，主要内容包括绪论和七章，即第一章"集成思想：推动思想政治教育改革创新的时代强音"、第二章"集成效应：大学生思想政治教育实效性的理想之境"、第三章"集成分析：大学生思想政治教育实效性的现状透视"、第四章"集成管理：提升大学生思想政治教育实效性的科学路径（一）"、第五章"集成模式：提升大学生思想政治教育实效性的科学路径（二）"、第六章"集成评价：提升大学生思想政治教育实效性的科学路径（三）"、第七章"集成实践：大学生思想政治教育集成化案例分析"。本研究围绕改革创新这一主题，系统解读了集成与思想政治教育集成的基础理论与战略思想；着眼制度与治理两个维度，辩证分析了大学生思想政治教育集成的显著优势与迫切任务；坚持效果、效率、效益三效合一，深刻阐释了大学生思想政治教育实效性的基本内涵与理想之境；立足集成效应、集成管理、集成模式、集成评价四位一体，创新设计了提升大学生思想政治教育实效性的科学理路与实施方略。这些研究内容可概括为"一个主题"、"两个维度"、"三效合一"、"四位一体"，深刻揭示了大学生思想政治教育集成观与效能观的内在关系及其统一路径，具有较强的学理性、应用性和创新性。

1. 围绕改革创新这一主题，系统解读了大学生思想政治教育集成的基础理论与战略思想

全面深化改革是当代中国的鲜明主题，是关系党和国家事业发展全局的重大战略部署。为了更好地推进落实好这项任务，习近平总书记特别强调运用集成思想方法破解发展难题，提出了一系列重要论述，标志着集成已经成为我们党推进全面深化改革、提升治理效能的科学思维和战略抓手。那么，集成究竟有何深意？为何如此重要？本研究从管理学与哲学两方面对集成的基础理论进行了深入解读，重点对习近平关于集成与思想政治教育集成的重要论述、战略思想作了全面梳理和系统分析。

首先，解读了集成的基本内涵。集成是管理学的一个重要范畴，也是辩证唯物主义的思想方法。管理学意义上的集成是指"将两个或两个以上的集成单元（要素、子系统）集合成为一个有机整体的行为和过程"，"所形成的集成体（集成系统）不是集成单元之间的简单叠加，而是按照一定的集成方式和模式进行的构造和组合，其目的在于更大程度地提高集成体的整

体功能，以实现其整体功能的倍增或涌现的集成目标"。可见，就其本质而言，集成强调人的主体行为性和集成体形成的整体功能倍增性，追求实现集成效应，它既是构造系统的科学思维，也是处理复杂系统问题、实现效能最大化的有效方法。这是运用集成方法的管理学依据。马克思、恩格斯创立的唯物辩证法蕴含着丰富的集成思想。比如，马克思主义关于普遍联系、永恒发展、对立统一的哲学原理和观点，与集成论强调整体优化性、主体行为性、动态性、创造性、协同性、层次性等特点是高度契合的，二者具有内在的共通性和统一性。这是运用集成方法的哲学依据。

其次，解读了集成与全面深化改革的重要论述。系统梳理了习近平关于全面深化改革与集成的重要论述。习近平总书记从 2014 年起明确提出各领域改革和改进联动和集成，在国家治理体系和治理能力现代化上形成总体效应、取得总体效果；2016 年，习近平总书记指出，要着力加强全面深化改革开放各项措施系统集成。2019 年 10 月，习近平总书记指出，党的十九届四中全会《决定》"准确把握我国国家制度和国家治理体系的演进方向和规律"，"突出系统集成、协同高效，体现了强烈的问题导向和鲜明的实践特色"，"必将对推动各方面制度更加成熟更加定型、把我国制度优势更好转化为国家治理效能产生重大而深远的影响"；在 2019 年 11 月召开的中央全面深化改革委员会第十一次会议上，他进一步强调："党的十九届四中全会《决定》为全面深化改革系统集成、协同高效提供了根本遵循。我们现在要做的是，推动各项改革向制度更加成熟更加定型靠拢，让各项改革相得益彰、发生化学反应"；"聚焦制度是否有效运转开展督察，看改革是否实现目标集成、政策集成、效果集成"。习近平总书记这些重要论述揭示了全面深化改革与系统集成的内在关系及其实现路径：全面深化改革的总目标是完善和发展中国特色社会主义制度、推进国家治理体系和治理能力现代化，而要在国家治理体系和治理能力现代化上形成总体效应、取得总体效果，就必须着力加强全面深化改革开放各项措施系统集成，把制度优势更好转化为治理效能。这是推进全面深化改革的总体进路，也是提升全面深化改革成效的科学方法。

最后，解读了思想政治教育集成与改革创新的战略思想。在思想政治教育领域，习近平总书记同样强调要加强改革创新，注重系统集成，提升实际成效，先后作出宣传思想工作创新、高校思想政治工作因势而新、思想政治理论课改革创新等重大部署，提出了构建大宣传、大思政格局，推进"三全育人"，把握好时、度、效等战略要求。这些重要论述和战略要求蕴含着丰富的集成观和效能观思想，是我们推动大学生思想政治教育改革创新、集成发展和实效性提升的重要依据。

2. 着眼制度与治理两个维度，辩证分析了大学生思想政治教育集成的显著优势和迫切任务

制度与治理是全面深化改革的落脚点和着力点所在，也是考察集成发展及其成效的两个重要维度。党的十八届三中全会提出，"全面深化改革的总目标，就是完善和发展中国特色社会主义制度、推进国家治理体系和治理能力现代化"；党的十九届四中全会指出，我国国家制度和国家治理体系具有多方面的显著优势，表现在坚持党的集中统一领导、坚持人民当家作主、坚持全面依法治国、坚持全国一盘棋和坚持改革创新、与时俱进等方面。这些显著优势也体现在大学生思想政治教育集成的制度与治理体系方面，比如"目标集成、政策集成、效果集成"等，是我们坚定思想政治教育理论自信、学科自信、战略自信的重要依据。党的十九届四中全会同时强调，要"把我国制度优势更好转化为国家治理效能"。这同样是进一步推进思想政治教育集成发展面临的迫切任务。本研究从制度与治理这两个维度及其内在关系出发，结合大学生思想政治教育实践育人共同体建设、网络思想政治教育集成创新、社会主义核心价值观教育集成化、"三全育人"综合改革等实践案例，辩证分析了大学生思想政治教育集成的显著优势以及所面临的迫切任务。

一是分析了大学生思想政治教育集成的显著优势。新时代以来，围绕思想政治教育改革创新问题，党和国家不断完善思想政治教育制度体系和治理

体系，采取切实有效措施推动思想政治教育集成发展，呈现出多方面的显著优势。如，陆续召开全国宣传思想工作会议、高校思想政治工作会议、教育大会、学校思想政治理论课教师代表座谈会等相关高规格会议，密集出台了改进和加强高校思想政治工作、深化思政课改革创新的意见，高校思想政治教育质量提升工程实施纲要、思政课建设体系创新计划，思政课教学工作基本要求、辅导员队伍建设规定，以及马克思主义理论类教学质量国家标准、马克思主义学院建设标准、思政课教学工作基本要求和建设标准等，各地高校也根据这些文件精神进一步完善了相关制度规范，体现了"政策制度集成"的显著优势；确立了"两个巩固"、"四个服务"、"三个结合"的目标要求，体现了"目标任务集成"的优势；按照"四个有"、"四个相统一"、"六个要"的要求加强教师队伍建设，按照"八个相统一"加强思政课改革创新，按照"多学段"、"一体化"的要求加强思想政治教育内容建设，依托"三全育人"、"十大体系"构建"大宣传"、"大思政"工作格局，体现了"措施方法集成"的显著优势；培养了"可爱、可信、可为的一代"，建成了"值得信赖"、"三可三为"的教育队伍，总体"成效显著"、"态势良好"，体现了"实际成效集成"的显著优势。

二是分析了大学生思想政治教育集成面临的迫切任务。在以习近平同志为核心的党中央坚强领导下，大学生思想政治教育领域以集成推动改革创新，制度体系与治理体系建设取得重大进展，各项改革部署迅速落实到位，极大提升了大学生思想政治教育实施效果和治理效能。加强大学生思想政治教育集成制度和治理体系建设，正如习近平总书记所说，"只是解决了'面'上的问题，真正要发生'化学反应'，还有大量工作要做"，要着力固根基、扬优势、补短板、强弱项，构建系统完备、科学规范、运行有效的大学生思想政治教育集成制度体系，使各方面制度更加成熟更加定型，机构职能更加优化、权责更加协同、运行更加高效，把集成的政策制度优势更好转化为实施效果和治理效能。当前，虽然大学生思想政治教育集成的显著优势逐步显现，但总体来看，"教学效果还需提升"，"协同效应有待增强"，"合

力没有完全形成"，还需要进一步深化"三全育人"教育理念、强化"协同
联动"管理机制、优化"效应涌现"育人模式、细化"动态综合"评价方
法，有效破除制约大学生思想政治教育实效性提升的体制机制因素，大力完
善大学生思想政治教育集成的制度体系和治理体系，充分激发大学生思想政
治教育各领域、各环节、各要素的潜能与活力，使之真正发生"化学反应"。

3. 坚持效果、效率、效益三效合一，深刻阐释了大学生思想政治教
育实效性的时代内涵与理想之境

实效提升是全面深化改革的焦点所在，也是集成的核心功能。习近平总
书记指出，"全面深化改革是一项复杂的系统工程，需要加强顶层设计和整
体谋划，加强各项改革关联性、系统性、可行性研究。……使各项改革举措
在政策取向上相互配合、在实施过程中相互促进、在实际成效上相得益
彰"，"形成总体效应、取得总体效果"，将"制度优势转化为治理效能"。
在思想政治教育方面，"关键是要提高质量和水平，把握好时、度、效"，
"形成协同效应"、"全局效应"。这里所说"实际成效"就是"实效"，"总
体效应"、"总体效果"、"协同效应"、"全局效应"实际上就是集成效应。而
关于"效"，人们存在着不同的理解。那么，对于大学生思想政治教育而
言，其"实效性"和"集成效应"究竟有何意涵，二者之间又具有怎样的
内在关系？本研究坚持效果、效率、效益"三效"的辩证统一，重新解读
和深入诠释了大学思想政治教育实效性与集成效应的基本内涵及其内在
关系。

第一，大学生思想政治教育实效性是效果、效率、效益的有机统一。实
效性是对效能实现程度的判断，从其本质上说是效果、效率与效益的有机统
一，对于大学生思想政治教育而言，反映了其教育目标、管理目标和总体目
标的实现程度。其中，效果主要反映大学生思想政治教育育人结果与育人目
标的比率关系，其观测点包括德智体美劳全面发展的社会主义建设者和接班
人的培养情况如何、学生各方面的素质提升情况如何等；效率主要反映单位
时间内有用输出结果与投入成本之间的比率关系，其观测点包括人才培养周

期长短、资源优化配置情况等；效益主要反映全局性或长期性总产出与总投入之间的比率关系，是对效果和效率的综合与超越，其观测点包括政治效益、文化效益、经济效益，中长远效益、长远效益等。其中，经济效益反映劳动产品与劳动消耗和劳动成本之间的比率关系，可以运用若干经济指标来计算，而政治效益、文化效益则难以计量，必须借助于其他形式来间接考核。对大学生思想政治教育效益，更加侧重从政治效益、文化效益和长远效益视角进行研究和考察。在这三个概念中，效率问题至关重要，这是因为：如果教育资源利用不充分，会制约教育目标实现，影响教育效果提升；如果为达教育目标而不计成本，则会导致大量教育资源浪费，不利于总体效益特别是经济效益提升。当前，我国大学生思想政治教育实效性总体良好，但效率仍然有待进一步提升。

第二，集成效应是大学生思想政治教育实效性的理想之境。集成效应是系统集成化带来的客观效果，同时也是实现系统效能最大化的必由之路，是系统集成化与系统效能最大化的耦合，反映了集成观与效能观的有机统一。在集成效应的刺激和推动下，管理者按照相容性原理、互补性原理、界面选择原理、功能倍增原理等集成基本理论的要求，将各项要素进行科学合理的互补匹配，形成更加高级有序有效的整体结构，从而提升系统运行的效果、效率和效益，最终能够实现集成效应最大化。根据这一原理，集成体的整体功效远高于单项要素功效的简单机械的叠加，各单项要素有机集成后所产生的系统效应必大于单项要素效应的简单加和，具有系统功效倍增和涌现的特点。因此，集成效应是推动大学生思想政治教育集成的内在动因，也是其实效性的最理想状态，可以从整体效应、协同效应和涌现效应等三个方面来把握。首先，集成是创造性地对要素进行优化配置，使各要素成为一个相互优势互补、匹配的有机体的过程，具有整体效应，表现在微观、中观、宏观等不同层面；其次，集成也是集成体各要素进行有效协同的过程，具有协同效应，表现在教育主体和各类资源协同等方面；最后，集成过程是协同各要素构建集成体的过程，也是集成体的功能倍增和效应涌现的过程，具有涌现效应，主要表现在育人效果提升、效率提高和效益增强等方面。

4. 立足集成效应、集成管理、集成模式、集成评价"四位一体"，创新设计了提升大学生思想政治教育实效性的科学理路和具体方略

集成是推动大学思想政治教育改革创新的科学方法，是提升大学生思想政治教育实效性必由之路。本研究立足集成效应、集成管理、集成模式、集成评价"四位一体"，深入探讨和创新构建了提升大学生思想政治教育实效性的科学理路和实施方略，即要以集成效应为目标导向，以集成管理为组织保障，以集成模式为关键环节，以集成评价为创新动力。

一是要以集成效应为目标导向。由于集成要求实现"1+1>2"的效应，意味着集成后的总体效应总是大于集成前的总体效应的，因此集成效应是实施大学生思想政治教育集成管理和集成方略的根本动因。要以集成效应为理想目标，致力于实现大学生思想政治教育的整体效应、协同效应、涌现效应。

二是要以集成管理为组织保障。大学生思想政治教育集成管理是一个依据教育目的和发展规律，创造性地运用集成管理的各种功能，有意识地调节大学生思想政治教育系统内外各种关系和资源，最大限度地实现其效果、效率、效益的社会控制过程，要牢固树立齐抓共管、协同创新、同向同行等集成管理理念；充分运用超前策划、互利共赢、流程重组等集成管理法。

三是要以集成模式为关键环节。大学生思想政治教育集成模式是指在集成过程中集成主体以及集成对象之间相互联系和作用的方式，不仅反映了集成主体及其对象之间物质、能量、信息的交流互换关系，也反映了集成体实现并发挥其倍增或涌现功能的方式与途径，可以从行为方式、组织方式以及规模等三个维度进行分析构建。其中，行为方式包括互补匹配、竞争激励、协同和谐三个层级；组织方式包括单元集成、过程集成、系统集成、网络集成四个层级；集成规模包括小规模集成、中规模集成、大规模集成三个层级。要科学构建和运用集成模式，提升教育资源优化配置水平与协同联动效率。

四是要以集成评价为创新动力。大学生思想政治教育集成也要把握好时、度、效。集成度不同，其集成效应高低也是不同的。集成度即要素集成过程中要素间的关联度、融合度，可用集成维度、集成密度、集成强度、集成速度等来描述，并以之为核心依据构建大学思想政治教育集成评价指标体系。其中，集成维度、集成密度主要反映集成单元类别多少和总量（规模）程度，与整体效应密切相关，其集成对象包括教育者、教育对象和教育介体等基本单元；集成强度主要反映集成单元之间关系紧密程度，与协同效应密切相关，根据集成组织方式的不同，可从单元集成、过程集成、系统集成、网络集成等四个方面对集成强度进行分析；集成速度主要反映要素构成相关集成体所需要的时间成本，与涌现效应密切相关，主要可从要素整合速度、协同联动速度、效应涌现速度等三个方面进行分析。这四个"度"既有联系又有区别，从不同方面体现了集成的性质、特征与效能状态，不仅反映了大学生思想政治教育集成要素的基本构成及其质量状态，还反映了这些要素之间的关联度、融合度等核心问题，是评价大学生思想政治教育集成度的核心依据。

一般来说，集成效应程度与集成度成正比，但是也并非集成维度、集成密度、集成强度越高，其集成效应就越高。这四个方面之间具有内在和非线性的互动关系，需要我们在实践中去深刻把握和科学统筹。伴随着前三个集成度的提升，集成过程所需要的时间和各方面资源成本也相应增加，因此在集成过程中必须按照一定的集成目标要求，在确保一定集成速度的基础上提升前三个"度"，这样的集成度才是真正均衡合理的集成度，这是在评价中需要牢牢把握的重要原则。集成评价关键在落实，可从评价对象确立、评价方案制定、评价结论生成、评价结论运用等四个环节着手，切实加强科学评价、动态反馈和及时整改，不断推动大学生思想政治教育集成创新和效应提升。

四、研究思路与具体方法

(一) 基本思路

本研究以习近平新时代中国特色社会主义思想为指导，立足集成理论视角深入探讨大学生思想政治教育实效性问题，深刻揭示了大学生思想政治教育集成观与效能观的内在关系和统一路径。一是围绕改革创新这一主题，系统解读了大学生思想政治教育集成的基础理论与战略思想；二是着眼制度与治理两个维度，辩证分析了大学生思想政治教育集成的显著优势与迫切任务；三是坚持效果、效率、效益三效合一，深入阐释了大学生思想政治教育实效性的时代内涵与理想之境；四是立足集成效应、集成管理、集成模式、集成评价"四位一体"，创新设计了提升大学生思想政治教育实效性的科学理路与具体方略。

(二) 研究方法

本研究主要采取以下研究方法：

1. 文献研究法。通过查阅相关文献资料，把握集成与大学生思想政治教育实效性相关研究现状。

2. 系统研究法。运用系统理论与方法，系统梳理马克思主义理论集成观，深入研究大学生思想政治教育的要素构成方式，分析制约大学生思想政治教育实效性的因素。

3. 实证研究法。通过调查研究、案例分析等方法，深入考察与把握大学生思想政治教育的效果、效率、效益现状；在部分地区、高校对所构建模式进行试点检验。

4. 学科交叉研究法。利用马克思主义哲学、思想政治教育学、管理学等多学科原理，对集成与提升大学生思想政治教育实效性的内在关系、互动方式进行深入分析。

5. 综合集成法。通过专家研讨、网络平台、数据体系等方法途径，对大学生思想政治教育有关复杂问题进行从定性到定量的分析与研究。

五、创新之处和突出特色

（一）创新之处

1. 研究视野创新。从全面深化改革这一当代中国重大主题和战略部署出发，系统梳理了习近平关于集成、思想政治教育集成的重要论述和战略思想，运用集成理论，围绕改革创新这一主题，着眼制度与治理两个维度，深入探讨大学生思想政治教育实效性提升问题，研究视野具有很强的开拓性。

2. 研究内容创新。从效果、效率、效益"三效合一"视角重新阐释了大学生思想政治教育实效性内涵；从集成效应、集成管理、集成模式、集成评价"四位一体"视角提出大学生思想政治教育集成发展、实效提升的科学理路，特别是构建了以集成维度、集成密度、集成强度、集成速度为核心指标的集成度评价模型，深刻揭示了大学生思想政治教育集成观与效能观的内在关系及其统一路径。这些内容、对策和观点具有原创性。

3. 研究方法创新。将建模法贯穿于本研究始终，对于深入分析大学生思想政治教育实效性这一复杂性问题、探讨其解决对策，提供了科学化、可操作性强的分析工具，在推动大学生思想政治教育量化研究、实证研究方面具有重要的开创性。

（二）突出特色

1. 学科交叉性。将集成理论引入大学生思想政治教育研究，体现了思想政治教育学与管理学交叉学科研究的优势，也是对思想政治教育管理学有关原理方法的创新运用。

2. 理论思辨性。从多个维度探析了大学生思想政治教育集成观与效能观、制度优势与治理效能、传统方法与集成方略的辩证统一关系，具有较强的学理性，论证比较充分。

3. 对策实证性。运用集成理论深入分析了制约大学生思想政治教育实效性的因素，并在广泛调研的基础上，构建了系列集成发展的模式模型，具有较强的可操作性。

| 第一章 |

集成思想：推动思想政治教育
改革创新的时代强音

第一节　集成的基本理论与方法

　　全面深化改革是新时代我国重大战略任务。"新时代谋划全面深化改革，必须以坚持和完善中国特色社会主义制度、推进国家治理体系和治理能力现代化为主轴。"① 集成是管理学的重要范畴，也是辩证唯物主义的基本方法，是破解复杂性系统、实效性问题的科学思维，也是习近平关于推进全面深化改革、加强制度建设和治理能力建设的战略抓手。这一思想方法为推动思想政治教育改革创新、科学发展提供了思想遵循和现实路径。新时代以来，党和国家高度重视和大力加强思想政治教育工作，以集成战略思想奏响了思想政治教育改革创新的时代强音。

---

① 《习近平谈治国理政》第三卷，外文出版社 2020 年版，第 112 页。

一、集成的内涵特征与要素

（一）集成的内涵

一般来说，集成可理解为聚集、集合、综合之意，这是人们对"集成"最基本的认识。这一词在《现代汉语词典》中的释义为同类著作的汇集，在英文中为融和、综合、成为整体、一体化等。在对广泛存在于自然、社会活动中的集成现象进行分析的基础上，有研究者将"集成"的这一概念进一步界定为："将两个或两个以上的集成单元（要素、子系统）集合成为一个有机整体的行为和过程，所形成的集成体（集成系统）不是集成单元之间的简单叠加，而是按照一定的集成方式和模式进行的构造和组合，其目的在于更大程度地提高集成体的整体功能，以实现其整体功能的倍增或涌现的集成目标。"①

可见，理论界的"集成"是一个内涵丰富、比较复杂的概念，就其本质而言，集成强调人的主体行为性和集成体形成的整体功能倍增性。但是集成并非两个或多个要素的线性组合，而是将原来没有联系或联系不紧密的要素构造成具备一定功能且紧密关联的有机新系统。因此，集成属于系统综合与系统优化的范畴，是一个主动地寻优的过程。要素间线性地结合并不能称为集成，只有当要素经过主动优化，选择匹配，彼此以最合理的结构形式相结合，形成一个由适宜要素构成的、优势互补匹配的有机整体的过程才能称为集成。也正因如此，集成成为现代管理中构造系统的一种先进理念，也成为处理复杂系统问题的一种科学方法，在管理工作中发挥着越来越重要的作用。

① 海峰、李必强、冯飞艳：《集成论的基本范畴》，《中国软科学》2001 年第 1 期。

（二）集成的特征

集成既指集成过程，也指集成体，相对于传统的系统而言具有如下几个方面的特征：

其一，整体优化性。集成体是一种高级系统，具有系统的基本特征，集成最后所形成的一定是一个完整的有机统一体，一个能够达到一定目的或完成某种功能的有机统一体，一个能够通过优化组合达到功能倍增的有机统一体①。从资源角度看，集成是将复杂巨系统中的各种系统的所有相关的要素进行优化组合，使原有系统的范围更加广泛，涵盖要素更加宽广，是一个促进系统整体优化的过程。例如从管理技术手段和方法层面来看，集成管理不但涉及管理技术本身的集成，而且关涉管理技术、制造技术、信息技术等的彼此融合与系统集成。

其二，主体行为性。集成的主体是人，集成的主体行为性主要表现为集成主体为实现特定目标而主动进行的有意识的行为，带有很强的目的性和主动性，是系统以及集成体要素中最核心、最活跃的要素。集成相对于一般过程而言，更强调激发"人"这一要素的核心作用，通过目标设定、职责调整、流程重组、模式创新等方式，充分激发行为主体的积极性、创造性和更大潜能。

其三，动态性。集成的过程是一个多元互动的动态发展过程，不是静止和孤立的，这就使得集成整体能够在适宜的整合模式下发挥更大效能；整个集成体就是一个能够吸纳更新自身的内涵形式，与外部环境相互作用的开放的有机系统，该集成体在不断的进化和发展中实现其整体性能的提升。

其四，创造性。集成的过程就是以创造思维为核心的创造性实现的过程，创造性使具有不同特性的各个要素能够通过合理的方式聚合成一个有机

---

① 参见黄菁：《集成视角下的政府信息资源管理》，武汉大学博士学位论文 2009 年。

整体。突出强调人的主体行为，而集成的主体行为又主要表现为管理者运用创造性思维方式和创新性管理方法，将组织内部和外部资源进行优化组合，从而产生集成前所无法达到的效果。可以说，集成的过程就是主体行为的创造性不断彰显的过程。

其五，协同性。集成以实现系统优势互补、聚合放大、功能倍增为目标，这就需要各集成要素依照一定的集成方式或模式协调一致，且集成系统的协调度越高，集成管理系统的整体功能就越强。集成的动态性和整体性的客观存在，要求各集成要素必须高度协同。

其六，层次性。集成的要素既包括组织内部的相关要素，也包括组织外部的相应资源，集成体各要素间的联系是广泛、紧密而复杂的。特别是组织集成管理系统的结构是多层次、多功能的，其中，任一层次以前一层次为基础；集成管理系统会随环境变化而不断地对其层次与功能结构进行重组和完善；集成管理强调集成者主体行为，集成者智能作用会有突出表现。

（三）集成的基本要素

根据系统论的观点，集成的基本要素包括集成目标、集成单元、集成模式、集成条件、集成环境等。其中，集成目标，就是集成所要达到的目的和完成的任务。集成目标决定了集成的思路，决定了集成的模式选择和集成单元的大小与规模；集成单元是指构成集成体或集成关系的基本单位集成要素，是构成集成体的基本物质条件，集成单元是相对的，某一具体集成单元是相对于特定对象而言的，随着对象的变化而变化；集成模式是指集成单元之间相互作用和关联的方式，不仅反映集成单元之间物质、信息交流关系，也反映集成单元之间能量互换关系，集成关系是多种多样的，集成程度也是各不相同的；集成条件指集成体的内部环境，主要包括联系条件、界面条件、成本、选择条件和要素条件等，其中，联系条件指集成单元之间的物质、信息和能量等的联系，界面条件是不同集成单元之间的转化的平台，任何活动都需要一定的空间、时间或经济的成本，集成密度和集成维数都会受到一定的成本的制约，选择条件主要指判断集成单元的条件，一般来说，同质度和融合度高，单界面或少界面，集成密度和维度的合理的集成关系是最优化的方向，要素条件主要是指足够数量的集成单元和集成单元之间的可集成性以及数量众多的集成单元的可选择性；集成环境是集成体的外部宏观环境，集成总是在一定的社会环境下运行的，集成环境主要包括政治、经济、社会、技术环境等方面。

二、集成的基本原理与模式

（一）集成的基本原理

集成包含互补性原理与相容性原理，其中，就互补性原理而言，它是反映各集成要素通过功能和优势互补的方式，实现集成体预期功能发挥的重要规律；就相容性原理而言，它是揭示集成要素内在联系本质的规律，而集成要素是否相容，从根本上决定着集成要素可否构成集成体。

集成包含集成效应原理与系统整体功效倍增原理，其中，就集成效应原理而言，它是指集成体的整体功效远高于单项要素功效的简单机械的叠加；就系统整体功效倍增原理而言，它是反映集成要素通过聚合重组等方式形成集成体，使其功效得以极大增加的规律。集成效应原理与集成功能倍增原理从本质上规定了集成过程的系统功效倍增的特点。

集成包含功能结构与系统界面原理，其中，就系统结构而言，它是组成集成体的各要素较稳定的结合方式，该结合方式外在表现为组织秩序、联系方式、时空关系等，系统功能是集成体所具备的性质和能力，该性质和能力在与外部环境相互联系和作用中表现出来，集成系统的结构与功能密切关联，结构生发功能，功能规定结构；就集成界面而言，它为集成要素间的物质、信息和能量的交换提供平台，也彰显着集成体的功能。集成界面的性能反映着集成要素的联系机制，机制的形成受制于界面的选择，界面的最终生成又取决于集成要素的内在性质与特征。可见，系统界面原理揭示了集成要素物质、信息和能量的交换以及机制形成的规律。功能结构与系统界面原理从本质上揭示了集成是集成体各要素功能结构重组、系统机制形成以及再造与创新的过程。

（二）集成的基本模式

集成模式是指在集成过程中，集成主体为实现一定的集成目标，采取相关措施使集成对象产生联系，各集成单元、要素之间相互影响、相互作用的形式。集成模式既包含各集成单元或要素之间物质、能量、信息的交流互动关系，也指向集成效应的生成之路。黄杰认为："虽然在集成过程中，各种集成关系和作用错综复杂，但可以从集成行为、集成规模以及集成的组织方式三个方面对集成模式进行分析。"[①] 这是对集成模式进行分析的基本框架。其中，集成行为模式表现为互补匹配模式、竞争激励模式和协同和谐模式三种形式；集成组织方式主要包括单元集成模式、过程集成模式、系统集成模式和网络集成模式；根据集成对象的种类和数量，集成规模可分为大规模集成、中规模集成和小规模集成三种形态。[②]

1. 集成的行为方式

集成总是一定主体实施的集成行为或一定主体构建的集成体，具有主体性特征。集成主体的行为方式是分析集成模式的重要维度。集成的行为方式不仅在一定程度上反映了集成过程中集成主体的行为目标，同时也反映了集成对象形成集成体的行为方式和集成体的集成强度。其行为方式主要包括：

第一，互补匹配模式。任何集成系统的要素之间存在着密切关系，这些要素总是相互联系或相互作用的。互补匹配模式就是通过在集成单元间形成

---

① 黄杰：《信息管理集成论》，经济管理出版社 2006 年版，第 33 页。
② 参见黄杰：《信息管理集成论》，经济管理出版社 2006 年版，第 33 页。

互补关系，使某一集成单元的优势（劣势）与另一集成单元的劣势（优势）科学匹配的一种模式，可以弥合各集成单元在功能或结构上的不足，扬长避短，优势互补，从而更好地实现集成体的整体目标。对于这一集成强度的等级，李保山教授认为，由于互补匹配模式可确保集成对象在集成之后，集成体整体效能大于各单项固有成效的加和，因此，其集成强度处于集成等级的第一级。

第二，竞争激励模式。集成系统各要素是为实现系统总体目标服务的，但要素之间有联系也有区别，包括性质、结构、职责、功能等方面的联系与区别。该模式通过在集成单元间确立竞争激励关系，在确保根本目标一致，实现互利共赢前提下，充分激发不同主体的积极性、创造性，使不同集成对象能够相互激励、相互推动，以促进各集成单元自身的优化，更好地实现其功能，从而使得集成后的集成体整体效能远远超过单项之和，其集成强度处于集成等级的第二级。

第三，协同和谐模式。上述两种集成模式各有其特点、优势，其中，互补匹配使集成单元之间的联系更加紧密，竞争激励使集成单元的自身特性功能更加明显、卓越，而相互联系和相互竞争的集成单元终归要实现和谐统一。这就需要一种更加高级的集成模式将互补匹配模式、竞争激励模式有机统筹起来，这就是协同和谐模式。该模式通过在集成单元间确立彼此交融、浑然一体的集成关系，使得各相互联系、相互作用、相互竞争的集成单元实现聚合重组，从而实现进一步改善各集成单元功能或结构的目的，最终形成协同一致的整体性功能，更好地实现集成体功能的倍增或涌现，其集成强度处于集成等级的第三级，也就是最高级。

2. 集成的组织方式

集成单元或要素总是通过一定方式发生联系、有效组织起来，从而形成具有特定结构、功能的集成体，因此，集成的组织方式也是分析集成模式的重要维度。总的来说，集成的组织方式就是通过集成的结果即集成体体现出来，具体表现在集成体整体功能倍增或涌现的实现过程中，各集成对象间在一定时空范围内的组织方式与结构①，主要包括如下四种组织方式：

第一，单元集成模式。单元集成模式是一种最基本、最简单的集成组织方式，是由处于同一层次的相同或不同的集成对象组合而成的集成组织，它是一种最基本、最简单的集成组织方式。以单元集成模式所形成的集成组织涵盖的集成对象的数量与种类较少，各集成对象间的关系相对简单，但联系紧密且稳定。比如，在学校教育管理体系中，班集体就是一个以单元集成模式组织起来的集成体，在学校教育管理体系中属于基层组织。

第二，过程集成模式。过程集成模式是指将各个集成对象按照一定的时序关系进行组织，通过过程的协调和重组，消除集成对象间影响过程效率的所有因素或障碍，使集成对象间形成一种有序的结构，从而有效提升集成体整体效能。比如，城市治理中的"全周期管理"就是一种基于时序关系组织起来的过程集成模式。

第二，系统集成模式。系统集成模式是指按照一定的层次结构与功能结构，对不同层次的同类或异类功能整体（子系统）予以整合，使得各集成对象间相互推动、彼此激励，在实现各集成对象自身优化条件下，形成一个相互交融、浑然一体并具有多种功能属性的整体组织。比如，新时代"五位一体"总体布局就是一种结构完善、要素齐备，有机融合的系统集成模式。

第四，网络集成模式。网络集成模式指的是不属于同一行为主体的集成对象，以相互信任为基础，以资源共享和协调互补为纽带，通过在集成对象间形成一种具有动态性和多样性的集成关系，提升或开发各集成对象原有功能或新功能，从而促进集成体整体功效的提升和涌现，更加灵活、有效地适应环境的变化，动态的合作和开放是该组织模式的突出的特点。比如，各种协同创新组织就是一种基于多行为主体和不同系统要素的网络集成模式。

3. 集成的规模

通过一定的主体行为方式和组织方式，集成单元或要素总是要体现为一

---

① 参见黄杰：《信息管理集成论》，经济管理出版社 2006 年版，第 34—35 页。

定的组织规模，呈现出大小不同的结构、功能。集成的规模主要从集成对象的种类与数量方面反映集成的方式以及集成体的性质。集成规模的大小不仅关涉集成行为的选择，同时对集成对象的组织方式也产生着重要影响①，也就是说，集成规模、行为方式和组织方式这三个维度之间是密切联系的。集成密度与维度是用来反映集成规模（集成单元总量）与类别的指标（海峰，2000）。在一种集成关系中，集成对象的数量反映了集成的密度，并且在特定条件下，集成体存在一个均衡集成密度，即由该密度条件决定的一个稳定的集成关系中集成对象的数量。而集成维度则是对集成关系中，异类集成对象数量（种类）的反映。同样也存在一个均衡集成维度，即在一个稳定的集成关系中，集成对象种类的数量。从一般意义上来讲，根据集成规模的大小，可将集成模式划分为小规模集成、中规模集成、大规模集成（李宝山等，1998）②，但其具体的界定，需根据实际情况确定，这里我们强调的是在选择集成模式时需关注集成的规模，特别是均衡的集成密度与维度，因为，规模的选择与确定将关系到集成体整体的性质和功效。③

第二节　马克思主义集成观及其当代发展

从集成的内涵与特征来看，集成蕴含着深刻的辩证唯物主义思想，是我们认识和改造世界、解决复杂性问题的科学的、有效的思想武器。马克思、恩格斯创立的唯物辩证法和社会合力论，都具有丰富的集成思想意蕴。新时代，习近平总书记特别注重运用集成的理论、思维和方法推动工作，围绕全面深化改革、治国理政等重大时代主题和实践问题，提出了关于集成的系列

---

① 黄杰：《信息管理集成论》，经济管理出版社 2006 年版，第 36 页。

② 参见李宝山等：《集成管理——高科技时代的管理创新》，中国人民大学出版社 1998年版，第 38 页。

③ 参见黄杰：《信息管理集成论》，经济管理出版社 2006 年版，第 36—37 页。

重要论述，为科学、有序、高效推进中国特色社会主义各项事业发展提供了重要思想遵循和科学行动指南。

一、马克思主义集成观

集成之所以是解决复杂性问题的有效思想武器，其根源在于集成蕴含和渊源于马克思主义唯物辩证法、社会合力论等科学思想，其整体优化性、主体行为性、动态性、创造性、协同性、层次性等特点与马克思主义联系的、发展的、过程性、系统性的观点是高度契合的，二者具有内在的共通性和统一性。

（一）唯物辩证法中的集成思想

1. 普遍联系与要素集成

普遍联系既是唯物辩证法的基本观点，同时也是集成的基本特征，其主要表现为事物联系的普遍性、整体和部分的辩证关系、原因和结果的辩证关系等，揭示了集成体内外部因素之间具有协同联动的关系，以及特定事物总是一定要素有机集成的结果。一是事物联系的普遍性。马克思主义认为，联系无处不在、无时不有，全世界是一个普遍联系的统一体，要坚持用联系的观点看问题，反对孤立的观点。从集成的视角来看，就是要注重系统内部各要素和系统内外之间各因素的协同联动，将所要研究的系统视作一个有机集成体。二是整体和部分的辩证关系。马克思主义认为，事物的普遍联系还表现为整体和部分的辩证关系：整体居于统帅地位，部分从属于整体；同时，部分也制约着整体，且在特定条件下，部分对整体具有决定作用。即整体和部分互相依赖、互相影响，整体和部分的辩证关系启示我们，一方面要树立整体观念和系统思维，从全局出发选择最佳行动方案，实现整体或系统的最优目标；另一方面，要重视搞好局部，以便使整体功能得到最大限度发挥。从集成的视角来看，就是要注重推动系统整体优化、发挥总体效应；要推动要素创新、结构创新，进而实现功能创新。三是原因和结果的辩证关系。马克思主义认为，事物的普遍联系还表现为原因和结果的辩证关系，即原因和结果是辩证统一的，二者相互联系，相辅相成，且在一定条件下相互转化。这需要我们正确认识事物的因果联系，提高自身活动的自觉性、前瞻性。从集成视角来看，就是要充分发挥行为主体的积极性、主动性与创造性，助力集成主体行为的科学决策和集成活动的顶层设计，紧紧围绕集成目标精准施策、提升实效。可见，普遍联系的基本原理中，蕴含着丰富的要素集成思想，揭示了有机系统中各要素之间的集成关系与集成特征。

2. 永恒发展与过程集成

永恒发展是唯物辩证法的另一基本特征，也是集成的重要特征，揭示了过程集成和动态发展规律。马克思和恩格斯认为世界"是过程的集合体"。他们把世界看成为过程的集合体，把事物和过程联系起来，把矛盾和过程联系起来，揭示了过程转化思想的实质，认为自然界、人类社会、人类思维都是表现为过程的，并通过过程转化向前发展；事物之所以表现为过程，是有其深刻原因的，其根本原因在于事物自身充满着矛盾，事物发展过程有规律可循。① 永恒发展是对规律、原因、状态、趋势的总看法，蕴含着丰富的过程集成思想。第一，事物是变化发展的，其变化发展是有规律的。从集成的视角来看，就是要把世界看成是过程的集成，把事物看成一个不断变化发展的过程，要深刻把握事物运动发展过程的内在规律。第二，内因和外因是辩证统一的。从集成的视角来看，就是要坚持用内外因相结合的观点看待事物变化发展过程，充分重视影响过程的内部因素，同时不忽视影响过程的外部因素。第三，量变与质变是辩证统一的。从集成视角来看，就是深刻把握子过程量变与母过程质变之间的内在关系，注重过程积累，按照循序渐进的原则推动事物变化发展。第四，事物发展道路的前进性与曲折性相统一。从集成视角来看，就是要视系统为动态发展过程，坚信新事物发展的总趋势是前

---

① 参见刘志忠、李毅：《过程转化论》，中国展望出版社 1988 年版，第 22 页。

进的，同时，对于发展道路中的迂回曲折要有心理准备和必胜信念；要有创新精神，支持新事物发展壮大，不断推进过程优化和过程创新，在螺旋式上升、波浪式前进过程中实现事物新发展。

3. 对立统一与集成创新

对立统一规律即事物的矛盾规律，揭示了事物联系的根本内容和发展的动力，是唯物辩证法的实质和核心，也是集成创新的内在依据。辩证唯物论认为，事物之间的矛盾既有普遍性又有特殊性，这是辩证统一的；事物的矛盾包括主要矛盾和次要矛盾、矛盾的主要方面和次要方面，它们之间也是辩证统一的。这一原理要求我们必须运用一分为二的观点，坚持两分法，防止片面性；坚持具体问题具体分析原则；正确认识事物发展的特殊规律，把握好事物的本质；善于抓住重点，学会统筹兼顾；善于分清主流和支流，把两点论和重点论统一起来。这一原理和相关要求也蕴含着丰富的集成思想，特别是蕴含了丰富的集成创新思想。因为集成创新要求不同类型的创新资源和能力相互激发和协同作用，在本质上是创新要素的交叉和融合，是一种创造性的融合过程，这个过程实际上也是各种系统要素之间对立统一关系的体现，也运用对立统一原理促进事物创新发展的内在要求和具体体现。

（二）社会合力论中的集成思想

马克思主义社会合力论揭示了人类社会发展的客观规律，也蕴含着丰富的集成思想。社会合力论主要内容有："最终的结果总是从许多单个的意志的相互冲突中产生出来的，又是由于许多特殊的生活条件，才成为它所成为的那样。"①；人们的意识，随着人们的生活条件、社会关系和社会存在的改变而改变。无数互相交错的力量产生出一个总的结构，即历史事件，"这个结果又可以看做是一个作为整体的、不自觉地和不自主地起着作用的力量的

---

① 《马克思恩格斯全集》第 37 卷，人民出版社 1995 年版，第 461—462 页。

产物"①；每个意志对合力有所贡献，但"合力"并不是"无数互相交错的力量"的简单相加，而是新的力量和它的一个个力量的总和。人的意志因素不是作为单独的、孤立的因素直接对社会发生作用，它们融合为整体力量对社会发挥整体作用，而这个总体的力量不以单个人意志为转移的；"批判的武器当然不能代替武器的批判，物质力量只能用物质力量来摧毁；理论一经掌握群众，也会变成物质力量，理论只要说服人就能掌握群众，理论只要彻底就能说服人。"② 马克思主义社会合力论指出所有意志融合成总体的力量，从而对社会发挥作用的具体机制和所造成的结果。它包括物质与精神因素；经济政治与文化因素；生产力与生产关系因素；经济基础与上层建筑；重视各要素间的协调配合，使思想政治教育系统处于良性状态发挥出最大功效。这一思想揭示了集成原理在人类社会领域的运行规律。在社会主义建设时期，培养社会主义建设者和接班人是大学生思想政治教育的核心，革命理论思想只有为大学生所掌握和解释，才能成为他们的思想指导和行为指南，而大学生思想政治教育集成方法是实现这一目标的重要途径。在社会科学领域的集成过程中，要实现集成效应，必须发挥集成体各要素特别是各行为主体的合力作用，形成协同效应、总体效应，取得总体效果。

二、新时代对集成思想的创新发展

习近平总书记指出："党的十八大以来，中央反复强调，改革开放是决定当代中国命运的关键一招，也是决定实现'两个一百年'奋斗目标、实现中华民族伟大复兴的关键一招，实践发展永无止境，解放思想永无止境，改革开放也永无止境，停顿和倒退没有出路，改革开放只有进行时、没有完成时。面对新形势新任务，我们必须通过全面深化改革，着力解决我国发展

---

① 《马克思恩格斯选集》第 4 卷，人民出版社 2012 年版，第 605 页。
② 《马克思恩格斯选集》第 1 卷，人民出版社 1995 年版，第 9 页。

面临的一系列突出矛盾和问题，不断推进中国特色社会主义制度自我完善和发展。"① 为了更好地推进全面深化改革，落实各项改革任务，取得总体效果和整体效应，习近平总书记强调必须注重全面深化改革各项措施的系统集成，形成了关于集成的系列重要论述。这些思想也充分体现于习近平新时代中国特色社会主义思想各个方面，包括"八个明确"和"十四个坚持"以及其他有关工作部署要求，是对马克思主义集成观的创新发展和有效运用。我们可从关于"集成"的重要论述与思想蕴含两个方面来把握。

集成具有整体优化性、主体行为性、动态性、创造性、协同性、层次性等特征。注重改革措施的系统集成，是为了增强改革的系统性、整体性、协同性，发挥各项改革措施的联动效应。习近平总书记指出，全面深化改革是关系党和国家事业发展全局的重大战略部署，不是某个领域某个方面的单项改革。他不仅围绕集成这一关键词提出了我们党治国理政的系列新理念新思想新论断，还就如何以集成蕴含的相关科学思想方法指导实践提出了系列战略举措，形成了丰富的思想体系。

（一）顶层设计的集成战略

2019 年 11 月 26 日，习近平总书记在中央全面深化改革委员会第十一次会议上强调，党的十九届四中全会不仅系统集成了党的十八届三中全会以来全面深化改革的理论成果、制度成果、实践成果，而且对新时代全面深化改革勾勒出更加清晰的顶层设计。不仅如此，党和国家关于中国特色社会主义建设的顶层设计和战略布局，同样体现了鲜明的集成理念和特征。习近平新时代中国特色社会主义思想的核心内容为"八个明确"、"十四个坚持"，其体系严整、逻辑严密、内涵丰富、博大精深，集中体现了党和国家顶层设计的集成战略思想，闪耀着马克思主义真理的光辉。这一思想贯通马克思主义哲学、政治经济学、科学社会主义，贯通历史、现实和未来，贯通改革发

---

① 《习近平谈治国理政》，外文出版社 2014 年版，第 71 页。

展稳定、内政外交国防、治党治国治军等各领域，从战略和全局高度，统筹谋划，系统设计，全面建构了中国社会发展的总体逻辑，优化了中国特色社会主义现代化建设的系统结构，反映了以习近平同志为核心的党中央全面推进中国特色社会主义现代化建设的综合集成思维，对于破解各种错综复杂的现实难题，推动中国特色社会主义各项事业更好发展、效益提升具有重要意义。

（二）两个大局的集成联动

习近平总书记统筹国内国际两个大局，提出了全球视野下的集成联动思想。2012年12月7日至11日，习近平总书记在广东省考察工作时指出："现在，重大改革都是牵一发而动全身的，更需要全面考量、协调推进。不能畸轻畸重，也难以单刀突进。"2017年6月26日，习近平总书记在中央全面深化改革领导小组第三十六次会议上强调："改革越深入，越要注意协同，既抓改革方案协同，也抓改革落实协同，更抓改革效果协同，促进各项改革举措在政策取向上相互配合、在实施过程中相互促进、在改革成效上相得益彰，朝着全面深化改革总目标聚焦发力。"2018年4月10日，习近平总书记在博鳌亚洲论坛2018年年会开幕式上指出，当今世界，开放融通的潮流滚滚向前。人类社会发展的历史告诉我们，开放带来进步，封闭必然落后。世界已经成为你中有我、我中有你的地球村，各国经济社会发展日益相互联系、相互影响，推进互联互通、加快融合发展成为促进共同繁荣发展的必然选择。

（三）攻坚克难的集成创新

习近平总书记针对重要领域和关键问题提出了集成创新的思想方法。2016年1月18日，习近平总书记在省部级主要领导干部学习贯彻党的十八届五中全会精神专题研讨班上指出，创新是一个复杂的社会系统工程，涉及经济社会各个领域。坚持创新发展，既要坚持全面系统的观点，又要抓住关键，以重要领域和关键环节的突破带动全局。2018年4月26日，习近平总书记在深入推动长江经济带发展座谈会上谈到，推动长江经济带发展，前提是坚持生态优先，把修复长江生态环境摆在压倒性位置，逐步解决长江生态环境透支问题。这就要从生态系统整体性和长江流域系统性着眼，统筹山水林田湖草等生态要素。要坚持整体推进，增强各项措施的关联性与耦合性，防止畸重畸轻、单兵突进、顾此失彼。要坚持重点突破，在整体推进的基础上抓主要矛盾和矛盾的主要方面，采取有针对性的具体措施，努力做到全局和局部相配套、治本和治标相结合、渐进和突破相衔接，实现整体推进和重点突破相统一。这些论述充分体现了习近平运用辩证唯物主义思想推动集成创新、破解改革难题的思想智慧。

（四）以人为本的集成效应

习近平总书记聚焦人的全面发展，确立了以人为本的发展效益观。2013年11月12日，习近平总书记在党的十八届三中全会二次会议上指出，全面深化改革必须着眼创造更加公平正义的社会环境，不断克服各种有违公平正义的现象，使改革发展成果更多更公平惠及全体人民。如果不能给老百姓带来实实在在的利益，如果不能创造更加公平的社会环境，甚至导致更多不公平，改革就失去意义，也不可能持续。人民有所呼，改革有所应。党和国家的机构就要通过改革，更好地坚持以人民为中心的原则，紧紧围绕人民群众日益增长的美好生活需要，利为民所谋，权为民所用，让人民群众切实感受和享受到机构改革的红利，获得感更强，满意度更高。这些思想充分体现了习近平全面深化改革和系统集成思想中以人为本的价值目标与实效观。

第三节　新时代思想政治教育集成方略及其制度优势

党的十九届四中全会指出，我国国家制度和国家治理体系具有多方面的显著优势，表现在坚持党的集中统一领导、坚持人民当家作主、坚持全面依法治国、坚持全国一盘棋和坚持改革创新、与时俱进等方面。这些显著优势，是我们坚定中国特色社会主义道路自信、理论自信、制度自信、文化自信的基本依据，也体现在思想政治教育方面。新时代以来，习近平总书记围绕思想政治教育领域改革创新问题，提出了关于思想政治教育制度和治理体系建设方面的系列新思想新观点新论断，蕴含着丰富的集成思想。宣传思想、文化教育战线和高校深入贯彻落实习近平关于思想政治教育改革创新的重要论述，大力推动宣传思想工作、高校思想政治教育工作、思想政治理论课建设集成发展，在制度体系与治理体系建设方面采取了有力措施，取得了重要进展和明显成效，形成了显著优势，主要体现在目标集成、政策集成、效果集成等方面。这些优势，是我们坚定思想政治教育理论自信、学科自信、战略自信的基本依据。

一、宣传思想工作集成方略及其制度优势

党的十八大以来，以习近平同志为核心的党中央把宣传思想工作摆在全局工作的重要位置，先后于 2013 年 8 月、2018 年 8 月两次召开全国宣传思想工作会议，大力推动宣传思想工作改革创新，作出了系列重大决策，实施了系列重大举措，形成了宣传思想工作的集成方略，呈现出显著制度优势。

（一）"两个巩固"与"五项使命"：宣传思想工作的目标集成

习近平指出，宣传思想工作就是要"巩固马克思主义在意识形态领域的指导地位，巩固全党全国人民团结奋斗的共同思想基础"，要"胸怀大局、把握大势、着眼大事"，"因势而谋、应势而动、顺势而为"①，承担起

---

① 《习近平谈治国理政》，外文出版社 2014 年版，第 153 页。

"举旗帜、聚民心、育新人、兴文化、展形象"的使命任务,"在基础性、战略性工作上下功夫,在关键处、要害处下功夫,在工作质量和水平上下功夫","推动宣传思想工作不断强起来,促进全体人民在理想信念、价值理念、道德观念上紧紧团结在一起,为服务党和国家事业全局作出更大贡献",旗帜鲜明地指出了宣传思想工作的总体目标、使命任务、改革重点和具体要求,统筹兼顾宣传思想宏观与微观、长期与近期目标,体现了宣传思想工作目标集成的特点及其具体任务,为宣传思想工作的改革创新、科学发展和实效提升指明了正确方向和科学路径。

(二)"统筹推进"与"大宣传":宣传思想工作的政策集成

围绕着宣传思想工作的集成目标任务,习近平总书记进行全面部署,提出了物质和精神都要抓、党性和人民性相统一、正面宣传和打好主动仗相结合、讲清中华文化与创新对外宣传结合、构建大宣传工作格局等要求,以辩证思维、系统思维统筹推进宣传思想工作制度体系和治理体系建设。一是物质和精神都要抓。经济建设是党的中心工作,意识形态工作是党的一项极端重要的工作,只有物质文明建设和精神文明建设都搞好,国家物质力量和精神力量都增强,全国各族人民物质生活和精神生活都改善,中国特色社会主义事业才能顺利向前推进。二是党性和人民性相统一。所有宣传思想部门和单位,所有宣传思想战线上的党员、干部都要旗帜鲜明坚持党性原则;同时要树立以人民为中心的工作导向,把服务群众同教育引导群众结合起来,把满足需求同提高素养结合起来,丰富人民精神世界,增强人民精神力量,满足人民精神需求。三是正面宣传和打好主动仗相结合。坚持团结稳定鼓劲、正面宣传为主,是宣传思想工作必须遵循的重要方针,必须坚持巩固壮大主流思想舆论,弘扬主旋律,传播正能量,激发全社会团结奋进的强大力量;同时在事关大是大非和政治原则问题上,必须增强主动性、掌握主动权、打好主动仗,帮助干部群众划清是非界限、澄清模糊认识。四是讲清中华文化与创新对外宣传结合。对我国传统文化、对国外的东西,要坚持古为今用、洋为中用，去粗取精、去伪存真，经过科学的扬弃后使之为我所用；同时要精心做好对外宣传工作，着力打造融通中外的新概念新范畴新表述，讲好中国故事，传播好中国声音。五是构建大宣传工作格局。一方面，全党都要行动起来，特别是各级党委要负起领导责任，加强对宣传思想领域重大问题的分析研判和重大战略性任务的统筹指导；另一方面，要树立大宣传的工作理念，把宣传思想工作同各个领域的行政管理、行业管理、社会管理更加紧密地结合起来。

（三）"完全正确"和"值得信赖"：宣传思想工作的效果集成

在 2018 年 8 月召开的全国宣传思想工作会议上，习近平总书记认为，"在党中央坚强领导下，宣传思想战线积极作为、开拓进取，党的理论创新全面推进，中国特色社会主义和中国梦深入人心，社会主义核心价值观和中华优秀传统文化广泛弘扬，主流思想舆论不断巩固壮大，文化自信得到彰显，国家文化软实力和中华文化影响力大幅提升，全党全社会思想上的团结统一更加巩固。实践证明，党中央关于宣传思想工作的决策部署是完全正确的，宣传思想战线广大干部是完全值得信赖的。"① 可见，党的宣传思想工作所形成的制度体系和治理体系取得了显著成效。

二、高校思想政治工作集成方略及其制度优势

党的十八大以来，以习近平同志为核心的党中央高度重视高校思想政治工作，先后作出了一系列重大决策部署，特别是 2016 年全国高校思想政治工作会议召开以后，中共中央、国务院和教育部先后于 2017 年 2 月、12 月出台《关于加强和改进新形势下高校思想政治工作的意见》、《高校思想政

---

① 《习近平谈治国理政》第三卷，外文出版社 2020 年版，第 310—311 页。

治工作质量提升工程实施纲要》，各地区各有关部门各高校采取有力有效措施，积极主动开展工作，创造了许多成功做法，积累了许多宝贵经验，进一步加快了高校思想政治工作科学化、高效化进程。习近平总书记相关重要论述及相关政策举措，集成特色十分鲜明，具有突出的制度优势。

（一）"四个服务"与"四个认同"：高校思想政治工作目标集成

习近平总书记在 2016 年全国高校思想政治工作会议上指出，高校思想政治工作事关高校培养什么样的人、如何培养人以及为谁培养人的根本问题。我国高等教育发展方向要"为人民服务，为中国共产党治国理政服务，为巩固和发展中国特色社会主义制度服务，为改革开放和社会主义现代化建设服务"，"高等教育肩负着培养德智体美全面发展的社会主义事业建设者和接班人的重大任务"①。2021 年 7 月，中共中央、国务院印发《关于新时代加强和改进思想政治工作的意见》再次强调，思想政治工作要坚持这"四个服务"，同时还提出要"增进对习近平新时代中国特色社会主义思想的政治认同、思想认同、理论认同、情感认同"。这也是高校思想政治工作的根本任务，蕴含着总体目标与育人目标两个层次的工作目标，是二者的高度统一。一是总体目标。办好我们的高校，必须加强思想政治工作，坚持以马克思主义为指导，全面贯彻党的教育方针，坚持正确政治方向和"四个服务"总体目标。要坚持不懈促进高校和谐稳定，加强人文关怀和心理疏导，把高校建设成为安定团结的模范之地；坚持不懈培育优良校风和学风，使高校发展做到治理有方、管理到位、风清气正。二是育人目标。要坚持不懈传播马克思主义科学理论，抓好马克思主义理论教育，特别是要增进对习近平新时代中国特色社会主义思想的"四个认同"，为学生一生成长奠定科学的思想基础。坚持用习近平新时代中国特色社会主义思想铸魂育人，坚持

---

① 《习近平谈治国理政》第二卷，外文出版社 2017 年版，第 376 页。

不懈培育和弘扬社会主义核心价值观，引导广大师生做社会主义核心价值观的坚定信仰者、积极传播者、模范践行者，不断提高学生思想水平、政治觉悟、道德品质、文化素养，让学生成为德才兼备、全面发展的人才。要教育引导学生正确认识世界和中国发展大势，正确认识时代责任和历史使命，用中国梦激扬青春梦，激励学生自觉把个人的理想追求融入国家和民族的事业中，勇做走在时代前列的奋进者、开拓者，把远大抱负落实到实际行动中，将爱国情、强国志、报国行有机统一起来。

（二）"三全育人"与"十大体系"：高校思想政治工作措施集成

习近平总书记在 2016 年全国高校思想政治工作会议上强调，"要坚持把立德树人作为中心环节，把思想政治工作贯穿教育教学全过程，实现全程育人、全方位育人"①。《关于加强和改进新形势下高校思想政治工作的意见》、《高校思想政治工作质量提升工程实施纲要》等政策制度进一步细化了"三全育人"综合改革方案，要求高校充分发挥课程、科研、实践、文化、网络、心理、管理、服务、资助、组织等方面的育人功能，挖掘育人要素，完善育人机制，优化评价激励，强化实施保障，切实构建"十大育人体系"。这些政策举措、保障机制体现了高度集成化特点。

《高校思想政治工作质量提升工程实施纲要》指出，要推动"三全育人"综合改革，遴选部分工作基础较好的省（区、市）和高校作为"三全育人"综合改革试点。在省级层面，整合育人资源，统筹发挥校内外自然资源、红色资源、文化资源、体育资源等的育人功能，带动支持在本地区打造"三全育人共同体"，构建学校、家庭和社会有机结合的协同育人机制。在学校层面，以《实施纲要》所涵盖的"十大育人体系"为基础，系统梳理归纳各群体、各岗位的育人元素，并作为职责要求和考核内容融入整体制

---

① 《习近平谈治国理政》第二卷，外文出版社 2017 年版，第 377 页。

度设计和具体操作环节，推动全体教职员工把工作的重心和目标落在育人实效上，真正解决"三全育人"的最后一公里问题，形成可转化、可推广的一体化育人制度和模式。要形成党委统一领导、各部门各方面齐抓共管的工作格局，加强高校党的基层组织建设，创新体制机制，改进工作方式，提高党的基层组织做思想政治工作能力，特别是要加强师德师风建设，坚持教书和育人相统一、言传和身教相统一、潜心问道和关注社会相统一、学术自由和学术规范相统一，引导广大教师以德立身、以德立学、以德施教。要用好课堂教学这个主渠道，其他各门课也要树立"课程思政"理念，守好一段渠、种好责任田，由此使"课程思政"和思政课程同向同行、形成协同效应。要加快构建中国特色哲学社会科学学科体系和教材体系，建立科学权威、公开透明的哲学社会科学成果评价体系，努力构建全方位、全领域、全要素的哲学社会科学体系。要更加注重以文化人、以文育人，开展形式多样、健康向上、格调高雅的校园文化活动。要运用新媒体新技术使工作活起来，推动思想政治工作传统优势同信息技术高度融合，增强时代感和吸引力。[①]

（三）"成效显著"与"态势良好"：高校思想政治工作效果集成

习近平总书记在 2016 年全国高校思想政治工作会议上对当代大学生给予了高度评价，认为"95 后"大学生是"朝气蓬勃、好学上进、视野宽广、开放自信，是可爱、可信、可为的一代"，"党和人民充分信任、寄予厚望"[②]。他对于高校思想政治工作队伍也作了高度评价，认为这一支队伍"兢兢业业、甘于奉献、奋发有为，为高等教育事业发展作出了重要贡献"。对于高校思想政治工作总体成效，2017 年 2 月 27 日，中共中央、国务院印

---

① 《习近平谈治国理政》第二卷，外文出版社 2017 年版，第 378 页。
② 《习近平首次点评"95 后"大学生》，《人民日报》2017 年 1 月 3 日。

发《关于加强和改进新形势下高校思想政治工作的意见》指出："大学生思想政治教育成效显著，教师思想政治素质明显提高，各类思想文化阵地建设和管理不断加强，中国特色社会主义理论体系进教材、进课堂、进头脑工作扎实有效，社会主义核心价值观建设持续推进，高校意识形态领域主流积极健康向上。广大师生对以习近平同志为核心的党中央拥护信任，对党中央治国理政新理念新思想新战略高度认同，对中国特色社会主义和中华民族伟大复兴中国梦充满信心。总体上看，高校思想政治工作持续加强和改进，呈现出良好发展态势，为保证高等教育改革发展、服务党和国家工作大局作出了重要贡献。"① "成效显著"与"态势良好"，正是高校思想政治工作效果集成的生动体现。

三、思想政治理论课建设集成方略及其制度优势

思政课在落实立德树人根本任务中发挥着不可替代的作用。党的十八大以来，以习近平同志为核心的党中央高度重视思政课建设，先后作出一系列重大决策部署，各有关部门认真贯彻落实，在思政课建设中取得了显著成效。2015 年以来，教育部先后印发《高等学校思想政治理论课建设标准》（教社科〔2015〕3 号）、《高等学校马克思主义学院建设标准（2017 年本）》（教社科〔2017〕1 号）、《新时代高校思想政治理论课教学工作基本要求》（教社科〔2018〕2 号）；2015 年 7 月 27 日，中央宣传部、教育部印发《普通高校思想政治理论课建设体系创新计划》（教社科〔2015〕2 号）。2019 年 3 月 18 日，习近平总书记主持召开学校思想政治理论课教师座谈会并发表重要讲话，深刻阐述了思想政治理论课建设的目标任务、队伍建设、改革创新、组织领导、支持保障等重大问题。2019 年 8 月，中共中央办公

① 《中共中央国务院印发〈关于加强和改进新形势下高校思想政治工作的意见〉》，中国政府网 http：//www.gov.cn/xinwen/2017-02/27/content_ 5182502.htm，2017 年 2 月 27 日。

厅、国务院办公厅印发《关于深化新时代学校思想政治理论课改革创新的若干意见》；2019 年 9 月 2 日，中共教育部党组印发《"新时代高校思想政治理论课创优行动"工作方案》。习近平总书记的重要讲话及相关政策文件，体现了鲜明的集成思想与方法，特别 2019 年这一次座谈会召开，是思政课建设的重要里程碑，也标志着思想政治理论课建设集成方略和制度优势进一步明晰，为深化新时代思政课改革创新、大力提升思政课教学质量与实效提供了战略抓手和科学策略。

（一）"三结合"：思想政治理论课建设的目标集成

习近平总书记强调，办好思政课的根本在于全面贯彻党的教育方针，解决好"培养什么人、怎样培养人、为谁培养人"的根本问题，坚持不懈用习近平新时代中国特色社会主义思想铸魂育人；新时代贯彻党的教育方针，就是要坚持马克思主义指导地位，贯彻新时代中国特色社会主义思想，坚持社会主义办学方向，落实立德树人的根本任务，坚持"四个服务"，加快推进教育现代化、建设教育强国、办好人民满意的教育，努力培养担当民族复兴大任的时代新人，培养德智体美劳全面发展的社会主义建设者和接班人。① 这是中国特色社会主义教育的根本任务，也蕴含着思想政治理论课建设根本目标与具体目标、社会目标与个体目标、短期目标与长远目标的综合集成。

首先是根本目标与具体目标的结合。全面贯彻党的教育方针，解决好"培养什么人、怎样培养人、为谁培养人"这个根本问题，既是中国特色社会主义教育的根本任务，也是思想政治理论课建设的根本目标，同时也规定了思想政治理论课建设的育人目标、管理目标和社会目标等具体目标。其中，"培养什么人"是对思想政治理论课育人目标的规定，具体来说就是

---

① 参见习近平：《思政课是落实立德树人根本任务的关键课程》，人民出版社 2020 年版，第 10 页。

"全面提升学生思想政治理论素养，实现知、情、意、行的统一"，引导学生自觉将爱国情、强国志、报国行融入坚持和发展中国特色社会主义事业、建设社会主义现代化强国、实现中华民族伟大复兴的奋斗之中；"怎样培养人"是对思想政治理论课管理目标的规定，具体来说就是要在大中小学循序渐进、螺旋上升地开设思政课，对大学阶段、高中阶段、初中阶段、小学阶段设定不同的课程目标，构建系统、完善的教材体系、人才体系、教学体系、学科体系、评价体系、保障体系等六大建设体系，"推动思政课建设内涵式发展"，"坚持增强获得感，促进思想政治理论课教学有虚有实、有棱有角、有情有义、有滋有味"，努力建设"学生真心喜欢、终身受益、毕生难忘的优秀课程"；"为谁培养人"是对思想政治理论课政治目标的规定，具体来说就是要"坚持教育为人民服务、为中国共产党治国理政服务、为巩固和发展中国特色社会主义制度服务、为改革开放和社会主义现代化建设服务"。

其次是社会目标与个体目标的结合。办好思政课，要坚持"四个服务"，引导学生增强"四个自信"，厚植爱国主义情怀，促进个体和社会的全面发展。体现在社会目标上，就是要致力于培养"担当民族复兴大任的时代新人"、"社会主义建设者和接班人"；体现在个体目标上，就是要致力于促进青少年"德智体美劳全面发展"，为青少年成长奠定科学的思想基础，"在坚定理想信念、厚植爱国主义情怀、加强品德修养、增长知识见识、培养奋斗精神、增强综合素质上下功夫"①。在我国社会主义国家，思想政治理论课建设的社会目标和个体目标是有机统一的。社会目标的实现要以个体目标的实现为基础，个体目标的实现要以社会目标的实现为保障。

最后是短期目标与长远目标的结合。我们党向来注重对思想政治理论课

---

① 中共教育部党组：《"新时代高校思想政治理论课创优行动"工作方案》，中华人民共和国教育部网 http://www.moe.gov.cn/srcsite/A13/moe_772/201909/t20190916_399349.html?from=groupmessage&isappinstalled=0，2019 年 9 月 2 日。

建设的长远规划，立足于中华民族千秋伟业，培养一代又一代立志为中国特色社会主义事业奋斗终生的有用人才，从学校抓起、从娃娃抓起，在大中小学循序渐进、螺旋上升地开设思想政治理论课，保障中国特色社会主义现代化建设事业后继有人，体现了短期目标和长远目标的统一。因此，对思想政治理论课建设，不仅要求把每一堂课上好，把每一届学生教好，还要立足长远，科学谋划如何确保"革命之火代代传"，如何确保中国特色社会主义事业后继有人，这就需要将思想政治理论课建设的短期目标与长远目标有机结合起来。

（二）"多学段"：思想政治理论课建设的内容集成

一是加强以习近平新时代中国特色社会主义思想为核心内容的思政课课程群建设。在保证思政课必修课程设置相对稳定基础上，结合大中小学各学段特点构建"必修课+选修课"的课程体系。即各学校按照中共中央办公厅、国务院办公厅印发的《关于深化新时代学校思想政治理论课改革创新的若干意见》要求，博士阶段开设"中国马克思主义与当代"，硕士阶段开设"中国特色社会主义理论与实践研究"，本科阶段开设"马克思主义基本原理概论"、"毛泽东思想和中国特色社会主义理论体系概论"、"中国近现代史纲要"、"思想道德修养与法律基础"、"形势与政策"，专科阶段开设"毛泽东思想和中国特色社会主义理论体系概论"、"思想道德修养与法律基础"、"形势与政策"等必修课；高中阶段开设"思想政治"必修课程，围绕学习习近平总书记最新重要讲话精神开设"思想政治"选择性必修课程；初中、小学阶段开设"道德与法治"必修课程，可结合校本课程、兴趣班开设思政类选修课程，等等。

二是统筹推进思政课课程内容建设。坚持用习近平新时代中国特色社会主义思想铸魂育人，系统开展马克思主义理论教育，系统进行中国特色社会主义和中国梦教育、社会主义核心价值观教育、法治教育、劳动教育、心理健康教育、中华优秀传统文化教育。遵循学生认知规律设计课程内容，体现不同学段特点，研究生阶段重在开展探究性学习，本专科阶段重在开展理论性学习，高中阶段重在开展常识性学习，初中阶段重在开展体验性学习，小学阶段重在开展启蒙性学习。

三是加强思政课教材体系建设。国家统一开设的大中小学思政课教材全部由国家教材委员会组织统编统审统用，在教材中及时融入马克思主义中国化最新成果、坚持和发展中国特色社会主义最新经验、马克思主义理论学科最新研究进展。研究编制习近平新时代中国特色社会主义思想进课程教材指导纲要，研究编制中华优秀传统文化、革命文化、社会主义先进文化、科技创新文化及总体国家安全观等进课程教材指南，编制中华民族古代历史和革命建设改革时期英雄人物、先进模范进课程教材图谱，开列马克思主义经典著作、当代中国马克思主义理论著作、中华优秀传统文化典籍书单，建设思政课网络教学资源库，等等。

（三）"六个要"：思想政治理论课教师的能力集成

习近平总书记强调，办好思想政治理论课关键在教师，关键在发挥教师的积极性、主动性、创造性。思政课教师引导学生扣好人生第一粒扣子需要满足如下条件：第一，政治要强，善于从政治上看问题，在大是大非面前保持政治清醒；第二，情怀要深，心里装着国家和民族，在党和人民的伟大实践中关注时代、关注社会，汲取养分、丰富思想；第三，思维要新，学会辩证唯物主义和历史唯物主义，创新课堂教学，给学生深刻的学习体验；第四，视野要广，有知识视野、国际视野、历史视野，通过生动、深入、具体的纵横比较，把一些道理讲明白、讲清楚；第五，自律要严，做到课上课下一致、网上网下一致；第六，人格要正，用高尚的人格感染学生、赢得学生，用真理的力量感召学生，以深厚的理论功底赢得学生。

（四）"八统一"：思想政治理论课改革创新的方法集成

习近平总书记指出，新时代推动思想政治理论课改革创新，要坚持政治性和学理性相统一，以透彻的学理分析回应学生，以彻底的思想理论说服学生；要坚持价值性和知识性相统一，寓价值观引导于知识传授之中；要坚持建设性和批判性相统一，传导主流意识形态，直面各种错误观点和思潮；要坚持理论性和实践性相统一，把思政小课堂同社会大课堂结合起来；要坚持统一性和多样性相统一，落实教学目标、课程设置、教材使用、教学管理等方面的统一要求，又因地制宜、因时制宜、因材施教；要坚持主导性和主体性相统一，思政课教学离不开教师的主导，同时要加大对学生的认知规律和接受特点的研究，发挥学生主体性作用；要坚持灌输性和启发性相统一，在不断启发中让学生水到渠成得出结论；要坚持显性教育和隐性教育相统一，挖掘其他课程和教学方式中蕴含的思想政治教育资源，实现全员全程全方位育人。

（五）"一体化"：思想政治理论课建设的管理集成

习近平总书记强调，办好中国的事情，关键在党。各级党委要切实将思政课建设摆上重要议程，抓住其中的突出问题，在工作格局、队伍建设、支持保障等方面采取有效措施，推动管理一体化。一是中央教育工作领导小组要将思政课建设纳入重要议事日程，教育部、中央宣传部、中央军委政治工作部等部门要牵头或指导抓好思政课建设。二是教育部成立大中小学思政课一体化建设指导委员会，加强对不同类型思政课建设分类指导；坚持全流程管理，贯穿思想政治理论课课前、课中、课后各环节。三是有关部门和各地要保证思政课管理人员配备。强化国家重要考试对学生学习思政课的指挥棒作用，将思政课学习实践情况等作为重要内容纳入综合素质评价体系。四是坚持开门办思政课，推动思政课实践教学与学生社会实践活动、志愿服务活动结合，思政小课堂和社会大课堂结合，鼓励党政机关、企事业单位等就近与高校对接，完善实践教学机制。制定关于加快构建高校思想政治工作体系的意见，汇聚办好思政课合力。五是要建立党委统一领导、党政齐抓共管、有关部门各负其责、全社会协同配合的大思政工作格局，加大正面宣传和舆论引导力度，推动形成全党全社会努力办好思政课、教师认真讲好思政课、学生积极学好思政课的良好氛围。

（六）"四基础"：思想政治理论课建设的效果集成

习近平总书记在 2019 年学校思想政治理论课教师座谈会上指出，党中央对思想政治工作高度重视，始终坚持马克思主义指导地位，大力推进中国特色社会主义学科体系建设，为思政课建设提供了根本保证；中国特色社会主义取得举世瞩目的成就，中国特色社会主义道路自信、理论自信、制度自信、文化自信不断增强，为思政课建设提供了有力支撑；博大精深的优秀传统文化以及我们党带领人民在革命、建设、改革过程中锻造的革命文化和社会主义先进文化，为思政课建设提供了深厚力量；长期的思政课建设实践锻造了一支可信、可敬、可靠，乐为、敢为、有为的思政课教师队伍；并指出，有了这些基础我们完全有信心有能力把思政课办得越来越好。习近平总书记的这一总结评价中的，全面反映了长期以来思政课在"根本保证"、"有力支撑"、"深厚力量"和教师队伍等四个方面基础条件建设取得的基本经验和总体成效，特别是展现了办好思政课的信心及其深刻原因，是思政课建设效果集成的体现。

| 第二章 |

集成效应：大学生思想政治教育
实效性的理想之境

"集成效应，简单地说，是指由于集成所带来的实际效果"①，也是大学生思想政治教育集成带来的最理想的实际效果，是推动大学生思想政治教育集成发展的根本动因。对大学生思想政治教育集成效应进行深入的学理探究是进行大学生思想政治教育集成分析，构建大学生思想政治教育集成模式，实施大学生思想政治教育集成管理，开展大学生思想政治教育集成评价的重要理论前提。从集成观与效能观的基本理论出发，我们可以认为，大学生思想政治教育集成效应是大学生思想政治教育系统集成结果和系统效能最大化的耦合，是整体效应、协同效应、涌现效应的有机统一。我们可主要从培育集成思维、实施集成管理、构建集成模式、完善集成评价等四个方面科学构建实现这一集成效应的科学理路。

第一节　大学生思想政治教育集成观

集成、集成体、系统是三个密切关联又各不相同的概念，其中集成体是

---

① 李宝山、刘志伟：《集成管理——高科技时代的管理创新》，中国人民大学出版社1998年版，第56页。

集成过程的结果，是一种特殊的系统。大学生思想政治教育集成体具有整体性、目的性、开放性、动态性等特征，其构成要素与大学生思想政治教育构成要素既有紧密的联系又有显著的差别，并有着特殊的集成化要求。

一、集成与集成体

对集成和集成体及其之间的关系的科学把握，绕不开对系统概念的正确认识。学界关于系统的定义较为丰富，但是较有影响力的系统定义有两个：一般系统论创始人路德维希·冯·贝塔朗菲（Ludwig Von Bertalanffy）认为，"系统是相互联系、相互作用的诸要素的综合体"①，该定义主要从系统各要素之间的关系来认识系统；我国著名空气动力学家、航天之父钱学森对系统理论的研究也有极高的造诣，他着重从系统功能的角度阐释系统，提出系统是："由相互作用和相互依赖的若干组成部分结合成的具有特定功能的有机整体，而且这个'系统'本身又是它所从属的一个更大系统的组成部分。"② 以上两个影响较大的系统定义虽然各有侧重，但也有明显的智慧共识，即都将系统看作由相互联系和作用的要素构成的有机整体。

"集成体"又叫集成系统，它是经由集成过程所形成的全新复杂巨系统，"集成体的形成不是集成单元之间的简单叠加，而是按照一定的集成方式和模式进行的构造和组合，其目的在于更大程度地提高集成体的整体功能，以实现其整体功能的倍增或涌现的集成目标"③。

而集成是集成体各要素聚集、集合、综合的过程，其在国内外工具书中都有明确的表述和定义，《现代汉语词典》中将其解释为同类事物的汇集；集成的英文表述为 Integration，意为融合、综合、成为整体、一体化等。有研究者在对广泛存在于自然、社会活动中的集成现象分析的基础上，提出集

---

① 转引自李必强：《管理探求》，武汉理工大学出版社 2006 年版，第 146 页。
② 钱学森：《论系统工程》，湖南科学技术出版社 1982 年版，第 10 页。
③ 海峰、李必强、冯飞艳：《集成论的基本范畴》，《中国软科学》2001 年第 1 期。

成的内涵，"集成是将两个或两个以上的集成单元集合成为一个有机整体的过程或行为结果"①，它强调人的主体行为参与集成体的形成，使集成体的系统功能实现倍增，集成效应得以涌现。

通过分析集成、集成体、系统的定义，我们会发现三者之间存在着紧密的联系：集成是构建系统的必要手段和过程，也是系统重构的必要手段和过程，还是处理系统问题的一个重要方法；经由集成过程而形成的具有极强整体性的系统即为集成体；集成体是一种较为特殊的系统，与一般系统相比具有较新的要素作用方式、较强的系统功能，是对一般系统的发展与超越。

二、大学生思想政治教育集成的要素与特征

大学生思想政治教育集成要素与特征同大学生思想政治教育的构成要素与特征既有联系又有区别，就大学生思想政治教育集成要素而言，其与大学生思想政治教育的构成要素种类相同，但是在各种要素的内部组成以及各种要素之间的关联方式上却有显著的差别。

（一）大学生思想政治教育集成要素

一般而言，"集成的要素包括集成单元、集成模式、集成界面、集成条件、集成环境"②，大学生思想政治教育集成作为集成的一种特殊形态，其要素的构成也应合乎一般集成要素的构成规定，同时也有自身特点，我们可以主要从集成单元、集成模式、集成管理以及集成条件等方面来把握。

1. 大学生思想政治教育集成单元。"集成单元是指构成集成体或集成关系的基本单位集成要素，是形成集成体的基本物质条件"③，根据思想政治教育的特性，大学生思想政治教育基本集成单元包括教育者、教育对象、教

---

① 李必强：《管理探求》，武汉理工大学出版社 2006 年版，第 136 页。
② 海峰：《管理集成论》，经济管理出版社 2003 年版，第 22 页。
③ 李必强：《管理探求》，武汉理工大学出版社 2006 年版，第 155 页。

育内容、教育方法等，需要指出的是以上思想政治教育集成要素区别于一般的思想政治教育构成要素，是经由集成之后的思想政治教育要素。其中，大学生思想政治教育者主要指由学校的思想政治教育理论课教师、专业课教师、辅导员，学校有关机构和有关职能部门工作人员，政府有关部门，社会的有关机构等相互协同而形成的有机系统；大学生思想政治教育对象一方面指由不同专业背景、不同性格特征、不同价值取向的大学生构成的受教系统，另一方面指具有德智体美劳全面发展潜质的受教个体；大学生思想政治教育的内容应该在遵循思想政治教育目标的基础上，利用好课堂教学这个主渠道和日常教育这一主阵地，"以政治认同、家国情怀、道德修养、法治意识、文化素养为重点，以爱党、爱国、爱社会主义、爱人民、爱集体为主线，坚持爱国和爱党、爱社会主义相统一，系统开展马克思主义理论教育，系统进行中国特色社会主义和中国梦教育、社会主义核心价值观教育、法治教育、劳动教育、心理健康教育、中华优秀传统文化教育"①，增强思想政治教育的针对性、系统性、层次性、现实性，整合思想政治教育理论知识与价值信念及行为规范各项内容，形成统一规划整体协调特色鲜明重点突出的内容体系；就大学生思想政治教育方法而言，主要包括信息方法体系和决策方法体系、基本方法和特殊方法、网络方法和调控方法等。思想政治教育基本方法包括理论教育法、实践教育法和批评与自我批评等主导性方法，也包括疏导教育、典型教育、比较教育、自我教育、激励教育、感染教育等适用性方法，思想政治教育特殊方法包括心理咨询、预防教育、冲突缓解、思想转化等特殊方法。这些方法体系在不同的实际工作中，要根据不同的教育对象群体、不同的教育情境、不同的教育载体灵活掌握、综合运用，选择最佳教育方法，以形成差异化、多样性的思想政治教育方法系统。

2. 大学生思想政治教育集成模式。大学生思想政治教育集成模式是大

---

① 中共中央办公厅国务院办公厅：《关于深化新时代学校思想政治理论课改革创新的若干意见》，中华人民共和国中央人民政府网 http：//www.gov.cn/xinwen/2019-08/14/content_5421252.htm，2019 年 8 月 14 日。

学生思想政治教育的集成行为方式、集成组织方式和集成规模构成的三维有机系统。首先，大学生思想政治教育集成行为方式包含互补匹配、协同和谐、竞争激励三种形态。互补匹配指大学生思想政治教育集成体的各集成单元之间良性互补关系，集成单元之间各自优势和劣势的互补，使大学生思想政治教育集成体整体功能和结构达到最优状态；协同和谐指大学生思想政治教育集成体功能的倍增和涌现有赖于集成对象之间相互交融、浑然一体的集成关系的形成，例如构建校校协同、校所协同、校企（行业）协同、校地（区域）协同、国际合作协同等开放、集成、高效的新模式等；竞争激励指大学生思想政治教育活动应该通过在教育主体之间、客体之间以及主客体之间培育竞争激励关系，实现互利共赢、相互激励。其次，大学生思想政治教育集成组织方式包含单元集成、过程集成、系统集成、网络集成等形态，其中，单元集成指大学生思想政治教育集成体同一层次的相同或不同的集成对象要形成强有力的集成组织；过程集成指大学生思想政治教育各集成对象依据一定的时序关系进行组织，通过过程的协调、重组与集成，消除集成对象间有碍于过程效率的所有因素，促进集成对象之间形成一种有序的结构，所谓系统集成指"各种同类、异类集成单元在相同层次和不同层次上，集合而成的整体系统组织……且系统集成体有着明显的层次性，各集成单元之间的联系复杂，集成系统中具有显著的学习型组织特征，自组织机制作用突出，对环境的变化具有较强的适应性，集成系统的目标具有多重性"[1]，系统集成要求对大学生思想政治教育主体、大学生思想政治教育对象、教育内容、教育方法等处于不同层次的系统集成单元进行组合优化，建立大学生思想政治教育集成单元之间的互动协调机制，充分发挥倍增效应；网络集成指"不属于同一行为主体的集成对象，以互相信任为基础，以资源共享和协调互补为纽带，通过在集成对象之间形成一种具有动态性和多样性的集成关系，增强各集成对象自身的功能或新的功能，从而促进集成体整体功效的提

---

[1] 海峰、李必强：《集成论的基本问题》，《自然杂志》2000年第4期。

升和凸显"①，网络集成要求发挥不同的大学生思想政治教育主体的作用，将集成管理、集成环境、集成条件、集成模式和集成单元等各要素有机整合到一起，形成有效协同联系的思想政治教育集成网络。再次，就大学生思想政治教育集成规模而言，"集成的规模主要从集成对象的种类和数量方面反映集成的方式以及集成体的性质，集成密度与维度是用来反映集成单元总量（规模）与类别的指标"②，不同种类的大学生思想政治教育主体（教育者）数量的多少可以视为大学生思想政治教育集成密度的一种重要表现，而大学生思想政治教育主体、客体、教育介体等集成单元有机协同融合则构成了思想政治教育集成体的维度。大学生思想政治教育集成体的密度和维度共同构成集成体的规模。根据思想政治教育集成规模的大小，可以将育人集成模式划分为大规模集成、中规模集成、小规模集成。

3. 大学生思想政治教育集成管理。"集成管理就是指从集成这一新的角度来分析、对待管理活动及管理要素或管理对象，将它们按照一定的集成模式和方法进行整合，促使各管理要素、功能和优势互补、匹配和协同，从而提高各管理要素的交融度，实现整体功能的倍增或凸显"③，大学生思想政治教育集成管理遵循集成管理的一般性规定，要求按照一定的集成模式和方法对大学生思想政治教育的管理活动、管理要素、管理对象等进行整合，促使各大学生思想政治教育管理功能与结构、优势与要素进行匹配、互补、协同，从而增强大学生思想政治教育各管理要素的交融度，实现整体功能的倍增或凸显，进而提升育人实效性。

4. 大学生思想政治教育集成条件。育人的目标与内容、主体与客体、方法与载体、过程与结构、要素与环境、评价与反馈是紧密联系的一个有机

---

① 王伟军、黄杰：《企业信息资源集成管理》，华中师范大学出版社 2008 年版，第 32—33 页。

② 王伟军、黄杰：《企业信息资源集成管理》，华中师范大学出版社 2008 年版，第 33 页。

③ 王伟军、黄杰：《企业信息资源集成管理》，华中师范大学出版社 2008 年版，第 35 页。

系统，多样的目标内部、不同的主体之间，多元的内容系统、不同的方法体系之间都有着密切的联系，这是大学生思想政治教育集成的基本条件；育人要素通过课程教学、实践活动、网络平台、文化熏陶、管理服务等育人载体得以落实和实施，这是大学生思想政治教育集成的基础条件；育人实践需要投入大量人力物力，需要大量的经济成本和时间成本以及空间成本，这是思想政治教育集成的必要条件；育人的各种具体目标具有高度的融合性，不同行为主体具有同质度高的特点，不同的方法体系之间相异性较少，这是大学生思想政治教育集成的选择条件；由于育人实践具有多层次的具体目标、多样化的差异主体、复杂的内容体系、丰富的方法体系，这就有了足够的集成单元可以选择，构成了大学生思想政治教育集成的要素条件。集成条件是提升大学生思想政治教育实效性的重要支持。

（二）大学生思想政治教育集成的特征

思想政治教育的集成是其各要素相互匹配、协同，成为一个效应倍增和涌现的有机系统过程。复杂的国际国内形势，加之高科技的飞速发展和普遍运用，给思想政治教育带来了复杂而深刻的影响，同时随着思想政治教育理论与实践的发展，大学生思想政治教育日益显现出多主体、多层次、多原则、多功能、多目标、多内容、多方法、多链条、多态位的复杂开放的巨型系统特性。思想政治教育作为复杂巨系统，系统之中的各要素都是一个有机统一的系统，各系统之间也是相互作用、相互影响的。我们要借鉴系统论、集成论等理论知识，从有机整体、复杂开放的角度审视思想政治教育集成的特征。

1. 大学生思想政治教育集成的整体性。集成是由各集成要素构成的一个过程性系统。系统最核心的属性是整体性，系统最重要的特点就是整体功能大于部分之和，也就是说在要素与要素的相关性中产生出高于单个要素的整体性或系统性。大学生思想政治教育集成过程具有整体性，应该要全面统筹大学生思想政治教育目标、教育主体、教育内容、教育评价等要素，发挥其整体系统功能，克服孤立分散、单兵作战的现象，发挥最大效益。大学生思想政治教育集成过程的各个要素相互联系成为一个有机整体，才能有效发挥思想政治教育的育人功能。只要是影响大学生的思想政治素质形成，并能有效为思想政治教育者运用的因素，包括学校的各级群团组织、思想政治理论课教师、校园文化环境、专业教师、管理服务人员、教学内容、教学手段、网络宣传、宿舍文化都应该纳入思想政治教育集成过程。思想政治教育集成过程中各要素都要被予以高度重视，因为一着不慎、全盘皆输，作为整体中的一部分，有时候会影响全局，甚至会产生决定性影响。

2. 大学生思想政治教育集成的关系性。集成是将系统各要素进行优化组合的过程，所谓"优化组合"不是将毫无关联的要素生硬地叠加，而是要深入分析相关要素的内在联系，实现各要素有机融合和整体配合协同发展。大学生思想政治教育集成的关系性有很多具体的表现形式，如：大学生思想政治教育的教育者和教育对象具有主体间性特征，两者相互影响；大学生思想政治教育既要发挥课堂教学主渠道作用，也要发挥管理育人、实践育人、科研育人、文化育人、心理育人等作用，还要充分发挥党委政府和社会力量的积极作用，建立相关资源，形成相关制度，构建良好的思想政治教育载体，形成良好的思想政治教育环境；思想政治教育实效性的提升需要协调好学校教育、社会教育、家庭教育等的关系，形成齐抓共管的育人合力，等等。

3. 大学生思想政治教育集成的主体性。大学生思想政治教育集成是一个过程性的人造系统，任何人造系统都是具有主体性的人为了达成一定目标而设计的。因此，设计和分析一个系统时，首先要准确分析系统所要达成的主要目标和具体任务。当一个特定的系统存在多个目标和多个任务的时候，要平衡每一个目标和任务，力争实现系统整体协调，并取得最佳效果。思想政治教育目标是指教育主体期望自己的育人活动在教育客体的思想品德、政治素养、心理素质以及行为人格等方面所要达到的境界，即一定时期、一定阶段所开展的育人实践所要达到的预期结果。新的历史方位下，思想政治教育目标集中表现为"四个服务",促进时代新人与德智体美劳全面发展的社会主义建设者和接班人的培养。

4. 大学生思想政治教育集成的开放性。大学生思想政治教育集成的开放性体现在,一方面,思想政治教育系统作为一个复杂巨系统是保持开放的,与外界进行物质、能量、信息的交换,而物质、信息和能量是受到社会政治经济文化等因素影响的,是和家庭、政府、社会、企业、文化等系统保持相互交流和发展的;另一方面,思想政治教育系统的每一个子系统也是开放的,大学生思想政治教育主体系统的开放性体现在大学生的思想是随着社会的发展而不断发展的,思想政治教育内容集成的开放性体现在充分彰显不同时代社会经济和文化的要求,思想政治教育方法系统的开放性体现在不断采用网络技术、媒体技术、信息技术、人工智能等科学技术手段。所以在大学生思想政治教育过程中,我们既要重视高校内部因素在育人工作中的作用,又不能忽视校外因素如社会环境和家庭氛围等对大学生成长发展的影响。

5. 大学生思想政治教育集成的动态性。因为系统具有开放性,所以系统都是逐步变化发展,充分体现系统的动态性。系统的状态从整体来看可以分为"平衡态、非平衡态和远离平衡态"三大类,任何系统都不是一成不变的,而是随着社会、政治、经济、文化、科技等因素的发展逐步动态发展的。例如大学生思想政治教育主体在不同的年级有不同的思想困惑和价值迷茫,大学生思想政治教育的目标也是随着社会、政治、经济的发展而不断丰富调整,大学生思想政治教育载体也随着网络信息技术的发展而不断丰富,大学生思想政治教育教育评价等要素随着社会的发展而不断变化,这就要求大学生思想政治教育要不断发展和创新,在动态中实现平衡。

6. 大学生思想政治教育集成的层次性。大学生思想政治教育集成的层次性集中表现在集成结果即大学生思想政治教育集成体之中:首先,大学生思想政治教育作为一种学术系统,承担着教学科研、咨政育人和服务社会等任务;其次,大学生思想政治教育系统作为一个文化系统,是社会上层建筑的重要组成部分，具有文化储藏、选择、传播、规范、创造功能；再次，大学生思想政治教育作为一种专业组织，服务于党和国家的中心工作，具有政治属性，发挥着思想保证、精神动力和智力支持的作用；最后，大学生思想政治教育作为一种社会系统，具有社会属性，融入一定的情境系统中发挥作用，实现其社会价值与个人价值，服务于人的发展和社会的进步。

三、大学生思想政治教育的集成化要求

大学生思想政治教育集成的整体性、关系性、主体性、开放性、动态性、层次性等特性，为大学生思想政治教育提出了加强系统整合寻优，实现思想政治教育功效倍增；优化教育资源配置，提高思想政治教育资源利用率；提升管理创新能力，推动思想政治教育创新发展等集成化要求。

1. 加强系统整合寻优，实现思想政治教育功效倍增。加强系统整合寻优，是集成的整体性、关系性、主体性等特征的内在要求。"由于集成过程中注入了创造性的思维因素，各种要素在竞争性的前提下有机结合在一起，充分实现优势、功能及结构的互补，从而使集成体发生质的跃变，整体效果极大提升。"① 思想政治教育作为承担着特殊使命任务的社会教育活动，是由教育者、受教育者、教育载体等要素构成的有机系统，对各要素进行有效整合，优化思想政治教育结构，有利于提升育人系统功能，实现育人功效倍增，更好完成育人使命。

2. 优化教育资源配置，提高思想政治教育资源利用率。优化育人实践中的资源配置，加强各项育人资源整合，既是思想政治教育集成的内在要求，也是解决当前思想政治教育实践中资源利用率不高问题的需要。一般来说，"泛边界资源整合具有两个层面的含义，从全社会的角度或某一行业的

---

① 李宝山、刘志伟：《集成管理——高科技时代的管理创新》，中国人民大学出版社1998年版，第36页。

角度来讲，需要站在更高的层面，突破组织的边界，进行资源的整合；从组织内部的角度来说，泛边界资源整合是要实现组织内部不同分工、不同运行过程和不同资源之间的整合"①，反观当前大学生思想政治教育，其在系统外部资源配置和系统内部资源配置方面都存在一定的问题。就思想政治教育系统外部资源配置方面，"对社会组织机构、新媒体等社会性教育资源的思想政治教育功能开发不到位，对将校内教育资源和社会教育资源相结合、协同发挥思想政治教育功能的尝试更少"②。就思想政治教育系统内部资源配置方面，也不同程度地存在着思想政治教育主体间协同性不高，思想政治教育者自我教育积极性调动不足，网络育人功能发挥不充分等问题。这些问题正是育人资源利用率不高的表现，制约着育人实效性的提升。

3. 提升管理创新能力，推动思想政治教育创新发展。"创造性的思维要素是集成的核心，各种集成要素之所以能产生竞争性的互补作用，其根本原因就在于人的创造性思维"③，大学生思想政治教育要实现创新发展，也需要思想政治教育管理者树立创造性思维，提升管理创新能力，这不仅是思想政治教育集成的开放性、动态性、层次性等特征要求，也是应对当前复杂国际国内形势的需要。就国内形势来说，我国正处于全面深化改革的关键时期，经济发展方式正向集约型、高质量转型升级，人们的精神需求也更加多元多样；就国际形势来说，部分西方国家不愿坐视我国的强大，正千方百计地对我国发展进行遏制，特别是在意识形态领域加强了进攻和渗透。这表明当前我国思想政治教育所面临的挑战更加严峻，需要思想政治教育工作者特别是管理者不断提升管理创新能力，进一步推进高校育人工作创新发展。

---

① 周建安：《政府部门集成管理》，中国标准出版社 2013 年版，第 9 页。

② 李红革、唐佳海、王威峰：《集成视角下大学生思想政治教育实效性研究》，《湖南科技大学学报（社会科学版）》2016 年第 5 期。

③ 李宝山、刘志伟：《集成管理——高科技时代的管理创新》，中国人民大学出版社 1998 年版，第 38 页。

第二节　大学生思想政治教育效能观

　　系统效能和系统实效密切相关，后者是前者的实现程度。基于两者的关系，我们认为实效性是效果、效率和效益的统一。大学生思想政治教育实效性也内含着大学生思想政治教育的效果、效率和效益三个维度，其中，大学生思想政治教育效率问题是当前育人实践中较为突出的问题，是提升思想政治教育效益的基础和前提。

一、实效：系统效能的实现程度

　　"效能的概念最初产生于物理学，表示物体运动能量释放和做功效果的一种体现和评价。以后逐步引入到管理学和包括行政活动在内的其他社会活动领域，泛指选定正确的目标及其实现的程度"①。管理学、经济学、社会学、人口学、教育学等不同的学科都从不同角度对效能问题进行了相关阐述，构建了多样的效能标准，分析了效能涉及的因素。尽管表达方法各有不同，其核心都基本围绕着能否达成或可实现到何种程度这个研究角度而展开，研究者普遍认为效能与目标达成有重要的相关性，主要表现为目标实现的程度。从词语的字面来看，效能是由"效"和"能"组成，"效"主要指效果，"能"主要指能力，效能应该是内在能力和外在效果的综合反映。据此，有研究者认为效能应该有三个方面的内容：效力，即贡献能力；效率；功效，即事物所蕴藏的有利的作用。因此，效能至少具有如下内涵：它是评价工作结果的标准，包含着效果、效率、效益等维度；是完成任务的各

---

　　① 郭泽保：《政府效能建设若干问题探析》，《福建行政学院福建经济管理干部学院学报》2001 年第 4 期。

个环节中的效率和能力，效果、效率、效益是判断效能的重要指标，是外显与内隐的统一。而"实效"一般是指实际效果和实际的功效，强调的是实施效果的目的达成度。实效是与效能紧密联系的一个概念，两者都是特别注重强调实际结果或实际效果，都揭示了实践活动对主体价值的满足程度，从管理学意义上说，实效表征的是效能的实现程度。

二、实效性：基于效果、效率、效益的综合考量

实效性是对实效状况的判断，实效是效能的实现程度，因此，实效性也可指对效能实现程度的判断，它包含了劳动开始、过程、结果各个环节的有效程度。我们认为实效性是效果、效率、效益的统一。该观点的周延性如下：第一，从词义看，实效性的内涵包括了效果、效率、效益等单个词的内涵。在经济学和管理学中，对于效果、效率、效益的定义仍然存在分歧，其中影响较大的观点如下：关于效果，有研究者认为，"效果是管理人员工作过程中实现组织目标的程度"①，主要是探讨劳动结果的有效性程度；关于效率，有研究者认为，"经济效率则主要涉及到经济的生产过程，即生产过程中投入一定的生产要素获取最大的经济产出"②；关于效益，有研究者认为，"效益与投入和产出即效率密切相关"③，一般指经济活动的效果和利益，与效果、效率相比，更具整体性、长期性、稳定性。实践活动的实效性受到实践活动各个环节的影响，是实践活动各个环节实效的整合与凝结，既关注实践活动的最终结果，也关注实践活动过程中投入和产出之间的关系。因此实践活动的实效性是对实践活动的效果、效率和效益的综合。第二，从活动的评价看，实效性的评价标准涵盖了效果、效率、效益的评价标准。效果和效益的评价主要是定性评价，且主要评价的是实践活动的结果，效率的

---

① 谭力文、李燕萍：《管理学（第三版）》，武汉大学出版社 2009 年版，第 8 页。
② 李变花：《中国经济增长质量研究》，吉林大学博士学位论文 2005 年。
③ 李俊奎等：《思想政治教育效益论》，中国社会科学出版社 2012 年版，第 19 页。

评价主要是定量评价，主要评价的是实践活动的过程，而要想得到关于实践活动实效性的科学评价结果，不仅要开展定性评价还要进行定量评价，不仅要评价实践活动的结果，还要评价实践活动的过程。第三，从价值指向看，实效性与效果、效率、效益具有相同的价值目标。实效性揭示了实践活动特性与主体需求之间的关系，主体需求是实践活动实效性大小的判断依据。由效果、效率与效益的定义可知，三者也都表征实践活动对活动主体需求的满足状况。可见，实效性与效果、效率、效益都指向了实践活动主体需求的满足。

三、大学生思想政治教育实效性问题及其关键环节

目前，对于大学生思想政治教育实效性的探讨，一般是围绕"效果"、"效益"这两个问题展开的，形成了不少研究成果，但是从"效率"视角以及从效果、效率、效益"三效合一"视角进行综合研究的成果较少。根据实效性的内涵和思想政治教育的特性，大学生思想政治教育实效性可理解为按照活动目标及内容要求，对大学生开展思想政治教育活动，其结果与目标相比，所达到的真实、有效的程度[①]，是大学生思想政治教育效果、效率和效益的统一。通过对我国思想政治教育的集成方略及其制度优势的总结梳理可知，我国大学生思想政治教育取得了显著成效，但也存在着一些不足。这些成效，突出体现在育人效果、总体效益方面，体现在政策举措、制度优势上；这些不足，包括效果、效益方面还需要进一步提升，比如大学生当中还存在着思想迷惑问题，但最突出的还是体现在效率方面，即如何进一步优化资源配置，提升育人合力等。这一问题，既关系到大学生思想政治教育的育人效果即育人产品输出的质与量，也关系到大学生思想政治教育总体效益特

---

① 参见吴少华：《大学生思想政治教育实效：前提、保障与预期》，《毛泽东思想研究》2016 年第 3 期。

别是总成本控制程度，因此效率实现成为效果、效益实现的关键环节，而进一步推动大学生思想政治教育各项改革措施的联动与集成，切实提升大学生思想政治教育各种资源利用效率，无疑成为解决大学生思想政治教育实效性问题的关键所在。

就效果问题而言，经过多年努力，当前大学生思想政治教育效果比较显著，大学生的思想政治水平总体较高，但是实证研究发现，大学生思想政治教育效果还有进一步提升的空间，主要表现在：有一些大学生一味强调功利化、现实化、合理化，理想庸俗、心灵空虚、情感隔离，成为空心人、最精致的利己主义者，他们社会责任意识淡薄、个人享乐意识较浓，对中国共产党认同和中华人民共和国国家认同度不够高，对社会主义先进文化的认同不够高，对社会主义核心价值观的认同和践行不够强。

就效益问题而言，在全社会的共同努力下，大学生思想政治教育效益比较显著，但是也还存在一些问题，比如大学生思想政治教育内容既包括理论知识方面的教育，又包括社会实践方面的教育，既有价值观念的教育，又包括行为规范的教育，由于教育内容较为繁杂，各种教育内容之间的协调不够；高校思想政治教育工作者往往只考虑到高校内部课堂教学、校园文化生活、教育队伍等校内教育资源的运用，对社会组织机构、新媒体等社会性教育资源的思想政治教育功能开发不到位，校内教育资源和社会教育资源效益不显著；不同群体的大学生对思想政治教育的需求有着很大的差异，如学生党员和非学生党员、学生干部和非学生干部、边疆地区大学生和内地大学生、少数民族大学生和汉族大学生、学习困难学生和就业困难学生等对思想政治教育内容有不同需求；大学生思想政治教育的复杂性也导致大学生思想政治教育的效益不明显，如此等等。

就效率问题而言，经过多年的努力耕耘和辛勤实践，在党中央和各部门的大力支持下，大学生思想政治教育效率总体较高，但是也还存在一些进一步提高的空间，例如，由于各种原因，在高校内部科研、后勤等部门开展思想政治教育的主动性不高，经验不足，育人效率比较低；思政课教师由于理论素养欠缺和教学技巧缺乏等原因，教学育人的效率不高；辅导员忙于各项琐碎的事物，管理育人的效率不高；部分专业课教师"只教书，不育人"，没有发挥"课程思政"的作用，开展思想政治教育的效率较低，等等。

总的来说，大学生思想政治教育效果和效益方面的问题在某种程度上与其效率不高都有一定联系。育人资源利用不充分，会制约育人目标的实现，影响育人效果的实现；育人实践中存在为达教育目标而不计成本的问题，以及育人资源利用率不高的问题，会导致大量育人资源的浪费，不利于思想政治教育效益，特别是经济效益的提升。

第三节　大学生思想政治教育集成观与效能观的有机统一

大学生思想政治教育集成效应是大学生思想政治教育集成观和效能观的有机统一，具有整体性、协同性、倍增性等特征。大学生思想政治教育集成效应的实现不是自在自发的，需要思想政治教育管理者树立集成思维，开展集成管理，构建集成模式，进行集成评价，由此探索实现大学生思想政治教育集成效应的科学路径。

一、集成效应：系统集成化与系统效能最大化的耦合

集成效应是指由于集成所带来的实际效果，"从本质上说，集成效应是导致集成管理产生的根本动因"①，在集成效应的刺激和推动下，管理者按

---

① 李宝山、刘志伟：《集成管理——高科技时代的管理创新》，中国人民大学出版社1998年版，第56页。

照相容性原理、互补性原理、界面选择原理、功能倍增原理等集成基本理论的要求，将各项要素进行科学合理的互补匹配，形成更加高级有序有效的整体结构，从而提升系统运行的效果、效率和效益，最终能够实现集成效应最大化。可见，集成效应既是系统集成化带来的客观效果，同时也是实效系统效能最大化的必由之路，是系统集成化与系统效能最大化的耦合，反映了集成观与效能观的有机统一。

就系统集成化来看，系统集成是将各要素集合成一个有机整体的过程，所形成的集成体不是各要素之间的简单叠加，而是按照一定的集成方式和模式进行的优化构造和科学组合，以实现其整体功能的倍增或涌现的集成目标。这一集成过程，必然导致各种要素资源得到充分利用，形成协同联动，相关主体的创造性和潜力得到更大激发，自然使其输出结果质量全面提升，呈现出效应涌现或效应倍增状态。

就系统效能来看，系统效能是系统运行所产生的"效果"，具有的"能力"。"效能的概念最初产生于物理学，表示物体运动能量释放和做功效果的一种体现和评价，以后逐渐引入管理学以及其他社会活动"①，管理学、经济学、社会学、人口学、教育学等学科，从不同角度对效能问题进行了相关阐述。尽管观点存在分歧，但是其核心都基本围绕着目标能否达成或目标可实现到何种程度这个问题来展开，研究者普遍认为效能与目标达成有重要的相关性，主要表现为目标实现的程度。系统效能的目标实现程度通常可从效果、效率、效益三个方面进行考察，分别反映系统运行过程中输出结果与预期目标之间的比率关系、单位时间内输出结果与输入成本之间的比率关系、总输出与总输入之间的比率关系。效能最大化，就是要全面考量影响效果、效率、效益实现的各要素各因素，推动系统要素集成、过程集成和效果集成，走联动集成、系统集成和集成创新之路。

---

① 郭泽保：《政府效能建设若干问题探析》，《福建行政学院学报》2001 年第 4 期。

二、大学生思想政治教育集成效应的主要表征

一般认为，集成具有整体优化性、互补性、倍增性等特点①，集成效应是集成过程的结果呈现，具有整体性、协同性和涌现性等特点。2019 年 7 月 5 日，习近平总书记在北京出席深化党和国家机构改革总结会议上强调，要注重改革的系统性、整体性、协同性，统筹各领域改革进展，形成整体效应。2019 年 11 月 26 日，习近平总书记指出，党的十九届四中全会《决定》为全面深化改革系统集成、协同高效提供了根本遵循，落实改革方案要聚焦制度是否有效运转开展督察，看改革是否实现目标集成、政策集成、效果集成。大学生思想政治教育集成过程作为一般性集成过程的一种特殊形态，其集成结果表征为大学生思想政治教育集成效应，可以主要从整体效应、协同效应、涌现效应等三个方面进行分析。

（一）整体效应

集成是创造性地对要素进行优化配置，使各要素成为一个相互优势互补、匹配的有机体的过程。即集成的过程也是有机体的构建和形成过程，有机整体是集成的直接结果。可见，整体效应是集成效应最为重要的特征。根据集成的内涵和特征，集成效应的整体性可从三个层面来理解：一是从微观层面看，同类要素集成所形成的具有更佳性能的一类要素；二是从中观层面看，不同要素集成所形成的具有更强功能的系统；三是从宏观层面看，不同系统集成所形成的具有持久影响力的集成系统。

大学生思想政治教育的整体效应也可从微观、中观、宏观三个层面进行分析：一是在微观层面，大学生思想政治教育系统中同类要素集成所形成的

---

① 参见李宝山、刘志伟：《集成管理——高科技时代的管理创新》，中国人民大学出版社 1998 年版，第 56 页；海峰：《管理集成论》，经济管理出版社 2003 年版，第 21 页。

具有更佳性能的某类要素，如思想政治教育者之间集成所形成的具有更优结构、更佳素质的大学生思想政治教育队伍，思想政治教育受教育者之间集成所形成的具有更强自我教育意识和能力的大学生自我教育管理组织，思想政治教育载体之间集成所形成的具有更强育人功能的教育条件和平台等；二是在中观层面，大学生思想政治教育系统中不同要素集成所形成的具有更强功能的育人系统，如大学生思想政治教育主体、大学生思想政治教育载体、大学生思想政治教育客体、大学生思想政治教育方法等要素之间集成所形成的具有更优育人功能的思想政治教育系统；三是宏观层面，不同大学生思想政治教育系统集成所形成的能对时代新人培养和德智体美劳全面发展的社会主义建设者和接班人培育产生持久而深刻影响的"大思政"格局，如通过"思政课程"和"课程思政"之间的集成，营造思想政治教育无处不在、无时不有的良好育人环境，使其持续作用于大学生的良好思想水平、政治素质、道德品质和文化素养的形成。

（二）协同效应

集成体的构建过程也是集成体各要素进行有效协同的过程，协同效应也是集成效应的一个重要表征。大学生思想政治教育的协同效应表现在诸多方面，我们主要从大学生思想政治教育主体和育人资源方面进行探讨。

第一，大学生思想政治教育主体协同。大学生思想政治教育主体协同主要是因为大学生思想政治教育主体包括多个不同的子系统，既有党和国家及其相关部门、高校思想政治工作者，又有社会组织，还有广大人民群众。不同主体受到自身利益、价值观念、资源方法、环境制约等因素影响，大学生思想政治教育战略集成内在地蕴含着集成总体目标与具体目标的有机结合，能够使不同层次的大学生思想政治教育主体努力达成共识，增强高校、党政机关、社会组织、人民群众的协同能力，确保大学生思想政治教育集成目标的最终实现，实现所有主体的协同与统一。习近平总书记指出，"各级党委要把高校思想政治工作摆在重要位置，加强领导和指导，形成党委统一领导、各部门各方面齐抓共管的工作格局"，"实现全程育人、全方位育人，努力开创我国高等教育事业发展新局面"。习近平总书记还强调，在建设好"思政课程"的同时也要建设好"课程思政"，"其他各门课都要守好一段渠、种好责任田，使各类课程与思想政治理论课同向而行，形成协同效应"[1]。

第二，大学生思想政治教育资源集聚。大学生思想政治教育主体协同的目的是为了实现育人资源的集聚，育人资源的集聚主要由思想政治教育主体通过网络集成的模式实现，"网络集成模式是指不属于同一行为主体的集成对象，以互相信任为基础，以资源共享和协调互补为纽带，通过在集成对象之间形成一种具有动态性和多样性的集成关系，增强各集成对象自身的功能或新的功能，从而促进集成体整体功效的提升和突现"[2]。大学生思想政治教育这一复杂巨系统包含了多个复杂的子系统，在分析大学生思想政治教育各集成单元的功能或结构的基础上，需将各项资源要素结合起来，使不同集成对象的优势和劣势之间科学匹配，形成有效的集成模式。当然这种集聚不是简单的叠加，而是根据集成单元的属性和集成条件以及集成环境的可行性，将大学生思想政治教育的各种资源要素进行有效的整合，使各种育人资源真正实现协同一致。

（三）涌现效应

"在集成过程中，集成体的集成度提高，并在一定条件下展现新现象，使集成统一体出现原来成分并不具有的新的特性，这称为涌现。"[3] 集成的过程是协同各要素构建集成体的过程，也是集成体的功能倍增和效应涌现的过程，涌现效应与其整体效应和协同效应是紧密相连的。根据集成效应的内

---

① 《习近平在全国高校思想政治工作会议上强调把思想政治工作贯穿教育教学全过程开创我国高等教育事业发展新局面》，《人民日报》2016年12月9日。

② 王伟军、黄杰：《企业信息资源集成管理》，华中师范大学出版社2008年版，第32—33页。

③ 唐孝威：《一般集成论研究（第一辑）》，浙江大学出版社2013年版，第3页。

涵界定，我们认为大学生思想政治教育的涌现效应主要表现在育人的效果提升，效率提高和效益增强等方面。

第一，大学生思想政治教育效果提升。总体表现为：大学生思想政治教育集成体不断优化，育人实践中的教育主体、教育资源、教育方法、教育载体、教育内容、教育对象之间不断优势互补，相互竞争相互激励，实现协同一致，相互交融，互相促进，共同提升，使大学生的理想信念和科学的人生观、世界观、价值观得以确立，个人自我发展水平得以提升，自我实现程度得以增强。具体表现为：育人实践中的各项教育内容之间相互协同；课程教学、实践活动、传统文化、网络载体、管理服务等方式有机融合，做到教书育人、实践育人、科研育人、管理育人、服务育人协同创新；教育与管理相结合、理论教育与社会实践相结合、解决思想问题与解决实际问题相结合、继承优良传统与改进创新相结合、传统手段与新信息技术、大数据技术、人工智能技术相结合，育人实践的针对性和亲和力得以提升；实现大学生思想政治教育战略集成、主体协同、内容与方法集成，各个集成单元之间相互协同。

第二，大学生思想政治教育效率提高。运用集成管理，优化大学生思想政治教育集成体系，使各集成单元之间联系更加紧密，注重集成密度的合理性、集成维度的科学性、集成结构的科学性、集成规模的合理性、集成条件的可行性、集成环境的可塑性，确立合理的集成目标，采取科学的集成战略，合理配置育人资源，使集成体的系统性、整体性、协同性更加显著；使不同层级的主体职责更加具体、结构更加和谐，功能更加稳定；使育人成本得以降低，提高育人资源利用效率，争取以较少的成本投入，产出较多的育人效益。

第三，大学生思想政治教育效益增强。不同的育人主体、不同的育人目标层次、不同的育人内容以及不同的育人方法和载体构成了多样的大学生思想政治教育集成单元，这些集成单元相互协同，互相补充、互相配合、互相竞争、互相激励，使育人效益得以加强。大学生思想政治教育集成的最终结果是育人功能的倍增或涌现，育人主体行为的协同、育人资源配置的高效，育人实践的社会效益和个体效益的有机统一，经济效益、政治效益和文化效益的大大加强，德智体美劳全面发展的社会主义建设者和接班人的有效培养。

三、实现大学生思想政治教育集成效应的科学理路

大学生思想政治教育集成效应是大学生思想政治教育集成管理的动因和结果，它的实现需要在大学生思想政治教育管理实践中运用集成思维，实施集成管理，构建集成模式，开展集成评价。

（一）运用集成思维

"集成思维强调系统内部和内外之间的双向交互作用的整合效应，具有价值性、主体性、整合性、动态性、协同性、倍增性等显著特征，充分显现出现代思维方式的性质。"[1] 利用集成思维处理复杂的思想政治教育实效性问题、有效开展育人决策，具有更加严谨的过程和更大的优势。第一，集成是研究大学生思想政治教育实效性问题的科学思维。集成思维是还原论思维与整体论思维的有机结合，既要运用还原论对复杂性问题进行分解、分析，也要从整体的角度对其进行综合、审视，这二者的结合以实现系统整体的功能与任务为核心。这种从整体出发、分解论证、整体收敛的分析与决策过程，能够有效规避局部最优但整体功能缺失的风险，同时也有利于决策方案的科学制定和实施。思想政治教育的教育对象具有多元性和多维性、育人内容具有交叉综合性、育人方法具有多样性、育人环境也具有复杂多变性，因此，提高育人实效性既有必要性也有复杂性，而集成思维作为还原论思维和

---

① 李红革、唐佳海：《集成视阈下社会主义意识形态治理探析》，《江淮论坛》2015年第6期。

整体论思维的有机统一体，对解决这一问题具有重要的启发意义。第二，集成思维有利于科学分析大学生思想政治教育实效性问题。集成理念的核心思想是将众多分散的要素创造性地整合起来，使之成为一个具有更新结构、更强功能的集成体。针对当前大学生思想政治教育中资源配置集约化程度和育人效率不高的问题，将集成思想方法创造性地运用于大学生思想政治教育实践过程之中，以提升育人实效为目标，有机整合育人资源，实现资源间的优化互补，凸显和提升思想政治教育集成体的效能。

（二）开展集成管理

"集成管理在管理思想上以集成理论为指导，在管理行为上以集成机制为核心，在管理方式上以集成手段为基础"①，是在集成思维指导下而进行的一种特殊管理理论和实践样态。据此，在思想政治教育中开展集成管理就是一定社会的政治组织或政治利益集团，依据思想政治教育的目的和发展规律，将集成管理理论创造性运用于育人实践中，有意识地调节思想政治教育系统内外各种关系和资源，以实现育人效果、效率和效益最大化的社会控制过程。大学生思想政治教育集成管理实践以集成理论为指导思想，以集成机制为行为核心，以集成手段为方式基础。大学生思想政治教育集成管理可从如下方面开展：第一，进行大学生思想政治教育集成管理的理念培育。当前大学生思想政治教育实践中需要培育的集成管理理念包括"大思政"理念、网上网下集成管理理念、课内课外集成管理理念等。其中，"大思政"理念是习近平总书记关于高校思想政治工作论述中的重要思想理念，也是集成思想在大学生思想政治教育领域的创造性应用和充分体现，目标要求是"形成党委统一领导、各部门各方面齐抓共管的工作格局"②。网上网下集成管

---

① 李宝山、刘志伟：《集成管理——高科技时代的管理创新》，中国人民大学出版社1998年版，第71页。

② 《习近平在全国高校思想政治工作会议上强调把思想政治工作贯穿教育教学全过程开创我国高等教育事业发展新局面》，《人民日报》2016年12月9日。

理理念是指以增强大学生思想政治教育实效性为目的，通过各种管理手段集成网上网下的大学生思想政治教育资源，加强网上网下育人活动联动的理念。课内课外集成管理理念是指通过集成管理的方法加强大学生思想政治教育的课内课外联动，使课内教育的主渠道作用和课外教育的主阵地作用达到高度融合，从而提升育人实效性的管理理念。第二，开展大学生思想政治教育集成管理的顶层设计。即按照集成管理要求对育人实践进行系统而长远的谋划。大学生思想政治教育集成管理应遵循集成性原则、动态性原则、创新性原则等。其中集成性原则要求在对大学生思想政治教育集成管理进行顶层设计过程中要时刻关注各要素间的协同和集成，使各要素间的协同和集成达到最优状态，以实现"1+1>2"的整体集成效应；动态性原则要求在对大学生思想政治教育集成管理进行顶层设计过程中要时刻关注系统内外环境要素的变化，并动态调整相关要素的管理参量，以保证集成管理系统在不断变化的环境中保持科学性和有效性；创新性原则要求在对大学生思想政治教育集成管理进行顶层设计过程中要有创新理念，不为传统管理模式所束缚，以增强管理实效为目标，创造性地对集成管理系统的各种要素进行调整以保持管理系统的包容性与高效性。第三，探索大学生思想政治教育集成管理的策略方法。依据集成管理的运作机制、集成管理过程的核心要素和集成管理方法运用时机，大学生思想政治教育集成管理方法可大致分为超前策划集成管理法、多赢集成管理法、流程重组集成管理法等。其中，大学生思想政治教育超前策划集成管理法要求从育人总体目标出发，根据相关资源要素和内外环境充分发挥集体智慧综合资源和环境优势超前策划，确定有利于大学生思想政治教育活动顺利开展的策略方案，以保证其目标顺利实现；大学生思想政治教育多赢集成管理法是指多个资源有限、目标一致的大学生思想政治教育集成体本着协同旋进的原则资源共享，工作协同，集成互补，发挥各自优势，从而实现多方共赢的集成管理方法；大学生思想政治教育流程重组集成管理法是指基于集成管理目标的调整或新的理念的实施，对现有集成管理的要素及其组合流程进行革命性的、创新性的改革，以实现新的大学生思想政治教育集成管理目标或实施新的理念更好地达到原有集成管理目标。

（三）构建集成模式

集成模式是在集成思想指导下，按照集成管理要求形成的可参照模仿的样式或行为规范。大学生思想政治教育集成模式可理解为按照集成管理要求，为了提升大学生思想政治教育实效性而构建的具有可操作性的管理样式。大学生思想政治教育集成模式的构建可从如下方面进行：第一，明确大学生思想政治教育集成模式的构建目标。大学生思想政治教育集成模式构建目标包括育人协同化、有序化、高效化等。其中大学生思想政治教育协同化主要指实现大学生思想政治教育主体的协同化，形成党委统一领导、各部门各方面齐抓共管的"大思政"工作格局。大学生思想政治教育有序化包括教育队伍的有序化、教育内容的有序化、教育方法的有序化等。大学生思想政治教育高效化包括更好地巩固马克思主义在高校的指导地位，巩固大学生为实现中华民族伟大复兴中国梦而共同奋斗的思想基础；更好地培养又红又专、德才兼备、全面发展的中国特色社会主义的建设者和接班人等。第二，确立大学生思想政治教育集成模式的构建原则。育人模式构建的原则，是指为了实现育人模式构建目标，依据育人管理的规律、功能和特征，在总结育人实践经验的基础上制定的，构建集成育人模式所必须遵循的基本准则。包括齐抓共管与分类推进相统一的原则、统筹兼顾与分层构建相统一的原则、效能提升与规模适度相统一的原则等。其中，齐抓共管与分类推进相统一的原则要求大学生思想政治教育集成模式既要体现大学生思想政治教育主导性要求，服务于其集成目标的实现，形成各集成主体齐抓共管、有效联动的工作格局，又要体现大学生思想政治教育多样化要求，服务于其具体目标的实现，发挥好不同类型和领域集成主体的积极性和创造性，形成分类推进、各司其职的机制方法；统筹兼顾与分层构建相统一的原则要求大学生思想政治教育集成模式既要体现大学生思想政治教育专门化、统一性的要求，按照统筹兼顾的原则，建立大学生思想政治教育的规范、流程、标准，形成全员育人、全程育人、全方位育人格局，又要体现大学生思想政治教育广泛性、层次性要求，按照分层构建原则，因事而化、因时而进、因势而新，构建不同时空范围内的大学生思想政治教育的组织方式与结构；效能提升与规模适度相统一的原则要求大学生思想政治教育集成模式不仅要以实现集成效应为指向，同时也要注重集成方式的科学性。具体来说，就是将大学生思想政治教育集成模式的效能实现与规模大小紧密结合起来，根据集成目标要求合理确定大学生思想政治教育集成对象的集成密度与维度，确立满足集成目标需要、符合集成体性质特点、体现集成效应的集成关系。第三，选择大学生思想政治教育集成模式的构建方法。大学生思想政治教育集成模式构建是一个理论创新问题，也是一个复杂的实践问题，需要掌握科学的构建方法。首先要定位主体需求。在大学生思想政治教育活动中，主体需要既包括不同类型、层次主体的需求，也包括特定主体的不同方面、不同层次的需求，需要进行全面而深入的分析。其次要分析集成对象。对思想政治教育集成目标实现所牵涉要素资源的数量和种类情况、既有要素资源功能发挥情况、尚未充分发挥功能的要素资源情况等进行分析，在此基础上分析大学生思想政治教育预设集成体的层次结构和功能结构、形成新集成体所需要的要素资源、当前缺失的要素资源及其培育途径，为大学生思想政治教育集成模式的构建奠定思想基础。最后要构建集成模式。基于集成目标的层次性、集成要素的复杂性以及集成体性质、功能的可变性，大学生思想政治教育集成模式的选择与构建应始终遵循从一维到多维、从简单到复杂的演进规律和实践路线。

（四）完善集成评价

在过去和现在集成管理实践中，集成思维的执行状况、集成管理的开展状况、集成模式的运行状况要靠集成评价来测评；在未来集成管理实践中，集成思维的执行、集成管理的开展、集成模式的运行要靠集成评价来推进。在大学生思想政治教育集成管理实践中也是如此，过去和现在集成思维的执行状况、集成管理的开展状况、集成模式的运行状况等的测评，以及未来集成思维执行、集成管理开展、集成模式运行等都离不开集成评价，可见，大学生思想政治教育集成评价是进一步加强和改进思想政治工作，不断提高育人实效性的重要手段。就其实质而言，育人集成评价是一种价值判断的过程，是对大学生思想政治教育集成的社会效果和个体效果的价值判断，其目的与育人目的相一致，即促进时代新人的培养和德智体美劳全面发展的社会主义建设者和可靠接班人的培育。开展大学生思想政治教育集成评价可从如下两个方面展开：第一，明确大学生思想政治教育集成评价指标。评价指标是用以考核、评估、比较大学生思想政治教育集成效应状况的指数或标准。大学生思想政治教育集成评价指标的确立需要遵循系统性、科学性、导向性、可操作性以及正向激励等原则，涵盖大学生思想政治教育的组织领导、队伍建设、思想政治理论课、课堂外思想政治教育、条件保障和育人环境等各个方面。第二，构建大学生思想政治教育集成评价体系。大学生思想政治教育集成评价指标确定以后，接着就需要理顺各集成评价指标之间的关系以形成集成评价体系，而理顺集成评价指标间关系的关键在于对各个指标在指标体系中的重要程度进行加权。加权是大学生思想政治教育集成评价指标体系要解决的主要问题，它直接体现评价系统设计者的价值取向，折射出其主观的评价观念。权重不仅表示指标的重要程度，而且刻画出指标间的关系，它是大学生思想政治教育集成评价指标体系的重要组成部分。总体来看，配置大学生思想政治教育集成评价指标体系权重需要处理好思想政治教育属性和集成管理理论要求之间的关系，思想政治教育活动目的与集成管理目标之间的关系，思想政治教育集成管理一般要求和思想政治教育集成管理特殊要求之间的关系等。

第三章

集成分析：大学生思想政治教育
实效性的现状透视

在以习近平同志为核心的党中央坚强领导下，大学生思想政治教育领域以集成推动改革创新呈现出气势如虹、势如破竹的崭新局面，所建立的制度和治理体系具有多方面显著优势，各项改革部署迅速落实到位、积极效果逐步显现，但"教学效果还需提升"，"协同效应有待增强"，"合力没有完全形成"①。完成这些组织架构重建、实现机构职能调整，加强制度体系和治理体系建设，正如习近平总书记所说，"只是解决了'面'上的问题，真正要发生'化学反应'，还有大量工作要做"，要进一步把制度优势转化为治理效能。运用集成论分析范式，我们可从效果、效率、效益三个维度全面考察大学生思想政治教育实效性现状，从教育理念、管理机制、育人模式、评价方法等方面深刻认识制约大学生思想政治教育实效性的主要因素。这对于如何通过集成化的改革举措实现脱胎换骨的"化学反应"，使大学生思想政治教育机构职能更加优化、权责更加协同、运行更加高效②，提供了重要的现实依据。

---

① 中共中央办公厅、国务院办公厅印发《关于深化新时代学校思想政治理论课改革创新的若干意见》，新华社 2019 年 8 月 14 日电。

② 参见《新华网评：这次改革的目标是"化学反应"》，新华网 http：//www.xinhuanet.com/comments/2019-07/07/c_1124720594.htm，2019 年 7 月 7 日。

第一节 大学生思想政治教育实效性
问题的分析范式

　　分析方法是认识问题和解决问题的有力武器，受到一定理论范式影响。科学分析大学生思想政治教育实效性及其影响因素需要科学的理论范式与思维方法。当前学界通常分别从效果、效益等方面解读分析大学生思想政治教育问题，运用系统论和过程论理论范式分析其影响因素，对于破解大学生思想政治教育实效性问题具有重要作用。但是，大学生思想政治教育这一系统及其实效性问题具有突出的复杂性特点，单一的系统论、过程论分析范式由于其各自的内在缺陷，难以全面深刻把握这一问题。而用于处理开放复杂系统问题的综合集成理论与分析方法正好吸纳了二者优势，弥补了不足，是分析和破解大学生思想政治教育实效性及其影响因素等问题的科学范式与有效方法。

一、系统论分析范式

　　当前学界一般从系统论出发分析思想政治教育实效性及其影响因素，包括思想政治教育构成的本体系统维度和思想政治教育存在的空间系统维度，属于横向维度分析范式。如部分研究者从教育者、受教育者、教育内容、教育方法等思想政治教育构成的本体系统维度，对思想政治教育实效性影响因素进行分析。如陈腾、李婉芝（2017）分析了大学生思想政治教育实效性中存在的教育内容注重政治性忽视针对性，教育对象注重群体性忽视个体性，教育方法注重灌输性忽视主动性，教育范式注重规范性忽视创造性等问题①。

---

① 参见陈腾等：《主体性教育视阈下大学生思想政治教育的实效性研究》，《湖北社会科学》2017 年第 12 期。

杜利英（2017）从搭建实践教学平台，发挥教师主导性，发挥学生主体能动性等方面分析了高校思想政治教育实效性的提升路径①。部分研究者从社会环境、家庭环境、学校环境、国际环境、互联网等大学生思想政治教育活动开展所处的空间系统维度分析了大学生思想政治教育实效性影响因素。杨洪泽（2013）分析了国内环境、国际环境、大学生网络生存环境等对当代大学生思想政治教育实效性的影响②；卢东祥（2017）集中分析了互联网对大学生思想政治教育实效性的复杂影响③；陆璐（2018）认为政治环境、经济环境、文化环境等宏观环境和家庭环境、学校环境、社区环境等微观环境是当前思想政治教育工作者分析育人实效性影响因素的重要维度④。可见，基于系统要素对大学生思想政治教育实效性影响因素进行分析的研究较为丰富，该研究一定程度上解答了思想政治教育实效性不足的原因，但是也易引发质疑，如部分学者从横向空间维度出发，将大学生思想素质不高、价值观扭曲等归纳为导致思想政治教育实效性不足的一个重要原因，这一方面不符合绝大部分大学生思想积极向上，价值观、政治观正确这一事实，缺乏现实周延性；另一方面，严格地说，大学生思想问题是思想政治教育实效性不足的表现而非诱因，以上分析结果显然也缺乏逻辑周延性。

二、过程论分析范式

部分研究者从过程论出发分析思想政治教育实效性及其影响因素，主要是从思想政治教育活动开展过程维度进行探讨，属于纵向维度分析范式。如

---

① 参见杜利英：《从实践角度论高校思想政治教育实效性的提升》,《电子科技大学学报（社科版）》2017 年第 2 期。

② 参见杨洪泽：《当代大学生思想政治教育实效性研究》，东北师范大学博士学位论文 2013 年。

③ 参见卢东祥：《移动互联网时代大学生思想政治教育实效性研究》,《学校党建与思想教育》2017 年第 4 期。

④ 参见陆璐：《人文关怀视野中的大学生思想政治教育实效性》,《中国高等教育》2018 年第 22 期。

廖和平等（2005）从校领导决策到教师执行再到思想政治教育内容等方面分析了制约育人实效性的因素①；王莎、徐建军（2016）认为思想政治教育的实效性的考察应该深入思想政治教育过程之中去考察，即起始于知识性的学习，经历情感、信念与意志的共鸣，最终落实于行动的实践②；李晓虹（2016）立足新媒体环境，分别分析了内容构建环节、传导环节、接受环节影响大学生思想政治教育实效性的因素③。与横向维度的研究相比，基于过程论对思想政治教育实效性影响因素进行分析的成果相对较少。思想政治教育本身就是由若干环节与活动构成的教育实践活动，因此，基于过程论进行教育实效性影响因素的研究具有一定的合理性，但是，该研究同基于系统论的相关研究一样，都陷入了单纯线性思维模式之中，思想政治教育是一个复杂而系统的教育实践活动，人的思想发展也要历经一个长期而复杂的过程，这种单纯的线性思维方式在解答复杂的思想政治教育实效性问题中往往捉襟见肘。

三、集成论分析范式

有的研究者从集成论视角出发分析思想政治教育实效性及其影响因素，是对系统论和过程论范式的综合与超越，是一种纵横结合的综合性分析范式。通过对基于系统论和过程论文献的梳理与分析可知，思想政治教育实效性影响因素问题是学界研究者们关注的一个重要问题，研究者们围绕大学生思想政治教育实效性的影响因素阐发了大量的观点，为我们对该问题的思考提供了重要的启发和借鉴。但是也存在分析结果不够周延和分析方式简单线

① 参见廖和平等：《制约高校思想政治教育实效性的原因分析》，《思想教育研究》2003年第10期。
② 参见王莎、徐建军：《运用大数据增强大学生思想政治教育实效性研究》，《思想理论教育》2016年第9期。
③ 参见李晓虹：《新媒体环境下大学生思想政治教育实效性研究》，大连理工大学博士学位论文2016年。

性的问题，这也在很大程度上影响了对思想政治教育实效性影响因素分析的科学性。思想政治教育的复杂性和系统性，人的思想形成发展的长期性和反复性，都要求对思想政治教育实效性影响因素的分析要打破线性单纯思维模式的局限，科学借鉴其他学科知识，创新分析方法，深入分析思想政治教育系统内部各要素之间及其与外部环境系统之间的复杂交互关系。通过分析研究，我们发现综合集成理论与思维方法是现代科学管理的核心概念之一，它不是一般性的集中、汇集，而是主动寻优的创造性融合过程，既研究解决系统论视野下的要素关系问题，也研究解决过程论视野下的要素联动问题，是系统论与过程论理论思维的有机结合，对于解决复杂性、系统性问题具有重要价值，正如钱学森所言，处理开放的复杂系统的唯一有效方法就是定性与定量相结合的综合集成方法。但是我们发现自觉将集成思维用于分析和解决思想政治教育实效性问题的研究成果尚不多见。因此，尝试运用集成的目标协同原理、竞争互补原理、功能倍增原理、非线性原理等，从效果、效率、效益"三效合一"视角，从集成理念、集成管理、集成模式、集成评价等四个方面对当前大学生思想政治教育实效性问题及其成因进行全局性、系统性、动态性的分析。

第二节　大学生思想政治教育实效性
现状的集成分析

运用综合集成的分析范式，我们应从效果、效率、效益"三效合一"的视角来认识和研究思想政治教育实效性问题。"思想政治教育的实效性从其本质上说是思想政治教育的效果、效率与效益的有机统一"[①]，分别指思想政治教育的教育目标、管理目标和总体目标实现程度，反映思想政治教育

[①]　秦在东：《思想政治教育学的理论结构探微》，《思想政治教育研究》2011 年第 2 期。

的教育、管理和支持等系统、过程及其要素协同联动、相互作用及其结果情况。其中，效率问题至关重要，如果思想政治教育资源利用不充分，会制约教育目标实现，影响思想政治教育效果提升；如果为达教育目标而不计成本，则会导致大量教育资源浪费，不利于思想政治教育效益特别是经济效益提升。对于大学生思想政治教育实效性现状，也可分别从效果、效率、效益三个方面进行综合集成分析。

一、效果分析：教育目标实现程度

效果泛指各种社会实践的客观结果，是相对于目标而言的范畴。效果大小主要取决于目标实现程度。大学生思想政治教育效果主要指大学生思想政治教育的教育目标（或者说育人目标）的实现程度，反映大学生思想政治教育育人结果与育人目标的比率关系。大学生思想政治教育的目标即高校的根本任务——培养德智体美劳全面发展的社会主义建设者和接班人、能够担当民族复兴大任的时代新人，具体来说，必须"不断提高学生思想水平、政治觉悟、道德品质、文化素养，让学生成为德才兼备、全面发展的人才"①。那么这一目标实现程度如何呢？习近平总书记在2016年全国高校思想政治工作会议上对当代大学生给予了高度评价，认为他们是"朝气蓬勃、好学上进、视野宽广、开放自信，是可爱、可信、可为的一代"，"对当代高校学生，党和人民充分信任、寄予厚望"②。可见，大学生思想政治教育总体效果是令党和人民满意的，当然也还存在着一些有待加强和改进的方面。具体来说，可从大学生思想水平、政治觉悟、道德品质、文化素养等方面进行考察。

首先，就大学生思想水平现状而言。有调查显示，"在当前大学生中，

---

① 《习近平在全国高校思想政治工作会议上强调把思想政治工作贯穿教育教学全过程开创我国高等教育事业发展新局面》，《人民日报》2016年12月9日。

② 《习近平首次点评"95后"大学生》，《人民日报》2017年1月3日。

91.9%的人表示自己有明确的人生理想，仅有8.1%的人表示自己没有明确的人生理想。另外，86.9%的大学生明确表示赞同'人生梦是国家梦、民族梦和个人梦的'的有机统一……但在实际中部分大学生在确立人生理想时却更关注个人性因素。在确立人生理想时，有超过七成（74.5%）的大学生表示自己更关注'事业成就'（31.6%）、'兴趣爱好'（17.0%）、'物质财富'（14.6%）、'家庭需要'（11.3%）等个人性因素，仅分别有9.3%、8.9%的人表示自己更关注'精神信仰''国家或社会需要'"①。

其次，就大学生政治觉悟而言。有研究表明，"在受访大学生中，有92.8%的人对'没有共产党就没有新中国'表示赞同；有93.4%的人对'中国共产党是中华民族的先锋队'表示赞同；有91.4%的人对'中国共产党的领导是我国发展进步的根本保证'表示赞同"②，调查同时也表明，"在做出有效选择的3371名被访大学生中，有18.3%的人对加入中国共产党持非积极态度"③，"仍有近两成（18.3%）的大学生对主流媒体和政府官方信息持不信任态度"④。

再次，就大学生道德品质而言。"数据显示，表示'非常向往''比较向往'成为道德模范或英雄的大学生比例分别是18.1%、49.0%，有20.5%的大学生表示'说不清楚'，另有11.0%大学生表示'不大向往'成为社会道德模范或英雄那样的人，以及1.4%的大学生表示'很不向往'。"⑤

---

① 沈壮海等：《中国大学生思想政治教育发展报告2017》，北京师范大学出版社2018年版，第49—50页。

② 沈壮海等：《中国大学生思想政治教育发展报告2017》，北京师范大学出版社2018年版，第140页。

③ 沈壮海等：《中国大学生思想政治教育发展报告2017》，北京师范大学出版社2018年版，第161页。

④ 沈壮海等：《中国大学生思想政治教育发展报告2017》，北京师范大学出版社2018年版，第173页。

⑤ 沈壮海等：《中国大学生思想政治教育发展报告2017》，北京师范大学出版社2018年版，第215页。

最后，就大学生文化素养而言。调查数据显示，"总计有高达 88.0% 的大学生认为'中华优秀传统文化具有超越时空的永恒价值'，总计有 97.4% 的大学生表示'我为中华文化感到自豪'，总计有 93.4% 的大学生表示'中华民族一定能创造文化新辉煌'"①，显示出大部分大学生对中华文化具有较强的文化自信心，但是，"对数据进一步分析显示，大学生对调查中涉及绝大部分著作的阅读仅停留在走马观花、浅尝辄止的泛泛层面，其中，表示完整读过《大学》《中庸》《论语》和《孟子》的比例分别为 7.5%，5.8%，16.9% 和 6.1%"②。以上调查数据在一定程度上反映了当前大学生的思想水平、政治觉悟、道德品质和文化素养状况，分析数据可知，当前大学生在以上方面总体表现良好，大学生思想政治教育取得良好成效，基本达到教育目标（育人目标）要求，同时也要看到部分大学生在很多方面还存在诸多问题，仍有进一步提升的空间。

二、效率分析：管理目标实现程度

效率是指单位时间内有用产出与投入成本之间的比值。大学生思想政治教育效率主要指大学生思想政治教育的管理目标实现程度，反映大学生思想政治教育单位时间内有用输出结果与投入成本之间的比率关系。对其效率的考察既需要关注其"产出"（教育服务与产品、育人结果和其他输出结果），也需要观照其"投入"（主要指思想政治教育成本）。通过实证研究可知，当前大学生思想政治教育的"产出"总体良好，但这里的"良好"是在剔除大学生思想政治教育"投入"成本之后的"良好"，如果将思想政治教育"投入"纳入考察视野，那么当前大学生思想政治教育效率情况则是不太乐

---

① 沈壮海等：《中国大学生思想政治教育发展报告 2017》，北京师范大学出版社 2018 年版，第 252 页。

② 沈壮海等：《中国大学生思想政治教育发展报告 2017》，北京师范大学出版社 2018 年版，第 260 页。

观的。

第一，高校思想政治理论课：存在着重投入轻产出的现象。"思想政治理论课是落实立德树人根本任务的关键课程"[1]，是大学生思想政治教育的"主渠道"，对处于"拔节孕穗期"的青年大学生的健康成长，对德智体美劳全面发展的社会主义建设者和接班人的培养，都具有举足轻重的作用。长期以来，高校思想政治理论课的育人效果得到了良好发挥，在大学生健康成长中发挥了重要作用。但是，我们同时应当看到，"由于工具理性的统治而带来的人的异化和物化，大学生思想政治教育出现了不良的倾向，主要表现有：'简单量化'的倾向，即把加强和改进大学生思想政治教育简单理解为增加人、财、物的投入，增加思想政治理论的门数与时数，增加学生课外活动等"[2]，与此相伴生的现象是"思想政治理论课抬头率不高，人到了心没有到"[3]，可见，当前高校思想政治理论课教学中存在以资源投入换效果提升的倾向，但是，较高的"投入"往往难以换来较高的"产出"。

第二，日常思想政治教育：存在着教育资源利用率不高的现象。日常思想政治教育是大学生思想政治教育的"主阵地"，对大学生的思想水平、政治觉悟、道德品质、文化素养等发挥着潜移默化的作用，一般通过实践活动、网络平台、心理辅导等载体浸润大学生的身心，达成育人目标。那么，当前大学生日常思想政治教育的效率如何？有研究者对大学生在学校实践育人、网络育人、心理育人等活动中的参与状况进行了实证调研，调查结果显示："有17.2%的大学生表示，不知道其所在学校主题教育的开展情况，说明一部分大学生没有参与其中。这反映出党团组织在引导大学生参加主题教

---

① 《习近平主持召开学校思想政治理论课教师座谈会强调用新时代中国特色社会主义思想铸魂育人贯彻党的教育方针落实立德树人根本任务》，《人民日报》2019年3月19日。

② 田丽娜：《提升大学生思想政治教育质量的维度转换研究》，《学校党建与思想教育》2013年第3期。

③ 陈宝生：《今年要打一场提高思政课质量和水平的攻坚战》，新华网 http://www.xinhuanet.com/politics/2017lh/2017-03/12/c_129507901.htm，2017年3月12日。

育方面，存在工作力度不够、工作成效欠佳的问题"①；"超过五成（51.3%）的大学生'几乎不浏览'思想政治教育主题类网站，21.1%的大学生仅'每月浏览3—4次'"②；"当学生觉得自己有心理问题时，仅10.8%的学生一定会去寻求心理咨询，42.8%的学生选择'可能会'，19.1%的学生选择'不确定'，还分别有24.6%和2.7%的学生一般不会、绝对不会寻求咨询。交互分析发现，经常陷入负面情绪的学生遇到心理问题时，只有30.2%的人一定会寻求心理咨询，29.3%的人表示一般不会或绝对不会寻求心理咨询"③……大学生对实践育人、网络育人、心理育人较低的参与率，很大程度上表明了学校实践育人资源、网络育人资源、心理育人资源的闲置和浪费。

三、效益分析：总体目标实现程度

效益是某种活动所要产生的有益效果及其所达到的程度，是效果和利益的总称。一般来说，效益可分为经济效益和社会效益，或者分为直接效益和间接效益。其中，经济效益反映劳动产品与劳动消耗和劳动成本之间的比率关系，可以运用若干经济指标来计算；而社会效益则难以计量，必须借助于其他形式来间接考核。相对于效果、效率而言，效益更加侧重从全局性、长期性视角考虑总输出与总输入或者总成本之间的比率关系。大学生思想政治教育效益主要反映大学生思想政治教育总体"产出"与总体"投入"的比率关系，特别是促进国家、社会、群体持续、协同发展的状况，蕴含着持续、长期的思想和价值引领。它以思想政治教育的效果和效率为基础，强调

①　王火利：《大学生日常思想政治教育调查分析（上）》，《思想教育研究》2017年第11期。

②　沈壮海等：《中国大学生思想政治教育发展报告2017》，北京师范大学出版社2018年版，第78页。

③　徐冶琼：《大学生日常思想政治教育调查分析（下）》，《思想教育研究》2017年第11期。

的主要是育人活动的"质"和综合性目标。此处的"质"一方面具有明显的价值指向和价值实现含义，另一方面彰显着持久发挥作用、长期有效的意蕴。其总体目标主要表现为政治效益、文化效益、经济效益的整体考量。"政治效益，就是能对人们政治思想、道德思想和法律思想的健康发展产生积极有效的影响，使其成为对社会进步和文明发展有用的人才"①；文化效益是指"思想政治教育作为社会主义先进文化的重要组成部分"②，对革命文化、社会主义先进文化、中华优秀传统文化、国外优秀文化等的传承与发展产生的积极作用；"经济效益，就是能促进和发展社会生产（包括物质生产和精神生产）。"③ 习近平总书记在 2018 年全国宣传思想工作会议上指出，在党中央坚强领导下，宣传思想战线积极作为、开拓进取，党的理论创新全面推进，中国特色社会主义和中国梦深入人心，社会主义核心价值观和中华优秀传统文化广泛弘扬，主流思想舆论不断巩固壮大，文化自信得到彰显，国家文化软实力和中华文化影响力大幅提升，全党全社会思想上的团结统一更加巩固。④ 这实际上也反映了大学生思想政治教育整体效益情况是十分可观的。具体表现在政治效益、文化效益、经济效益等三个方面：

首先，政治效益方面。当前我国大学生思想政治教育政治效益如何？下面一组数据或许可以给我们一些启示："受访者，在对中国特色社会主义共同理想的看法方面，91.7%的人对'大学生应牢固树立中国特色社会主义共同理想'持肯定态度，较 2016 年提高了 5.6 个百分点，7.1%的人持模糊态度，较 2016 年降低了 4.3 个百分点；在对党的认同方面，有 92.8%的人对'没有共产党就没有新中国'表示赞同（2015 年为 87.9%，2016 年为 88.4%），有 93.4%的人对'中国共产党是中华民族的先锋队'表示赞同

---

① 秦在东：《思想政治教育管理理论》，湖北人民出版社 2003 年版，第 29 页。
② 冯刚：《新时代文化育人的理论考察》，《学校党建与思想教育》2019 年第 5 期。
③ 秦在东：《思想政治教育管理理论》，湖北人民出版社 2003 年版，第 29 页。
④ 参见《举旗帜聚民心育新人兴文化展形象更好完成新形势下宣传思想工作使命任务》，《光明日报》2018 年 8 月 23 日。

（2015 年为 87.1%，2016 年为 88.1%），有 91.4%的人对'中国共产党的领导是我国发展进步的根本保证'表示赞同（2015 年为 84.7%，2016 年为 86.2%）；在对中国特色社会主义道路的看法方面，93.4%的人对中国特色社会主义道路持肯定态度（2015 年为 87.2%，2016 年为 88.3%）。"① 以上数据直观反映了大学生对党和国家政治认同的持续强化，一定程度上映射了大学生思想政治教育的良好政治效益。同时，种种"非马"甚至"反马"社会思潮的激荡，部分大学生"四个自信"的缺失等反映了我国思想政治教育政治效益仍有进一步提升的空间和必要。

其次，文化效益方面。思想政治教育文化效益是思想政治教育文化功能在现实中的显现，文化的核心是价值观，新形势下，大学生思想政治教育的文化效益集中体现在社会主义核心价值观的培育与弘扬上。一方面，当前国内外各种思想潮流激荡，国内价值取向多元化日益突出，国外文化夹杂着资产阶级自由化、历史虚无主义、中国威胁论、中国崩溃论等"唱衰中国"的思潮滚滚而来，此种国际国内形势更加凸显了思想政治教育的重要作用，我们必须牢固树立历史唯物主义和辩证唯物主义观点，对这些错误思潮进行有力回击，揭露资本主义思潮虚伪本质，向人民群众积极宣扬马克思主义理论，使人民群众能够以辩证的历史的观点在面对各种激荡的社会思潮中去伪存真；另一方面，我国拥有积淀了五千年的丰富的优秀传统文化、伟大的社会主义先进文化和革命文化，对这些优秀文化进行创造性转化和创新性发展，科学融入思想政治教育，赋予这些优秀文化以思想政治教育功能，这样不仅可以为思想政治教育活动提供丰富的育人资源，而且可以赋予我国优秀文化以时代活力，使其在进行思想政治教育过程中得以传播和发展。调查数据显示，"对于'培育和践行社会主义核心价值观人人有责'这一观点，89.5%的大学生表示赞同；对于学

---

① 参见沈壮海等：《中国大学生思想政治教育发展报告 2017》，北京师范大学出版社 2018 年版，第 136—145 页。

校组织的下基层开展核心价值观教育宣讲活动，59.2%的大学生表示愿意参加"①"总计有高达88.0%的大学生认为'中华优秀传统文化具有超越时空的永恒价值'，97.4%的大学生表示'我为中华文化感到自豪'，93.4%的大学生表示'中华民族一定能创造文化新辉煌'"② 通过对调查数据的分析可知，当下大多数大学生认同社会主义核心价值观，在面对西方历史虚无主义思潮和唱衰中国的种种论调时能够保持清醒的头脑，认识到这些思潮的虚伪本质和西方国家的险恶用心；在对待我国优良传统文化方面，大学校园中传统文化热逐渐兴起，文化自信的理念也得到了越来越多大学生的认同和接纳。这在一定程度上反映了国家文化软实力的提升，为我国文化强国建设创设了良好条件。

最后，经济效益方面。由上文可知，思想政治教育经济效益可以理解为在一定的时期内，育人活动能够为经济建设保驾护航，通过提高人们生产工作的积极性来提高和促进社会经济增长和发展。马克思认为："批判的武器当然不能代替武器的批判，物质力量只能用物质力量来摧毁；但是理论一经掌握群众，也会变成物质力量。理论只要说服人［adhominem］，就能掌握群众；而理论只要彻底，就能说服人［adhominem］。"③，我国大学生思想政治教育作为以马克思主义理论为指导的意识形态教育活动，可以教育引导大学生正确认识世界和中国发展大势；正确认识中国特色和国际比较；正确认识时代责任和历史使命；正确认识远大抱负和脚踏实地④，消除大学生对社会主义发展现状和前景的疑虑，从而坚定"四个自信"，激励大学生努力学习，增强本领，积极投身社会主义现代化建设实践之中，汇聚成实现中华

---

① 沈壮海等：《中国大学生思想政治教育发展报告2017》，北京师范大学出版社2018年版，第116—117页。
② 沈壮海等：《中国大学生思想政治教育发展报告2017》，北京师范大学出版社2018年版，第252页。
③ 《马克思恩格斯文集》第1卷，人民出版社2009年版，第11页。
④ 参见《习近平在全国高校思想政治工作会议上强调把思想政治工作贯穿教育教学全过程开创我国高等教育事业发展新局面》，《人民日报》2016年12月9日。

民族伟大复兴的磅礴之力，从而把马克思主义伟大思想力量转化为现实生产力，使我国现代化建设沿着中国特色社会主义之路健康持续发展。改革开放以来，我国在经济建设领域取得了举世瞩目的成就，特别是国内生产总值于2010年超越日本，成为世界第二大经济体，并保持连年递增的良好势头，并于2018年突破90万亿大关。"思想政治工作是党的经济工作和其他一切工作的生命线"[1]，而青年大学生是社会主义现代化建设的生力军，可见，我国经济建设重大成就的取得离不开我们党领导下的大学生思想政治教育的有效开展，从一定程度上来说也是大学生思想政治教育的经济效益的彰显。但是，我们要看到，我国经济发展进入新常态，经济结构面临调整，经济发展方式进行转型；美国政府通过强征关税等方式挑起贸易争端，制造经济纠纷。在此国际国内背景下，我国经济风险增加，下行压力较大。这对当前思想政治教育经济效益提出了更高的要求。

通过对相关论述和数据的总结分析，我们不难发现，大学生思想政治教育的政治效益、文化效益、经济效益有了显著提高，总体状况良好，但是大学生思想政治教育具有长期性、复杂性，不能一劳永逸，一处懈怠则百勤废，时代的变化发展，将不断为思想政治教育效益提出新的要求，需要大学生思想政治教育各领域各方面持续跟进和回答，大学生思想政治教育效益的提升只有"进行时"而无"完成时"。

第三节　大学生思想政治教育实效性
制约因素的集成分析

习近平总书记指出，新时代改革开放具有许多新的内涵与特点，其中很

---

[1] 《毛泽东思想政治工作理论》编委会：《毛泽东思想政治工作理论》，经济管理出版社1993年版，第254页。

重要的一点就是制度建设分量更重，当前改革面对的往往是深层次的体制机制问题，对改革顶层设计的要求更高，对改革的系统性、整体性、协同性要求更强，相应地建章立制、构建体系的任务更重。十九届四中全会决定准确把握我国国家制度和国家治理体系的演进方向和规律，突出系统集成、协同高效，体现了强烈的问题导向和鲜明的实践特色。根据集成理论分析范式，我们发现，当前大学生思想政治教育在教育理念、管理机制、育人模式、评价方法等方面都存在着一些问题，制约着大学生思想政治教育实效性的提升。必须坚决破除一切不合时宜的思想观念和体制机制弊端，构建科学高效的大学生思想政治教育集成化制度体系和治理体系，进一步把大学生思想政治教育集成的制度优势转化为治理效能。

一、"三全育人"的教育理念有待进一步深化

2016 年 12 月，习近平总书记在全国高校思想政治工作会议上指出："各级党委要把高校思想政治工作摆在重要位置，加强领导和指导，形成党委统一领导、各部门各方面齐抓共管的工作格局"，"实现全程育人、全方位育人，努力开创我国高等教育事业发展新局面"①；中共中央、国务院于同一时期印发的《关于加强和改进新形势下高校思想政治工作的意见》明确提出了坚持全员、全过程、全方位育人的要求；2018 年 5 月，教育部在"三全育人"工作的基础上推出了《"三全育人"综合改革试点工作建设要求和管理办法（试行）》。这些要求和举措，不仅反映了党和国家对育人本质和规律认识的深化，也反映了教育主管部门在实践层面贯彻落实"三全育人"要求的强大力度。高校系统认真贯彻党和国家决策部署，"三全育人"工作取得了显著成效，但是也依然存在诸多问题。比如部分高校依然

---

① 《习近平在全国高校思想政治工作会议上强调把思想政治工作贯穿教育教学全过程开创我国高等教育事业发展新局面》，《人民日报》2016 年 12 月 9 日。

将大学生思想政治教育工作简单归至辅导员、思想政治理论课教师、学生工作部门等"学生口"的工作范围。非"学生口"的其他教师和学校部门则游离于思想政治教育工作之外。即使是同处思想政治教育"战壕"的辅导员、思想政治理论课教师、学生工作部门之间也缺乏规范化和常态化的联动机制，辅导员往往被寄予"一揽子"解决学生日常事物的重任，学生工作部门特别是思想理论课教师在学生日常思想政治教育工作中"缺位"现象并不少见。这反映出当前部分高校的思想政治教育工作往往表现为单兵作战，合力育人理念在大学生思想政治教育实践中并未完全得以确立和践行。"大学生思想政治教育是一个复杂巨系统"①，大学生思想品德的形成发展也是一个非常复杂的过程，单靠某个人或某个部门的力量很难收到良好实效，需要树立合力育人理念，切实做到全员育人、全方位育人、全过程育人。这与集成思想不谋而合，集成是"将某类事物中好的方面、精华部分集中起来，从而达到整体最优的效果"②，"是将两个或两个以上的集成单元集合成一个有机整体的过程或行为结果。因此，从本质上讲，集成强调人的主动行为和集成形成后的功能倍增性与适应进化性，这无疑是构造系统的一种理念，同时也是解决复杂系统问题和提高系统整体功能方法"③，即大学生思想政治教育工作者要更加注重大学生思想政治教育工作的系统性、全局性，寻找大学生思想政治教育功效倍增的方法。

二、"协同联动"的管理机制有待进一步强化

"协同联动"的管理机制是大学生思想政治教育集成效应形成的重要前提，但是在实际育人实践中"协同联动"的管理机制存在一些短板，制约

---

① 李红革、唐佳海、王威峰：《集成视角下大学生思想政治教育实效性研究》，《湖南科技大学学报（社会科学版）》2016年第5期。
② 霍国庆、杨英：《企业信息资源的集成管理》，《情报学报》2001年第1期。
③ 李必强：《论管理创新和管理集成创新》，《中国地质大学学报（社会科学版）》2003年第5期。

了大学生思想政治教育集成效应的显现，这些问题主要表现在育人主体、育人资源、育人过程等方面。

（一）育人主体的协同联动有待进一步加强

大学生思想政治教育的育人主体既包括教育者个体也包括承担思想政治教育任务、具有思想政治教育功能的教育者组织和大学生组织，现有研究关于教育者个体协同已作了较多探讨，本文主要探讨育人组织协同联动的问题。第一，就教育者组织而言，社会教育组织（校外教育组织）与校内教育组织内部及其之间的协同联动都有待加强。教育者组织按照物理空间区域可划分为社会教育组织（校外教育组织）、校内教育组织。我们首先来看校外教育组织和高校在思想政治工作中的协同情况。校外教育组织通常包括各级党委机关，各级宣传、教育、组织部门，各企业事业单位等。各级党委机关和各级宣传、教育、组织部门与高校的协同情况如何？2016 年 12 月，习近平总书记在全国高校思想政治工作会议上指出："各地党委书记和有关部门党组书记要多到高校走走，多同师生接触，多次去高校作报告，回答师生关注的理论和现实问题。要加强同高校知识分子的联系，多关心、多交流、多鼓励，善交朋友、广交朋友、深交朋友，多听他们的意见，真听他们的意见。"① 习近平总书记的以上话语具有鲜明的问题指向性，即当前部分地方党政领导干部没有"把抓好党建作为最大的政绩"②，忽视了思想政治工作这一经济工作和其他一切工作的"生命线"。那么，各企业、事业单位与高校在思想政治工作方面的协同情况如何呢？思想政治教育是一门实践性很强的学科，大学生良好思想品德需要经历长期的社会实践方能形成，而各种企事业单位为大学生思想政治教育提供了良好的实践平台，是大学生思想品德

---

① 《习近平在全国高校思想政治工作会议上强调把思想政治工作贯穿教育教学全过程开创我国高等教育事业发展新局面》，《人民日报》2016 年 12 月 9 日。
② 《习近平在党的群众路线教育实践活动总结大会上的讲话》，《人民日报》2014 年 10 月 9 日。

得以检验、强化、外化的重要场所。当前高校与外部的交流合作日趋频繁，交流合作的广度和深度不断深化，取得了良好的效果，可是在思想政治教育工作方面虽然党中央高度重视，学界一再呼吁构建校校协同、校所协同、校企（行业）协同、校地（区域）协同、国际合作协同的思想政治教育新模式，但由于种种原因，相关工作进展缓慢。

现在我们再来看校内各组织在思想政治工作中的协同情况。如前文所述，习近平总书记在全国高校思想政治工作会议上指出，高校思想政治工作要"形成党委统一领导、各部门齐抓共管的工作格局"，对高校内部各组织的协同育人提出了明确要求，应该指出的是当前高校领导对思想政治工作的重视程度普遍提升，对构建"大思政格局"也有了越来越清晰的认识，但是上文中提到的辅导员在思想政治工作中"单兵作战"的情况仍然并不少见，后勤组织、专业课教师的思想政治工作意识和能力都有待进一步提升，高校服务育人、科研育人、组织育人等功能有待进一步发挥。第二，从大学生组织而言，大学生团学组织强有力的思想政治工作功能尚待形成。"历史和实践表明，思想政治教育受众的组织化程度与思想政治教育的有效性，呈正比例关系。一般说，受众的组织化程度越高，思想政治教育的有效性就越强"[1]，但是，通过对全国多所高校考察发现，在高校思想政治教育实践活动中，作为教育活动受众的大学生组织化程度并不高，主要表现为大学生在思想政治教育活动中的主体性积极性并没有充分地发掘和调动，如大学生自愿参与思想政治教育活动的积极性不高，缺乏将大学生组织起来有效开展思想政治教育活动的有效制度，各团委学生会、各学生党支部、各类大学生社团等部门（组织）在大学生思想政治教育活动中的作用尚未充分发挥，各类学生组织之间尚未建立科学化、规范化、常态化合作互助机制，等等。

（二）育人资源协同联动有待进一步加强

文化资源是育人资源最为重要的表现形式，此处主要分析当前思想政治

---

① 张澍军：《论思想政治教育的历史定位与运行特征》，《教育研究》2015年第4期。

教育中文化资源方面的问题。文化资源作为一种客观存在，不会直接和人发生作用，它需要借助于一定的载体或媒介才能作用于人，为人所感知，对人的思想价值产生影响。当代大学生的生活场域可大致分为家庭、学校、虚拟网络世界等，相应的文化载体有家庭文化、学校文化、网络文化等。即以家庭、学校、网络等为平台，以中华优秀传统文化、革命文化、社会主义先进文化为内核，搭建有效的家庭文化、学校文化、网络文化载体，对大学生进行潜移默化的影响，实现对其思想价值引领。但是就目前来说，以上教育资源在育人实践中的互补性并不高。比如家庭文化、学校文化、网络文化载体之间缺乏有效的协同。大学生思想政治教育面对的是大学生这一特殊群体，更加需要各种教育资源的"无缝对接"，使思想政治教育影响像空气一样时刻充盈着大学生的精神世界，占领大学生的思想阵地，不给错误的价值观念以可乘之机。当前我国思想政治教育实践在家庭文化、学校文化、网络文化载体的搭建方面取得了显著的成绩，但是对于三者协同育人的探索还有待进一步深化，特别是有待构建有效的三者协同育人机制。基于此，2017年初中共中央办公厅、国务院办公厅印发的《关于实施中华优秀传统文化传承发展工程的意见》将"坚持统筹协调、形成合力"作为基本原则，并指出："各级党委宣传部门要发挥综合协调作用，整合各类资源，调动各方力量，推动形成党委统一领导、党政群协同推进、有关部门各负其责、全社会共同参与的中华优秀传统文化传承发展工作新格局。"[1]

（三）育人过程的协同联动有待进一步加强

在党和国家的大力推动下，近年来大学生思想政治教育在育人过程的协同联动方面取得了显著的成绩，但同时一些长期存在的问题并没有完全解决。总体来看，大学生思想政治教育的育人过程协同联动不强的问题主要表

---

[1] 中共中央办公厅、国务院办公厅：《关于实施中华优秀传统文化传承发展工程的意见》，《人民日报》2017年1月26日。

现在如下两个方面：第一，从宏观教育教学过程看，思政课程和课程思政的协同联动有待加强。2016 年 12 月，习近平总书记在全国高校思想政治工作会议上指出："思想政治理论课要坚持在改进中加强，提升思想政治教育亲和力和针对性，满足学生成长发展需求和期待，其他各门课都要守好一段渠、种好责任田，使各类课程与思想政治理论课同向同行，形成协同效应"①，为新时代高校思想政治工作提供了遵循，即"进入新时代，既要继续发挥'思政课程'的主渠道作用，又要发挥'课程思政'的作用和功能，实现两者同向同行"②，课程思政和思政课程的同向同行、协同联动是构建高校"大思政"格局和长效育人机制的关键一招，对提升育人实效，培育时代新人具有重要意义和价值，但是两者的协同联动仍存在一些问题。2019 年 8 月，中共中央办公厅、国务院办公厅印发《关于深化新时代学校思想政治理论课改革创新的若干意见》就明确指出了"思政课建设相对薄弱，各类课程同思政课建设的协同效应有待增强"③ 的问题。第二，从微观教育教学过程看，思想政治教育各环节的协同联动有待加强。大学生思想政治教育过程是一个由"课前"、"课中"、"课后"等环节组成的有机系统，各环节相辅相成、密切关联、不可分割。但是在大学生思想政治教育实践中，部分教育者顾此失彼，不同程度地存在着重"课中"轻"课前"和"课后"的问题，这种人为割裂思想政治教育过程各环节间内在联系的做法，势必会制约育人和管理目标的实现，不利于大学生思想政治教育实效性的提升。

---

① 《习近平在全国高校思想政治工作会议上强调把思想政治工作贯穿教育教学全过程开创我国高等教育事业发展新局面》，《人民日报》2016 年 12 月 9 日。
② 邱仁富：《"课程思政"与"思政课程"同向同行的理论阐释》，《思想教育研究》2018 年第 4 期。
③ 中共中央办公厅、国务院办公厅：《关于深化新时代学校思想政治理论课改革创新的若干意见》，中华人民共和国中央人民政府网 http://www.gov.cn/xinwen/2019-08/14/content_5421252.htm，2019 年 8 月 14 日。

三、"效应涌现" 的育人模式有待进一步优化

"效应涌现"是指按照集成理论将各要素协同重组为一个新的系统，实现整体大于部分之和的集成目标的过程。在大学生思想政治教育集成模式中，行为方式失当、组织方式失序、集成规模失度等问题都会增加大学生思想政治教育过程中的能量耗散，制约大学生思想政治教育的效果、效率和效益。

（一）行为方式失当

大学生思想政治教育集成的行为方式不仅在一定程度上反映了集成过程中集成主体的管理和育人目标，同时也反映了集成对象形成集成体的行为方式和集成体的集成强度，按照集成的基本模式规定，大学生思想政治教育集成的行为方式包括互补匹配、竞争激励、协同和谐三种形式。通过实证研究，我们发现当前大学生思想政治教育的以上三种行为方式都不同程度地存在一些问题。就互补匹配而言，既存在着对大学生思想政治教育互补性要素资源的有效集成不够，造成资源闲置的问题，也有要素资源集中度超过相应层次集成目标需要，导致资源浪费的问题；就竞争激励而言，现实大学生思想政治教育实践中既存在着功利主义的恶性竞争问题，也存在不同管理和育人主体各自为阵的问题；就协同和谐而言，当前我国处于社会转型期，大学生思想政治教育集成环境的重大变化，以及各种集成要素的快速涌现，在不断地对既有结构造成冲击，为大学生思想政治教育集成体的创新和功能实现提出了许多新挑战。

（二）组织方式失序

大学生思想政治教育集成的组织方式是指为实现大学生思想政治教育集成体整体功能倍增或涌现，其各集成对象之间在一定时空范围内的组织方式与结构。总体来看，大学生思想政治教育集成的组织方式主要有单元集成、

过程集成、系统集成、网络集成等四种形式。在当前大学生思想政治教育实践中，不同程度地存在着结构失序、功能失灵的问题。具体表现如下：在单元集成方面，大学生思想政治教育既存在着集成对象之间联系松散的问题，也存在着对新兴要素单元集成不够的问题；在过程集成方面，大学生思想政治教育存在着集成对象时空错位、秩序混乱等问题，需将相关集成对象按照一定的时序关系进行组织，以优化过程结构，提升整体效能；在系统集成方面，大学生思想政治教育存在着系统性不明显、层次性不清晰等问题；在网络集成方面，大学生思想政治教育存在着系统内外资源要素交流不充分，对人类优秀文明成果吸收、借鉴和运用不充分、传统教育手段和新媒体技术融合不充分等问题。

（三）集成规模失度

大学生思想政治教育的集成规模主要是从集成对象的种类与数量方面反映集成的方式以及集成体的性质。集成规模选择不当也会制约大学生思想政治教育实效性的提升。"从一般意义上来讲，根据集成的规模大小，可以将集成模式划分为小规模集成、中规模集成、大规模集成"①，大学生思想政治教育集成规模失度的问题主要表现为集成规模过大与集成规模过小。就集成规模过大而言，过大的集成规模超出了主体需求范围和集成目标设定，造成资源浪费，制约大学生思想政治教育总体效能；就集成规模过小而言，过小的集成规模无法满足特定主体需求和集成目标设定，使大学生思想政治教育无法形成良好的集成效应。

四、"动态综合"的评价方法有待进一步细化

对大学生思想政治教育实效性的科学评价有利于"教育源发者"（党政

---

① 李宝山、刘志伟：《集成管理——高科技时代的管理创新》，中国人民大学出版社1998年版，第38页。

部门）和"教育实施者"（教育者）准确调整教育决策和教育方法，使"教育受益者"（受教育者）更多的受益①。思想政治教育实效性表现形态的多样性和作用范围的广泛性，决定了思想政治教育实效性评价的综合性和系统性。"思想政治教育实效性表现形态十分复杂，它既可表现为精神成果，又可表现为物质成果；既可以直接表现在受教育者变化了的观点、情感、态度上，也可以间接地隐藏在受教育者的各种行为活动中，因此，在评价工作中，既要重视对某些阶段性或局部工作产生的实效进行评价，又要重视对整个思想政治教育工作产生的实效的分析，做到局部实效和整体实效的有机结合，对思想政治教育实效做出全面的评价"②，但由于思想政治教育实效性评价内容的模糊性和评价范围的不确定性、获取实效性信息数据的困难等现实难题的存在，已有的评价主要是对集成维度和集成密度的评价，而对集成强度和集成速度的评价较为薄弱。具体来看，当前大学生思想政治教育实效性评价存在以下问题。

（一）评价主体多元化不足

"对思想理论教育工作进行评价，从评价主体的角度说，要把被教育者评价、教育者评价、组织评价和社会评价结合起来"③，也就是说思想政治教育工作评价主体既应该包括教育者，也应该包括受教育者，还应该包括其他社会组织和部门，思想政治教育工作的评价主体应该是思想政治教育活动直接和间接参与者们通过协同互补的方式组成的有机整体，它本身就包含着集成的意蕴。从集成视角审视当前大学生思想政治教育评价主体，我们会发现以下问题：教育者对评价工作大包大揽，处于绝对主体地位，扮演着"评价者"角色，而受教育者处于客体地位，被动地扮演着"被

① 参见张澍军：《论思想政治教育的历史定位与运行特征》，《教育研究》2015 年第 4 期。
② 李俊奎：《思想政治教育效益论》，中国社会科学出版社 2012 年版，第 118 页。
③ 石云霞：《中国共产党思想理论教育 30 年（1978—2008）》，高等教育出版社 2008 年版，第 25 页。

评价者"角色。社区、家庭、朋辈群体等更是被排除在评价主体之外。但是，受教育者是大学生思想政治教育活动的直接"受益者"和"体验者"，也是思想政治教育实效的"体现者"，思想政治教育活动对自身思想道德的影响如何，他们理应最具有发言权；"父母是孩子第一任老师也是终身的老师"，家庭教育对个体的影响是终身性的，俗话说"知子莫若父"，家庭在教育评价中应该发挥重要作用；社区作为个体生活的重要场所，社区的风气、环境对个人的思想品德的养成产生潜移默化的影响，也应该发挥社区在教育评价中的重要作用；朋辈群体是以年龄、兴趣爱好、个性特点等因素为纽带结合起来的非正式群体，由于个体在朋辈群体中受到的约束和限制较少，更能够无拘无束地展示真实的自我，因此朋辈群体在教育评价中理应拥有重要的话语权。但是在部分大学生思想政治教育评价实践中，受教育者、家庭、社区、朋辈群体等却集体被动失声，大学生思想政治教育管理者在评价活动中唱着"独角戏"。众所周知，评价本来就是主观见之客观的活动，加之缺乏对教育活动的全程参与和教育成果的直观体验，教育管理者对教育实效评价标准的制订难免有失客观，在面对由客观性不足的评价标准得来的一手统计数据时，他们也很难最大限度地规避数据中的主观成分，保持评价的客观性、科学性。更有甚者，某些思想政治教育管理者为了彰显工作"成绩"，在思想政治教育实效评价过程中对评价标准和评价结果进行合意化"加工"，使评价活动背离了评价的初衷。

（二）评价标准综合性不足

2017 年 12 月，教育部印发的《高校思想政治工作质量提升工程实施纲要》明确提出了"健全高校思想政治工作质量评价机制，研究制定高校思想政治工作评价指标体系，创新评价方式"的要求，显然，科学的评价标准是科学的评价体系的重要体现和基本要求。"思想政治教育实效评价根本标准内在包含着个体发展标准、社会发展标准以及自然生态和谐发展三个层面，这三个层面同样是辩证的、统一的，我们不能也不应该将三者割裂开来"①，《国家中长期教育改革和发展规划纲要（2010—2020年）》也提出了改进教育教学评价的要求："根据培养目标和人才理念，建立科学、多样的评价标准……探索促进学生发展的多种评价方式，激励学生乐观向上、自主自立、努力成才。"因此在大学生思想政治教育实效性评价标准制定中，既要纳入教育活动满足大学生的全面发展程度，又要纳入教育活动对社会公平正义的促进程度，还要纳入对国家政治状况以及经济发展状况影响方向和程度，质言之，要注重对要素之间的协同度、融合度的评价。但是，由于主客观条件的制约，现有的评价标准或者说指标体系主要是偏重静态评价、要素评价，导致评价结果无法全面反映实效性的变化情况，并为实效性提升提供更加精准的依据。比如，由于人本主义思维的影响，再加之思想政治教育活动实效性在国家政治和经济发展中的体现方式、体现范围、体现程度很难界定和测量，当下的思想政治教育实效性评价体系存在过于重视大学生的思想观点、政治和道德观念的变化，而忽视思想政治教育对学校风气、政治风气、经济发展的影响，造成评价标准缺乏对政治状况、经济发展状况等的必要关注，等等。

（三）评价过程动态性不足

"人的思想品德是在教育的作用和社会环境因素的影响下，在长期的生活实践的过程中逐渐形成的，无论是思想观念、政治和道德意识的形成，还是情感的发展，或是行为习惯的养成，都需要长期的积累过程。因而思想政治教育过程就是一个不断循环往复无限发展的过程，一个过程的完结，就是一个新过程的开始"②，思想政治教育过程的渐进性和人的思想品德形成与发展过程的反复性是思想政治教育活动过程长期性的两个重

---

① 李俊奎：《思想政治教育效益论》，中国社会科学出版社2012年版，第25页。
② 陈万柏、张耀灿：《思想政治教育学原理》，高等教育出版社2007年版，第140页。

要表现。这就决定了大学生思想政治教育实效性评价要着眼育人的全过程和大学生思想观念、政治观点、道德品质形成发展的全过程，对育人过程和大学生成长过程予以动态考量。"从评价的实施的角度来说，要把阶段性评价与总结性评价、定性评价与定量评价、动态评价与静态评价有机结合起来，才能收到好的评价效果"①，因此对思想政治教育实效性既要采用短期、显性、直接的评价方法，更要采用长期、间接、隐性等具有集成特性的评价方法，并且以后者为主前者为辅。但是这一关注长期效果的评价方法却面临诸多难题：首先，评价内容的模糊性。在大学生思想政治教育实效性评价中，显性的、直接的、近期的实效最容易被人们察觉和评价，而间接的、隐性的、长期的实效却难以评估。其次，投入和产出的模糊性。人力、物力、财力等显性的投入以及人的认知能力、思想觉悟、对某一事物的立场观点等显性的产出比较容易评价，而教育者情感投入等隐性投入以及受教育者精神状态的变化、思想境界与道德水平的提升等隐性产出却很难进行科学评价。再次，评价范围的模糊性。由于大学生思想观念、政治观点、道德素质变化的原因可能是多方面的，可能是学校思想政治教育活动的成果，也可能是父母的教育、朋友的鼓励甚至看了一场励志电影、读了一个励志故事等引起的。那么该大学生这些思想的转变哪些是学校思想政治教育的实效？恐怕很难清晰界定。最后，效益显现的滞后性。思想政治教育活动实效不会立竿见影地显现，而是要经历长期复杂的过程，这也为实效评价带来诸多困扰：当前的教育实效有多少来自当下开展的思想政治教育活动？该教育实效是哪一时期育人活动成果的显现？由于以上思想政治教育实效集成评价难题的存在，该评价方法在评价实践中往往被人为忽略。

---

① 石云霞：《中国共产党思想理论教育 30 年（1978—2008）》，高等教育出版社 2008 年版，第 26 页。

| 第四章 |

集成管理：提升大学生思想政治
教育实效性的科学路径（一）

集成管理是实现集成效应的前提基础和重要保障，是提升大学生思想政治教育实效性的科学路径，也是推动大学生思想政治教育治理体系和治理能力现代化的时代要求。大学生思想政治教育集成管理是党和国家及相关思想政治教育机构依据大学生思想政治教育的目的和发展规律，创造性地运用集成管理的各种功能，有意识地调节大学生思想政治教育系统内外各种关系和资源，以便最大限度地实现大学生思想政治教育效果、效率、效益的社会控制过程，要以集成理论为指导思想，以集成机制为行为核心，以集成手段为方式基础。我们要深刻认识大学生思想政治教育集成管理的内涵与要素、特点与功能，大力培育集成管理理念、科学构建集成管理框架、创新运用集成管理方法，更好地实现大学生思想政治教育集成管理，为提升大学生思想政治教育实效性、实现集成效应提供良好的制度基础和治理条件。

第一节　大学生思想政治教育集成
管理的内涵与特征

一、大学生思想政治教育集成管理的内涵

（一）集成管理的内涵

集成管理是随着人类社会面对管理活动的复杂性、多样性、变化性等诸多问题，随着人们对管理活动本质的认识深化而逐步形成的。美国学者切斯特·巴纳德在其著作《高级管理人员的职能》中提出了系统协作的思想，这是集成管理思想的最早提出。1973 年，美国学者约瑟夫·哈林顿对现代集成思想进行了更加充分地展示，他在《计算机集成制造》一书中首次提出了计算机集成制造的概念，强调可以通过利用计算机将企业中各种与制造有关的技术系统进行集成的方式提高企业市场竞争能力。迈克尔·哈默将集成思想进一步发展到过程集成思想，他在 1990 年提出以信息技术为支撑，以业务活动的有效性和增值性为优化原则进行整个企业经营过程的重新组合，从而提出业务流程重组的思想和方法。钱学森在 1994 年提出了大科学思想，这一思想是集成思想的重要体现。自此，国内学者对集成管理的研究和探索也开始了。1997 年，刘晓强指出集成论的研究对象主要是各种集成以及它们之间的相互作用，研究内容应包括集成的分类、形式、产生条件和形成机制等。1998 年，中国人民大学的李宝山教授等出版了《集成管理——高科技时代的管理创新》一书，该书对集成管理的内涵实质、理论框架、运行机理、系统设计、应用思路进行了比较全面的探讨。2006 年，刘友金等从三类科技集成思想的客观依据、理论渊源、现实基础、理论价值和现实意义等方面进行了论述。

什么是集成管理呢？虽然国内外众多知名的专家学者对此进行了广泛研究，但集成管理的定义依然是众说纷纭，难成定论。中国人民大学的李宝山教授等（1998）认为集成管理就是将集成思想创造性地运用于管理实践的过程，这个过程的管理思想以集成理论为指导，管理行为以集成机制为核心，管理方式以集成手段为基础。[①] 武汉理工大学王乾坤也强调集成思想的指导，他认为集成管理是指管理者或组织等集成主体在集成思想的指导下，在管理实践中创造性地运用集成的基本原理和方法，以集成这一崭新的方法分析人类有组织、有目的的社会活动，并将存在于人类认识与实践活动中的各种资源要素纳入管理的范围，以拓展管理的视域，进而按照一定的集成模式整合组织内外的各集成要素，综合运用各种不同的方法、手段、工具，促使各集成要素功能匹配、优势互补、流程重组，最终产生新的系统并使得系统整体功效倍增的过程。[②] 武汉大学海峰教授也强调集成行为首先要坚持集成思想的指导，在管理实践中创造性运用集成的基本原理与方法，以集成的组织和行为方式为核心，选择集成要素、建立集成联系、构建集成系统，综合运用定性分析和定量分析相结合的集成方法，协调和管理集成活动，最终实现集成管理者集成目标的过程就是集成管理。[③]

以上研究成果观点不同，侧重有别，但关于集成管理的基本定义，还是有很多共同之处，总体上都认同集成管理是一种效率、效果并重，力求效益最大化的管理模式，不同于传统管理模式以分工理论为基础，集成管理则突出了一体化的整合思想，集成并不是单个元素的简单叠加即"1+1=2"。具体来说，具有以下几个特点：第一，集成管理必须坚持集成思想的导向；第二，集成管理是管理活动的进一步深化，也就是说集成管理仍然是一种管理活动，这也决定了其基本管理手段和方法与传统管理并无二致；第三，集成

---

① 参见李宝山、刘志伟：《集成管理——高科技时代的管理创新》，中国人民大学出版社 1998 年版，第 71 页。

② 参见王乾坤：《集成管理原理分析与运行探索》，《武汉大学学报（哲学社会科学版）》2006 年第 5 期。

③ 参见海峰：《管理集成论》，经济管理出版社 2003 年版，第 45 页。

管理的目的是要综合运用各种管理手段，提高集成要素间的协调度和匹配度，最终实现功能倍增或涌现的目的。所以，我们认为集成管理是指集成管理者以集成思想为指导，综合运用各种管理方法、手段、工具，使要素之间以更加合理的结构形式优化组合，从而产生新系统，进而实现整体功能优化、功效倍增的管理过程。

（二）大学生思想政治教育集成管理的内涵

大学生思想政治教育关系培养什么样的人、如何培养人以及为谁培养人这个根本问题，意义重大，影响深远。同时，它又是涉及面广、主体众多、受众复杂、环境多变的一项系统工程，也是一个复杂的社会巨系统。"认识现代社会复杂的巨系统问题，要求人们的思维方式进行改革创新，这就是要使其具有整体性和系统性、综合性和集成性、动态性和变化性、预测性和前瞻性等顺应时代需要的特点。"① 因此，对于大学生思想政治教育这一个复杂的系统工程，为破解发展瓶颈，增强实效，引入集成管理思想具有重要的理论价值和现实意义。

大学生思想政治教育集成管理离不开传统思想政治教育的基本要素，但更加突出在集成理念的指导下，根据集成原理所形成的各要素之间的协同和耦合。"所谓思想政治教育管理，是指一定的社会政治组织或一定的政治利益集团，依据思想政治教育的目的和发展规律，通过借助科学管理的各种功能，有意识地调节思想政治教育系统内外各种关系和资源，以便最大限度地实现思想政治教育效率的社会控制过程。"② 大学生思想政治教育工作实施集成管理，要求管理者在综合集成思想的指导下，灵活运用各种不同的方法、手段、工具，促使大学生思想政治教育主体、平台、机制、资源、载体、形式等诸要素以更加合理的方式进行有效结合，功能匹配、优势互补、

---

① 王伟光：《人类思维方式、认识方法的一场革命——关于运用"综合集成实验室"开展经济社会发展和社会科学总体研究的意义》，《哲学研究》2009 年第 5 期。

② 秦在东：《思想政治教育管理论》，湖北人民出版社 2003 年版，第 27 页。

流程优化，形成一个完整、协调、运行高效的有机整体，从而达到增强大学生思想政治教育实效性的过程。由此，我们可以这样界定大学生思想政治教育集成管理，它就是党和国家及相关思想政治教育机构，依据大学生思想政治教育的目的和发展规律，创造性地运用集成管理的各种功能，有意识地调节大学生思想政治教育系统内外各种关系和资源，以便最大限度地实现大学生思想政治教育效果、效率、效益的社会控制过程。我们可以进一步从以下几个方面来把握其深刻内涵：

1. 大学生思想政治教育集成管理的灵魂是集成思想。大学生思想政治教育是一项综合性的系统工程，这主要体现在三个方面：一是大学生思想政治教育各个要素之间不是孤立的，而是组合为一个相互关联、相互制约、相互作用、相互影响的有机整体。二是大学生思想政治教育的整体功能不是各要素功能的简单加和，而是将各要素进行优化组合，产生"1+1>2"的整体效应。三是大学生思想政治教育的整体功能不是静止不变的，而是随着系统结构的变化而变化，系统各要素按不同方式排列组合可产生不同的效能。这些在客观上要求大学生思想政治教育管理主体以集成思想为指导，运用系统的方法来进行统筹规划，实现主体、对象、内容、手段、机制和环境等各要素的综合集成，使大学生思想政治教育产生功能倍增效应，提高实效性。因此，从一定程度上讲，集成思想是大学生思想政治教育集成管理的核心与灵魂。

2. 大学生思想政治教育集成管理依然要使用管理的一般手段和方法。与任何一项管理活动一样，集成管理的基本过程依然是计划、组织、指挥、协调和控制，管理学的基本原理和精神同样适用于集成管理的这一专门领域，因此大学生思想政治教育集成管理依然要使用管理的一般手段和方法。这里需要特别说明的是，随着网络信息技术的飞速发展，大学生思想政治教育集成管理的确涌现出一些新的管理手段和方法。如大数据的管理手段和方法可为大学生思想政治教育集成管理提供充分的信息准备和便捷的管理平台。但是，我们要明确这些新的管理方法和手段不是为集成管理而生，他们是随着技术的发展而出现的，可以为一切有需要的社会生产和管理所用的技术手段。所以，这些新的管理方法和手段被大学生思想政治教育集成管理广泛使用的同时，也在被传统的大学生思想政治教育管理广泛使用。

3. 大学生思想政治教育集成管理既包括要素的集成过程，也包含集成系统的整体维持与调整。这里面包含了三层含义：第一，大学生思想政治教育集成管理是将大学生思想政治教育各要素有机结合，形成范围更广、匹配度更高、协调性更好的有机整体的过程。第二，大学生思想政治教育集成管理是通过管理的基本手段和方法维持集成后所形成的思想政治教育有机体的过程。马克思主义哲学告诉我们，事物总是矛盾的统一体，任何事物都有促进其产生、发展的一面，也有促使其分解、消亡的一面。因此，在大学生思想政治教育集成管理过程中，我们应不断关注集成有机体的内部矛盾，分析内外部环境的变化，及时化解不和谐因素，减少要素之间彼此的制约和阻碍作用，维持集成有机体的高效运行。第三，大学生思想政治教育集成管理也是一个不断优化的动态调整过程。运动和变化是事物存在的基本方式。在集成管理的过程中，不仅思想政治教育的目标是一个动态变化的过程，集成要素之间的相互联系、相互影响也是一个动态变化的过程。任何一个要素发生变化，其他要素也要随之做出相应改变和调整以更好地促进和补充，由此才能保证集成体的最佳运行状态。

4. 提高大学生思想政治教育的实效性是大学生思想政治教育集成管理的根本目的。大学生思想政治教育集成管理是一个通过运用不同的方法、手段、工具，促进要素优化组合，形成高效运行集成有机体的过程。要素的优化组合、资源的优化整合以及更高效运行的集成有机体都只是集成管理的过程和手段，它的根本指向是实现大学生思想政治教育功效倍增和更好地实现整体目标。因此，在众多目标中提高大学生思想政治教育的实效性才是大学生思想政治教育集成管理的根本目的，这是一切大学生思想政治教育集成管理行为和活动的出发点和落脚点。

二、大学生思想政治教育集成管理的特征

大学生思想政治教育集成管理是集成管理在高校思想政治教育领域的具体应用，因此，大学生思想政治教育集成管理具有一般集成管理的共性，也呈现出自己独有的特点。

（一）政治性

思想政治教育是社会或社会群体促使其成员形成符合本群体所要求思想品德的社会实践活动，在活动过程中，他们是用一定的思想观念、政治观点、道德规范这些政治性内容有目的、有计划、有组织地对其成员施加影响。大学生思想政治教育关系高校培养什么样的人、如何培养人以及为谁培养人这一根本问题，其根本目的是促进人的全面发展，为社会主义培养优秀的建设者和可靠的接班人，具有鲜明的阶级性和政治性特点。大学生思想政治教育集成管理作为提高大学生思想政治教育实效性的一种手段，它是为了更好、更快地促进人的全面发展，为社会主义培养更多、更优秀的建设者和接班人，它服从和服务于大学生思想政治教育的根本目的和根本宗旨，因而，政治性是大学生思想政治教育集成管理区别于其他集成管理活动的首要特征。

（二）复杂性

大学生思想政治教育本身就是一个复杂的系统工程，教育者、教育对象、环境、信息等各个要素之间不是孤立的，而是结合成为一个有机整体，这个整体内部各要素是相互关联、相互制约、相互作用、相互影响的，它的各要素和各环节只有在空间上并存、在时间上衔接、在机制上协作、在功能上互补，即达到协同集成才能进入最佳的运行状态，取得更好的实效。大学生思想政治教育集成管理除了面临以上复杂的形势外，它有着多元、多层次

的主体，针对复杂的对象，面临多变的环境，需搭建丰富的平台，构建灵活的机制，运用多样的方法，才能促使大学生思想政治教育的诸多要素按照集成的理念进行功能匹配和有效结合，以形成更加高效的集成体，才能有效提高大学生思想政治教育的效果、效益和效率。显而易见，与复杂的大学生思想政治教育相比，大学生思想政治教育集成管理更加综合、复杂。

（三）动态性

大学生思想政治教育集成管理的动态性来源于大学生思想政治教育的动态性。首先，大学生思想政治教育面临的环境是复杂多变的，教育者和受教育者都处在开放的信息时代，各种信息急剧增长，传播信息的工具多、渠道杂，人们获取信息也是面广量多、快速便捷，这对人的思想行为的硬性的影响作用日益加强。[①] 上述情况客观上要求大学生思想政治教育集成管理要经常动态调整，以适应丰富多变的信息环境对大学生思想政治教育主体、客体、目的、方法、手段等各种要素的动态影响，否则增强教育实效就无从谈起。其次，大学生思想政治教育的内容是与时俱进，不断更新的。大学生思想政治教育的主客体相互影响、相互制约，甚至相互转化。大学生思想政治教育集成管理要根据思想政治教育主客体关系的变化和教育内容的更新灵活设计大学生思想政治教育集成管理的方式、规模、强度等，只有这样方能取得事半功倍的效果。再次，大学生思想政治教育整体功能是动态的，不是静止不变的，它随着系统各要素的变化而变化，系统的各要素按不同方式排列组合可产生不同的效能。也就是说，大学生思想政治教育整体功能的发挥，与教育者的专业水平、思想方法和人格魅力，与受教育者的思想基础、心理素质、接受能力、进取精神、学习态度和生活状况，与教育内容的针对性和可信度，与教育手段的艺术性和亲和力，与教

---

① 参见陈万柏、张耀灿：《思想政治教育学原理》，高等教育出版社 2001 年版，第 273 页。

育机制的合理程度和完善程度，与教育环境的舆论导向和开放程度等密切相关，这必然要求大学生思想政治教育集成管理进行动态调整以实现育人整体功能的最大限度发挥。

（四）创新性

创新性是集成管理的最本质特征，没有创新，集成管理根本就无从谈起。从对集成管理的内涵界定来看，集成过程本身就是一种融入了人的创新性思维的过程。集成管理突出强调管理者的主体行为，集成管理的主体行为突出地表现为管理者的创新性管理方法和创新性思维方式，创新是将组织内外资源进行有机整合和重构的前提条件，只有如此才能达到集成前所无法达到的效果。集成要素之间能够不断优化、动态调整、组合匹配都离不开主体的创新性思维和能力。大学生思想政治教育集成管理的核心对象是"人"，这是它迥异于其他集成管理的特点，这也决定了大学生思想政治教育集成管理对象的主体能动性和能动反作用。因此，大学生思想政治教育集成管理具有更强的创新性特点，不仅要想方设法发挥集成管理主体的创造性，还要千方百计地调动集成管理对象的积极性和能动性，以激发创新活力，增强管理效果，从而实现大学生思想政治教育实效。

第二节　大学生思想政治教育集成管理的要素与功能

一、大学生思想政治教育集成管理的要素

大学生思想政治教育集成管理空间结构同一般的集成管理空间结构一样，其组成要素主要包括管理主体、管理对象、管理目标、管理方法等。在实践过程中，大学生思想政治教育集成管理主体往往具有相对稳定的特征，

其对具体的大学生思想政治教育活动的集成管理目标也是相对稳定的，管理对象和管理方法则是相对灵活多变的要素。

（一）集成管理主体

思想政治教育管理者是从事思想政治教育管理活动和工作的群体与个人，其类属性是管理，是主导育人管理过程的主体。通俗地说，其是育人活动和工作的计划者、组织者、决策者、指挥者和控制者。[①] 由此可见，大学生思想政治教育集成管理主体是指在集成的思想指导下，为进一步增强育人的实效性，提高工作效率，主动贯彻集成管理理念、运用集成管理方法，主导育人管理过程的群体与个人，是以传统育人管理主体为基础所形成的多维主体。大学生思想政治教育集成管理主体可能是传统的单一组织或个人，而更可能是众多主体按一定规则或要求形成的纵向和横向的主体集合。比如说，一位大学生思想政治辅导员为了提高自己所开展的育人活动的效果、效率和效益，而在开展育人活动过程中主动贯彻集成管理理念、运用集成管理方法，那么这位辅导员就是其开展的育人集成管理活动的主体。如果某一育人集成管理活动规模扩展到全校，那么其集成管理主体就应该是参与该活动管理的全校的相关机构和个人组成的多维主体。

（二）集成管理对象

大学生思想政治教育集成管理对象是一个非常宽泛的概念。从某种意义上讲，一切与大学生思想政治教育活动相关的因素都是其集成管理的对象，包括时间、人力、思想、技术、活动等各方面的信息。在所有的管理对象中最为重要和活跃的要素是人的要素，主要是指大学生思想政治教育者和大学生思想政治教育接受者，他们不仅仅是一个个具体的、鲜活生动、有个性、有意识的人，而且来自不同社会群体，思想状况不同，行为方式各异，他们

---

① 参见秦在东：《思想政治教育管理论》，湖北人民出版社 2003 年版，第 71—72 页。

决定着大学生思想政治教育集成管理活动的启动、变动、制动的不同水平。尽管教育者和受教育者在大学生思想政治教育集成管理活动中是作为管理对象而存在，但是二者的主体性是非常明显的。教育者的主体性主要是指在大学生思想政治教育集成管理活动中，他们在思想政治教育集成管理者引导下处理系统内外部关系时所表现出的能动性、积极性和创造性等功能特征。受教育者的主体性则是指其在思想政治教育者引导下处理系统内外部关系时所表现出的为我性、自主性、能动性和创造性等功能特征。教育者和受教育者的主体性的把握和重视关系到整个育人集成管理活动的效果、效率和效益的实现程度。

（三）集成管理目标

大学生思想政治教育集成管理目标是指在集成思想的指导下，通过育人集成管理促进各类要素的耦合、各个主体的协同、各类平台的协作、各种资源的协调、各种方法的综合，增强育人的实际效果，提高大学生思想政治教育工作的效果、效率和效益，更好地推动育人目标的实现，进而更好更快地实现大学生思想政治教育"立德树人"的根本任务。具体来说，大学生思想政治教育集成管理目标又是呈现多样化的，它可以有不同的层次、不同的维度、不同的规模，它与大学生思想政治教育集成管理的其他要素相互关联、相互适应，相互影响、相互协调，随着大学生思想政治教育具体活动的变化而变化。比如说一位辅导员开展的大学生思想政治教育集成管理活动的目标可能是提高自身育人工作的效果，引领学生的思想，营造良好的学习氛围和向上的精神风貌。而如果是一个高校开展的大学生思想政治教育集成管理活动，则其目标就会更加宏观一些，它可能就是提高整个育人工作的效果、效率和效益，更好更快地实现"立德树人"的根本任务，培养合格的社会主义建设者和接班人，同时树立学校相关职能部门和管理者的集成管理理念，提高其集成管理能力等。

（四）集成管理方法

大学生思想政治教育集成管理方法是指，集成管理主体为了提高育人工作的效果、效率和效益及其他集成管理目标，而采用的符合集成管理思想和理念的方式和途径。大学生思想政治教育集成管理方法根据集成管理的运作机制、集成管理过程的核心要素和集成管理方法运用时机等可大致分为超前策划集成管理法、共赢集成管理法、流程重组集成管理法等。在这里我们要着重强调，大学生思想政治教育集成管理除了要使用集成管理方法，也要用管理的一般手段和方法。大学生思想政治教育集成管理活动与一般管理活动一样，其基本过程依然是计划、组织、指挥、协调和控制，管理学的基本原理和精神同样适用于集成管理的这一专门领域。

影响大学生思想政治教育集成管理能否实现育人的效果、效率和效益的核心因素主要是管理主体、管理对象、管理目标、管理方法等育人集成管理的组成要素，这里既包含育人集成管理构成要素本身的情况，又包括他们在集成管理框架中的相互关系。在大学生思想政治教育集成管理框架中主要包含两个层次的关系：第一个层次的关系是指育人集成管理主体、对象、目标、方法等各自体系内部各要素间的关系，主要反映其内部的相互关联的作用；第二个层次是指育人集成管理主体、对象、目标、方法等要素间的关系，主要反映这四个方面相互协同匹配以及对整个集成管理系统的影响。这两个层次的关系对于育人的效果、效率和效益的提高和育人集成管理功能的实现都至关重要。

二、大学生思想政治教育集成管理的功能

从大学生思想政治教育集成管理的内涵、特征和要素来分析，不难看出，与传统的大学生思想政治教育管理相比较，大学生思想政治教育集成管理有诸多不同之处，这也启示我们在功能方面也必然有着非凡表现。现在我

们来了解大学生思想政治教育集成管理的整体寻优、功效倍增和系统创新等主要功能。

（一）整体寻优功能

一方面，整体寻优是集成管理的基本目标。1776 年亚当·斯密在《国富论》中系统地阐述了劳动分工的优越性，自此以后，分工一直是管理、经济、社会活动风行的效率原则之一。然而随着社会的飞速发展，现今社会、经济和政治活动的各个领域，深度分工在彰显其优越性的同时，也暴露出它负面的制约影响，如信息不能有效共享、资源缺乏有效利用、交易成本不断攀升、创新风险日益加大、系统面临困惑、发展受到阻碍等，严重制约了社会进步。从一定程度上说，集成管理提出的基本目标就是弥补社会分工带来的效益损失，建立良好的要素集成机制，实现整体寻优。实际上，在大学生思想政治教育工作中也存在过度强调分工的问题，如育人工作分为思想教育、党建团建、心理健康、校园文化、科技创新、就业创业等几大板块，在具体的工作安排上也基本上是按照板块进行部署，这在一定程度上影响了大学生思想政治教育领导机构、相关工作人员间的资源共享和协同联动，这也严重影响育人工作的整体寻优。大学生思想政治教育集成管理的实现能够有效促进育人工作的各级领导机构、相关工作人员间的资源共享和协同联动，从而实现整体寻优。另一方面，集成管理蕴含的互补性原理与相容性原理有利于实现育人工作集成管理的整体寻优。互补性原理是指集成系统各要素通过功能相互支撑和优势相互弥补的方式，从而实现集成系统的崭新功能。事物或系统间的差异化特征，是决定系统中各要素能否实现有机组织或完美互补的关键性因素。相容性原理则是揭示集成系统各要素内在联系的规律。集成要素的相容性是决定集成体能否形成的根本性关键因素。互补性原理与相容性原理决定了集成过程本质上的系统要素创造性融合和系统整体寻优的显著特点。大学生思想政治教育集成管理的相容性原理、互补性原理将使育人系统中的各要素有机融合起来，构成科学、完善、最优化的系统，更好地实现科学发展和整体寻优。如就课程育人来说，我们现在开展的思政课程与"课程思政"相融合就是集成管理这两个原理的实践运用，在发挥思政课程思想政治育人主渠道作用的同时挖掘其他课程的思想政治育人作用，使思政课程和"课程思政"优势互补，在培养大学生专业能力的同时共同将大学生的思想政治素质培养好，确保他们成长为社会主义的德智体美劳全面发展的社会主义建设者和接班人。

（二）功效倍增功能

集成效应原理以及系统整体功效倍增原理是集成管理蕴含的重要原理，这两个原理有利于促进大学生思想政治教育集成管理实现功效倍增。集成效应原理简单地说就是"1+1>2"，即集成体的集成功效远远超过原有单项要素功效的线性叠加。系统整体功效倍增原理是指在集成体的形成过程中，原有集成要素进行了聚合重组、相互作用，使其结构实现了优化，因而功效也得到了极大的增加。集成过程的系统功效倍增特点就是由上述两个原理决定的。大学生思想政治教育兼具社会性、全局性和系统性，大学生思想政治教育集成管理体整体功能倍增与集成效应涌现将随着育人工作集成管理的实现而实现，二者的实现将使育人工作达到事半功倍的效果，更好、更快地实现其教育目标。习近平总书记在全国高校思想政治工作会议上强调，"把思想政治工作贯穿教育教学全过程，实现全程育人、全方位育人"[1]。这实际上就是一种育人的集成管理思想，是将传统的育人工作聚合重组，实现各方面力量的协同联动，实现全程育人、全方位育人、全员育人，从而形成全新的集成管理体，进而实现大学生思想政治教育集成效应涌现和功效倍增。

（三）系统创新功能

大学生思想政治教育集成管理系统创新功能决定于集成管理的功能结构

---

① 《习近平在全国高校思想政治工作会议上强调把思想政治工作贯穿教育教学全过程开创我国高等教育事业发展新局面》，《人民日报》2016年12月9日。

原理与系统界面原理。系统结构指代集成体内部各要素较稳定的结合方式，具体表现为组织秩序、联系方式、时空关系等。系统功能是在集成体与外部环境相互关联与作用中表现出来的性质与能力。集成系统的结构和其功能是紧密相关的，功能规定结构，结构促成功能。大学生思想政治教育集成管理的结构和功能的关系也是如此，为了提升育人的效果、效率和效益，必然要求育人工作的集成管理主体对集成管理结构进行科学的建构，在集成管理结构建构过程中必然伴随着育人系统的优化和创新。集成界面提供平台为集成要素间的物质、信息和能量进行交换，集成界面还外显着集成体的功能。集成界面的性能是集成要素联系机制的反映，界面的选择决定机制的形成，界面的选定又受制于集成要素的内在性质与特征。显然，系统界面原理就是指集成要素物质、信息和能量的交换以及机制形成的规律。大学生思想政治教育集成管理把人、信息、管理设备等不同性质种类的资源要素聚合在一起，从而产生了大量的界面问题，而这些界面的形成和选择就必然促进育人理念方法、机制体制、技术手段等不断创新发展，更好、更快地满足大学生成长需要。

第三节　大学生思想政治教育集成管理的理念与方法

一、大学生思想政治教育集成管理理念

"理论是行动的先导"①，思想是行动的指南。要真正将集成思想创造性地应用于大学生思想政治教育管理，真正地实现育人工作的集成管理，那么，培育管理主体的集成管理理念是首要的。大学生思想政治教育集成管理

---

① 《胡锦涛文选》第二卷，人民出版社 2016 年版，第 244 页。

主体是在集成的思想指导下，为进一步增强育人的实效性，提高工作效率，以传统育人主体为基础所形成的多维主体。大学生思想政治教育集成管理主体不是传统的单一组织或个人，而是众多主体按一定规则或要求形成的纵向和横向的主体集合，其主体是多维的，其集成管理理念也应该是多样的。目前，大学生思想政治教育集成管理理念主要包括"大思政"理念、网上网下集成管理理念、课内课外集成管理理念等。

（一）齐抓共管理念

齐抓共管集成管理理念是习近平总书记高校思想政治工作思想的重要理念，也是集成思想在大学生思想政治教育领域的创造性应用和充分体现，这一理念对我们开展育人集成管理工作意义重大，它侧重于育人实践和管理主体的集成和联动。习近平总书记重视利用集成联动解决现实中遇到的问题，强调将集成联动当作推进改革的重要思想方法与实践路径。2014 年他强调，推动中国特色社会主义制度更加成熟更加定型"这项工程极为宏大，必须是全面的系统的改革和改进，是各领域改革和改进的联动和集成"①。大学生思想政治教育是一个开放的复杂巨系统，其实效性问题的解决也需要各要素的"联动和集成"，习近平总书记要求"各级党委要把高校思想政治工作摆在重要位置……形成党委统一领导、各部门各方面齐抓共管的工作格局"②。党委统一领导、各部门齐抓共管就是我们所说的齐抓共管理念，它是指育人集成管理工作要促使各部门、各方面集成联动，在党委的领导下，育人实践的各教育主体、各管理主体要进行联动和集成，注重对育人工作的系统设计和整体安排，加速关键领域和要害环节改革步伐，真正实现育人工作的整体化、系统化，以求最大程度实现对这一集成体效果、效率和效益的提升。

---

① 《习近平谈治国理政》，外文出版社 2014 年版，第 105 页。
② 《习近平在全国高校思想政治工作会议上强调把思想政治工作贯穿教育教学全过程开创我国高等教育事业发展新局面》，《人民日报》2016 年 12 月 9 日。

（二）协同创新理念

协同创新集成管理理念是不为传统观念束缚，注重大学生思想政治教育系统诸要素协同创新，从而提高育人工作的科学性和实效性的集成管理理念。大学生思想政治教育协同创新集成管理理念着眼于破解网络时代大学生思想政治教育实效性差等难题。"思想政治工作从根本上说是做人的工作"①，人在哪里，我们的工作重点就应该在哪里。网络技术的发展尤其是移动网络终端的发展使互联网成为人们的生活方式，绝大多数大学生都是网民。互联网是亿万网民获得信息和交流信息的平台，对人们的求职途径、思维方式、价值观念产生重要影响，特别是会影响人们对国家、对社会、对工作、对人生的看法。习近平总书记指出："特别是年轻人基本不看主流媒体，大部分信息都从网上获取。"面对网络时代的这些新问题，大学生思想政治教育工作也早有应对，比如网络思想政治教育的开展就是应对这些问题的重要举措，但是当前仍存在网上网下脱节，大学生思想政治教育系统诸要素协同不够等问题。协同创新集成管理理念将会促使大学生思想政治教育系统诸要素摆脱已有观念的束缚，协同创新，从而为问题的解决形成创新合力。如为破解网络时代大学生思想政治教育实效性差的难题，育人协同创新集成管理理念协同育人系统中的教育者、管理者、被教育者、技术手段、方式方法等诸要素共同为解决这一问题协同创新，使教育者和管理者在开展大学生思想政治教育工作时运用互联网思维，利用好网络技术手段和网络社会实践等网络时代大学生乐于接受的方式方法，让大学生在网上网下都接受到富有针对性和亲和力的思想政治教育，进而提高网络时代大学生思想政治教育实效性。

---

① 《习近平在全国高校思想政治工作会议上强调把思想政治工作贯穿教育教学全过程开创我国高等教育事业发展新局面》，《人民日报》2016 年 12 月 9 日。

（三）同向同行理念

大学生思想政治教育同向同行集成管理理念是指通过集成管理实现各类大学生思想政治教育资源朝着教育目标同向同行，形成集成合力，从而更好更快地实现育人目标。习近平总书记在全国高校思想政治工作会议上强调，"思想政治理论课要坚持在改进中加强……其他各门课都要守好一段渠、种好责任田，使各类课程与思想政治理论课同向同行，形成协同效应"[①]。这是典型的统筹思政课程和"课程思政"同向同行的育人同向同行集成管理理念。育人资源丰富而广泛，既存在于校内又存在于校外，既存在于课内又存在于课外，既存在于思政课程又存在于"课程思政"。可以说，目前这些丰富而广泛的大学生思想政治教育资源远没有达到同向同行的状态，存在协同联动不够、集成合力不足等问题。如大学生思想政治教育管理者统筹利用红色文化、传统文化资源等校内外大学生思想政治教育资源尚停留在他们的头脑中，能落实到具体实践中的很少；大多数高校思想政治理论课教师主要从事课内教学，参加学生课外活动的渠道不畅、条件不足、积极性不够，这样自然就很难让大学生思想政治教育课内课外资源同向同行；高校非思想政治理论课教师"课程思政"理念不强，能将该理念在课堂上践行的人更少。多数高校领导和相关职能部门对"课程思政"理念的重视更是只停留在口头上，在具体工作中无相关政策、工作方案和激励机制；教学"满堂灌"普遍，课外活动丰富多彩但缺乏有效引领，其思想政治育人作用也未充分发挥。要解决这些问题，让大学生思想政治教育系统的各种资源同向同行为提高大学生思想政治教育实效性服务，必须培育大学生思想政治教育同向同行集成管理理念。同向同行集成管理理念侧重于对大学生思想政治教育系统的各种资源进行统筹，并构建一定的机制，实施一系列举措，促使该系统的各

---

① 《习近平在全国高校思想政治工作会议上强调把思想政治工作贯穿教育教学全过程开创我国高等教育事业发展新局面》，《人民日报》2016 年 12 月 9 日。

种资源与既定的教育目标同向同行。例如，在同向同行集成管理理念下地方政府领导和大学生思想政治教育管理者可以构建联席会议机制，共同商讨大学生思想政治教育工作，出台一些举措鼓励当地的红色文化和传统文化场馆向大学生开放，鼓励高校组织大学生到这些场馆开展主题教育和志愿服务活动等，实现地方和高校的双赢，既能盘活地方红色文化、传统文化等资源，又能拓宽育人工作的场域，提高育人的实效性。

大学生思想政治教育集成管理理念只停留在理论层面是绝不能发挥作用的，上述集成管理理念都要实现其从理论到实践的转化过程，实现这一转化过程可以通过制定制度、开展培训、举办活动三个方面进行。第一，制定大学生思想政治教育集成管理的专门制度，对教育、宣传、群团组织等在大学生思想政治教育方面的职责、义务和权利进行相应的规定，对其在"大思政"格局中的地位、作用进行明确。在制度安排中还要有督促齐抓共管、协同创新、同向同行等大学生思想政治教育集成管理理念落实的举措，如制度中要有明确的对大学生思想政治教育集成管理理念不重视、不落实的处罚规定，实行制度落实责任制，将制度落实情况纳入对其各种考核的指标体系。第二，开展各级各类大学生思想政治教育集成管理理念的专门培训。开展这种专门培训要覆盖各级各类大学生思想政治教育的管理主体，既要有针对上级领导部门负责人的培训，也有针对高校领导的培训，还要有针对高校思政课教师、高校非思政课教师、思想政治辅导员等大学生思想政治教育一线工作者的培训；既要有培育大学生思想政治教育集成管理理念的培训，又要有将理念转化为实践的能力和技巧培训。第三，举办一些具有大学生思想政治教育集成管理特点的专门活动。在活动举办时就要明确要求各级机构成立跨部门的领导小组，提高联动集成管理的效率，检验所有涉及大学生思想政治教育的相关部门中集成管理理念和集成管理能力的情况，并进一步地改善和提高。如在高校就可以要求成立由党委书记任组长，党委组织部、党委宣传部、教务处、学生工作处、团委、马克思主义学院等部门主要负责人为成员的领导小组，对活动开展进行集成管理，针对活动开展对大学生思想政治教育活动的齐抓共管、协同创新、同向同行进行指导和考核。活动的举办还要注意宣传报道，将好的经验和做法进行推广，让大学生思想政治教育集成管理理念深入人心，实现其科学化、常态化。

二、大学生思想政治教育集成管理方法

大学生思想政治教育集成管理方法根据集成管理的运作机制、集成管理过程的核心要素和集成管理方法运用时机等可大致分为超前策划集成管理法、共赢集成管理法、流程重组集成管理法等。方法得当，方可事半功倍。我们要对这三种思想政治教育集成管理方法的运作机制、核心要素、运用时机、功能及运用关键进行深入细致的了解，在育人实践活动中可根据以上要素选择适当的方法。

（一）超前策划法

大学生思想政治教育超前策划集成管理法就是指从大学生思想政治教育总体目标出发，以相关资源要素和内外环境为依据，充分发挥集体智慧、综合资源和环境优势超前策划，以有利于提高大学生思想政治教育活动效果、效率和效益为标准确定策略方案，从而保证教育目标顺利实现的集成管理方法。大学生思想政治教育超前策划本身就是一种集成行为，它涉及大学生思想政治教育集成活动所有参与人员的集体智慧，也涉及相关资源要素的综合运用。当然，它的核心是包括受教育者在内的大学生思想政治教育集成活动所有参与人员的集体智慧。运用超前策划集成管理法的关键是集成活动参与人员的集体智慧，让他们充分了解大学生思想政治教育活动的背景、性质、内容等，参与到活动的决策过程，使大学生思想政治教育活动的策划、决策、实施、反馈全过程都有包括大学生思想政治教育接受者在内的所有人员的参与和监督，这样就能使育人的实效性大大增强。

运用大学生思想政治教育超前策划集成管理法的功能至少包含以下方

面：第一，有助于大学生思想政治教育活动获得参与者的广泛支持。获得支持的最好办法就是把活动对象变为参与者。超前策划集成管理法确保了包括受教育者在内的活动参与者对活动策划、决策、实施、反馈的全过程参与，也就意味着有助于获得他们的全程支持和监督，自然会令活动开展得更加顺利。第二，有助于大学生思想政治教育活动做好舆情研判。有效地超前策划可以做好充分的舆情研判，为大学生思想政治教育活动的诸多不确定因素做好防范准备。例如大学生思想意识和价值选择多元多样多变，历史虚无主义、西方新闻观、新自由主义等思潮可能会扰乱他们的思想意识和价值选择，超前策划集成管理可以对此提前做好研判和防范，引导大学生认识这些思潮的思想本质和险恶用心，更好地发挥主流意识形态对大学生的引领作用。第三，有助于大学生思想政治教育活动增强资源的综合利用效果。各地区、各高校、各级各类育人部门开展育人活动所能利用的资源是不同的，一些偏远地区高校的思想政治教育机构所能利用的资源是很有限的，这种情况超前策划集成管理法可以发挥意想不到的作用。"策划的根本生命力在于创造性思维。"① 一方面，通过创造性思维进行超前策划可以将学校内外各种资源创造性地集成在一起，使其效用发挥到最大化；另一方面，超前策划可以一定程度上弥补硬件不足的作用。有些偏远地区的大学生思想政治教育部门开展活动可利用的资源不仅数量少，而且质量差，但经过超前策划创造性的集成组合，其整体效用得到很大提升，达到了以"软件"补"硬件"的效果。

（二）共赢集成法

大学生思想政治教育共赢集成管理法是指多个资源有限、目标一致的大学生思想政治教育集成体本着协同旋进的原则资源共享、工作协同、集成互

---

① 李宝山、刘志伟：《集成管理——高科技时代的管理创新》，中国人民大学出版社1998年版，第119页。

补，发挥各自优势，从而实现多方共赢的集成管理方法。协同旋进是大学生思想政治教育共赢集成管理法的运行机制，"协同旋进本质就在于多方协调，共同发挥彼此的资源优势，以达到扩大优势范围的目的，实现共生共存，协同推进"①。随着集成理念日益深入人心和育人工作要求的提高，越来越多的育人部门认识到单凭自己的实力和掌握的资源很难让自己开展的育人活动达到预期效果，他们越来越热衷于部门间、学校间的大学生思想政治教育合作。如教育部联合人民日报社、光明日报社、人民网等单位开展的"中国大学生年度人物"推选展示活动，团中央联合全国学联、中国青年报社等开展的"中国大学生自强之星"寻访活动等，都收到了很好的效果，各方资源得到了充分的利用，发挥了很好的作用，取得了主办方、承办方、大学生等参与者共赢的结果。

运用大学生思想政治教育共赢集成管理法主要有以下作用：第一，有利于发挥各部门资源优势，集中力量办大事。大学生思想政治教育共赢集成管理法可以整合各参与部门的资源，集成各参与部门的力量，开展大型大学生思想政治教育活动，实现活动规模更大、效果更好。例如中国大学生年度人物评选活动就是多部门协同旋进、共同开展的一项活动，第十四届中国大学生年度人物评选活动就是由教育部、人民日报社、共同指导，人民网、光明日报社教育部、《大学生》杂志、中国大学生在线联合主办的，这可以说是成功运用大学生思想政治教育多赢集成管理法的典型，它集成了上述所有参与部门的资源优势，使这个活动成为一个全国知名的育人活动品牌。第二，有利于构建大学生思想政治教育"大思政"工作格局。"大思政"工作格局是习近平总书记在全国高校思想政治工作会议上提出的，他要求各级党委要将高校思想政治工作摆在重要位置，形成党委统一领导、各部门各方面齐抓共管的工作格局。此后，"大思政"工作格局成为各级党委和高校党委破解

① 李宝山、刘志伟：《集成管理——高科技时代的管理创新》，中国人民大学出版社1998年版，第127页。

当前高校育人实效性不足等诸多困境的主要方向。目标一致和集成互补是大学生思想政治教育共赢集成管理法的显著特点，这有利于调动地方政府部门和高校、高校各部门之间深层次合作，形成合力，共同承担思想政治育人职责，构建大学生思想政治教育"大思政"工作格局。

（三）流程重组法

大学生思想政治教育流程重组集成管理法是指基于集成管理目标的调整或新的理念的实施，对现有集成管理的要素及其组合流程进行革命性的、创新性的改革，以实现新的大学生思想政治教育集成管理目标或实施新的理念更好地达到原有集成管理目标。大学生思想政治教育流程重组集成管理法主要是针对已经开始但效果不明显甚至目标都不适当的大学生思想政治教育活动。对于这类大学生思想政治教育活动，该方法可通过管理理念或管理目标的调整、对原有流程的审视和改革，使其收到"起死回生"之效，重新焕发活力，获得育人实效。另外，大学生思想政治教育流程重组集成管理法还可以通过对新育人流程的巩固完善，进而进行理论总结，从而指导以后类似的育人活动少走弯路，提高效率。

大学生思想政治教育流程重组集成管理法的运用要经过如下几个基本步骤：第一，对大学生思想政治教育原有集成管理目标的调整或原有集成管理理念的扬弃，这是流程重组集成管理法的起点流程。第二，对原有集成管理流程的审视。站在全新的角度思考管理流程，审视原有管理流程要客观而超然，这是流程重组集成管理法的基础流程。第三，对原有管理流程进行革命性改革。根据对原有管理流程的审视，对管理流程进行再设计，这是流程重组集成管理法的核心流程，这一步应该是革命性的、创新性的。第四，是对新流程的巩固完善。根据新流程的实施情况进一步对其进行巩固完善，这可以有效防止原有流程回潮，彻底解决原有流程中所暴露的弊病。如"三全育人"理念的实施就是一个流程重组的过程，习近平总书记在全国高校思想政治工作会议上指出，"要坚持把立德树人作为中心环节，把思想政治工作贯穿教育教学全过程，实现全程育人、全方位育人"①。此后，全员育人、全程育人、全方位育人"三全育人"理念在高校育人领域开始迅速推广和深入实施。"三全育人"作为一种全新的育人管理理念，其实施过程就运用了流程重组集成管理法，经过了上述几个步骤，其实施过程伴随着对模块分割、过度分工等原有育人管理理念的扬弃和对原有育人活动流程的审视和改革。

---

① 《习近平在全国高校思想政治工作会议上强调把思想政治工作贯穿教育教学全过程开创我国高等教育事业发展新局面》,《人民日报》2016 年 12 月 9 日。

| 第五章 |

集成模式：提升大学生思想政治教育
实效性的科学路径（二）

　　集成体的集成效应总是在一定的集成模式中实现的。集成模式是指在集成过程中，集成主体以及集成对象之间相互联系和作用的方式，它不仅反映了集成主体及其对象之间物质、能量、信息的交流互换关系，也反映了集成体实现并发挥其倍增或涌现功能的方式与途径。[①] 进一步构建大学生思想政治教育集成模式，是集成思想在高校育人领域具体化、可操作化的现实目标和重要任务，是推进大学生思想政治教育全面深化改革，在大学生思想政治教育管理体系和管理能力现代化上形成总体效应、提升总体效果的有效途径。需要特别说明的是，本著所述大学生思想政治教育集成模式包含两个层面的含义，从广义上来说，是指大学生思想政治教育集成管理的重要方式和普遍现象，广泛存在于高校育人管理实践中；从狭义上来说，专指理想型的、能够实现效应最大化的高校育人集成模式。

---

　　① 参见黄杰：《信息管理集成论》，经济管理出版社 2006 年版，第 32—33 页。

第一节　大学生思想政治教育
集成模式的分析框架

在大学生思想政治教育集成过程中，各种集成关系和作用错综复杂，但可以从大学生思想政治教育集成的行为方式、组织方式以及规模等三个方面对集成模式进行分析，其框架如图图 5-1 所示。其中，大学生思想政治教育集成的行为方式包括互补匹配、竞争激励、协同和谐三个层级；大学生思想政治教育集成的组织方式包括单元集成、过程集成、系统集成、网络集成四个层级；大学生思想政治教育集成的规模包括小规模集成、中规模集成、大规模集成三个层级。

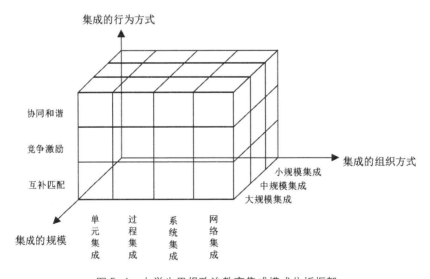

图 5-1　大学生思想政治教育集成模式分析框架

一、大学生思想政治教育集成的行为方式

集成的行为方式不仅在一定程度上反映了集成过程中集成主体的行为目

标，同时也反映了集成对象形成集成体的行为方式和集成体的集成强度。从大学生思想政治教育集成的行为方式来看，其模式主要有以下三种：①

（一）互补匹配模式

在大学生思想政治教育过程中，有的单元结构、功能是有差异的。互补匹配模式通过在大学生思想政治教育集成对象之间形成互补关系，使某一集成对象的优势（劣势）与另一集成对象的劣势（优势）恰好匹配，弥补各集成对象在功能或结构上的缺陷，实现优势互补，从而避免了各自为政、单打独斗的局面，有助于实现大学生思想政治教育集成体整体目标。如大学生思想政治工作传统优势同新媒体新技术高度融合、大学生思想政治教育网上网下同心圆等都是以互补为基础形成的大学生思想政治教育集成模式。根据李宝山教授（1998）关于集成强度的等级划分标准，该集成模式能够使集成对象集成后，集成体整体效能大于各单项原有的效能的加和，其集成强度处于集成等级的初级。

（二）竞争激励模式

在大学生思想政治教育中，由于具体目标不同，有的主体之间是具有竞争关系的。竞争激励模式通过在大学生思想政治教育集成对象之间形成竞争激励关系，在共赢的基础上，使集成对象之间相互激励、相互推动，促进各集成对象的优化，更好地实现其功能，从而使集成体整体效能远高于单项之和。如由教书育人、实践育人、科研育人、管理育人、服务育人等单元组成、在大学生思想政治教育评估中相互比较竞争并不断改进提升的大学生思想政治教育供给侧，就是通过该模式集成的典型表现。按照集成强度的等级划分标准，该模式的集成强度处于集成等级的中级。

---

① 参见黄杰：《信息管理集成论》，经济管理出版社 2006 年版，第 34 页。

（三）协同和谐模式

大学生思想政治教育归根结底是全要素相互联系、共同作用的过程。协同和谐模式通过在大学生思想政治教育集成对象之间形成相互交融、浑然一体的集成关系，使得各集成对象经过聚合重组，推进集成对象进一步改善各自的功能或结构，从而形成协同一致的整体性功能，更好地实现集成体功能的倍增或涌现。例如，形成党委统一领导、各部门各方面齐抓共管的大学生思想政治教育共同体（集成体）及工作格局，其集成对象（各种主体）之间在职责明晰化、规程有序化机制的作用下，实现了高度的协同和统一，他们体现了集成体（共同体）的整体功能特征而不是其自身原有的功能特征，而该集成体不仅实现了大学生思想政治教育及管理方式的变革，使育人效能极大地提高，同时也创造了高校育人管理的新理念。2012 年 3 月，《教育部关于全面提高高等教育质量的若干意见》（教高［2012］4 号）提出，要"鼓励地方建立大学联盟，发挥部属高校资源辐射作用，实现区域内高校资源共享、优势互补"，大学生思想政治教育工作也同样如此，这就是一种协同和谐模式。根据集成强度的等级划分标准，该模式的集成强度最大，处于该等级的最高级。

二、大学生思想政治教育集成的组织方式

集成的组织方式反映在集成体中，为实现集成体整体功能倍增或涌现，其各个集成对象之间在一定时空范围内的组织方式与结构。一般来说，大学生思想政治教育集成的组织方式主要存在以下四种模式：①

（一）单元集成模式

大学生思想政治教育单元集成模式是由处于同一层次的相同或不同的集

_____
① 参见黄杰：《信息管理集成论》，经济管理出版社 2006 年版，第 34—36 页。

成对象组合而成的集成组织，它是一种最基本、最简单的集成组织方式。在此模式中所形成大学生思想政治教育集成组织，涵盖的集成对象的数量和种类最少，各集成对象间的关系比较简单，但联系紧密，而且比较稳定。例如大学生思想政治教育的内容体系、方法体系、载体体系等就是单元集成模式的典型表现。

（二）过程集成模式

大学生思想政治教育过程集成模式指将各集成对象依据一定的时序关系进行组织，通过过程的协调、重组与集成，消除集成对象间有碍于过程效率的所有因素，促进集成对象之间形成一种有序的结构，从而实现集成体的整体有序，集成体整体效能的更大提升。如思想政治理论课就是遵循思想政治工作规律、遵循教书育人规律、遵循学生成长规律，按照一定教学目标、要求和时序将各种资源、要素进行组织的集成体。

（三）系统集成模式

大学生思想政治教育系统集成模式指将不同层次的同类或异类功能整体（子系统）按照一定的层次结构和功能结构进行整合，使得各集成对象（功能整体、子系统）间相互推动、相互激励，在各个集成对象自身优化的基础上，形成一个相互交融、浑然一体并具有多种功能属性的整体组织。如大学生思想政治教育全方位育人格局，就是把居于不同层次、拥有不同功能、具备不同性质的集成对象（如课堂教学、校园文化、社会实践等）有机组合在一起，从而可以在多个方面（如知识获取、文化消费、实践转化等）满足大学生的成长发展需求。

（四）网络集成模式

大学生思想政治教育网络集成模式指不属于同一行为主体的集成对象，以彼此信任为基础，以资源共享和协调互补为纽带，通过在集成对象间形成一种具有动态性与多样性的集成关系，增强各集成对象的原有功能或开发新的功能，从而促成集成体整体功效的提升与凸现，更加科学、有效地适应环境的变化，动态的合作与开放是该组织模式的突出的特点。《教育部关于全面提高高等教育质量的若干意见》（教高〔2012〕4 号）提出要"推进协同创新"，"探索校校协同、校所协同、校企（行业）协同、校地（区域）协同、国际合作协同等开放、集成、高效的新模式"，这一新模式实际上就是一种网络集成模式，在思想政治教育与文化传播交流工作中同样适用。当前一些高校建立的校地实践育人共同体、马克思主义理论协同创新中心等都是该种模式的典型运用。

三、大学生思想政治教育集成的规模

集成的规模主要从集成对象的种类和数量方面反映集成的方式和集成体的性质。集成规模状况不仅关乎集成行为的选择，同时对集成对象的组织方式也有重要影响。[①] 集成密度与维度是用来反映集成单元总量（规模）与类别的指标（海峰，2000）。通常来说，在大学生思想政治教育集成关系中，集成对象的多少不仅反映集成的密度，而且在特定条件下，集成体存在一个集成密度均衡，集成对象的数量唯一确定的状况。而集成维度则反映了在一种集成关系中，异类集成对象数量（种类）的多少。同样，也存在一个均衡集成维度，即在一个稳定的集成关系中，集成对象种类的数量。如在大学生思想政治教育网络矩阵建设中，集成对象的种类如大学生互动社区、主题教育网站、专业学术网站和"两微一端"建设等不同类型网络媒介的种类和数量是确定的，而当其规模（种类和数量）改变时，意味着该网络矩阵（集成体）整体性能与功效的变化。从一般意义上来讲，按照集成规模的大小，可把大学生思想政治教育集成模式划分为小规模集成、中规模集成、大

---

① 参见黄杰：《信息管理集成论》，经济管理出版社 2006 年版，第 36 页。

规模集成（李宝山，1998）①，而其具体界定，则需视具体情况而定。在选择集成模式时需要关注集成的规模，特别是均衡的集成密度和维度，因为，规模的选择与确定关乎集成体整体性质和功效。

虽然从以上三个方面对大学生思想政治教育集成模式进行了分析，但从实践情况来看，每一集成体的性能与集成关系的形成，都不是某一方面的单一模式作用的结果，而是多方面不同模式的共同作用结果，并且集成的模式会随着集成环境与集成对象的特性及集成目标的变化而变化。

第二节　大学生思想政治教育集成模式的功能特征

在长期实践中，大学生思想政治教育偏重从社会要求出发，这种从统治或管理的需要出发，具有单一性、单向性等特点与局限，越来越难以解决复杂系统及其功效提升问题。随着现代治理理念的逐步深化，近年来我国大学生思想政治教育越来越注重从"现实的个人"这一社会系统存在的基础出发谋篇布局、推进实践。党中央提出，要以社会主义核心价值观为引领，始终围绕大局，服务中心，立足于三全育人，构建齐抓共管格局，更加注重人的主体性、创造性的发挥，更加重视系统内部各要素之间的互动及动态调整，既强调社会需要，也注重以人为本，既强调结构完善，也注重基层创新，全面推进多元主体管理、民主管理、参与式管理、互动式管理，着力整合大学生思想政治教育领域内外资源，形成齐抓共管的机制，不断丰富和创新育人的路径方法，增强育人实效，体现了鲜明的集成思想。构建大学生思想政治教育集成模式则是集成思想在大学生思想政治教育和管理实践中的集

---

① 参见李宝山等编著：《集成管理——高科技时代的管理创新》，中国人民大学出版社1998年版，第38页。

中体现，直接指向育人系统内部和内外之间的双向交互作用的整合效应，在引导目标协同、促进要素集成、实现效应涌现等方面具有重要作用，具有价值性、主体性、整合性、动态性、协同性、倍增性等显著特征。

一、目标协同

集成主体实施集成行为必须具备两个前提：首先，要明确集成目标；其次，要与集成对象就集成目标与各自具体目标达成一致。[①] 大学生思想政治教育的根本目标是培育德才兼备、全面发展的社会主义建设者和接班人，取得总体效果、形成总体效应，这也是大学生思想政治教育的集成目标。但是由于主体的多层次性、内容的多样性、环境的复杂性，大学生思想政治教育各集成对象的具体目标与集成整体目标存在一定的差异性。其中，就主体而言，大学生思想政治教育主体包括多个层面：主导主体（党和国家及其工作机构、高校及思想政治教育工作者）；参与主体（社会组织）；终极主体（人民群众）。[②] 在现代治理中，不同主体仅靠自身努力是难以实现治理目标的，加之受认识水平、利益考量、环境变化等因素影响，不同教育和管理主体对于集成目标的认识差异是难以避免的，比如党员领导干部对马克思主义的理解要高于一般群众；在定位上是存在区别的，比如后勤管理部门侧重关注物资使用效益，而教学单位和学生工作部门则重视教育水平和质量提升；有的甚至还存在相互抵触的现象，比如，有的单位片面追求学生就业率的提高，而忽视大学生思想道德与校园精神文明建设，等等。大学生思想政治教育集成模式内在地蕴含着集成目标与具体目标的有机结合，能够使不同层次的大学生思想政治教育主体努力达成共识，摒弃错误，合理定位，统筹推

---

① 参见潘慧明、黄杰：《集成的基本原理与模式研究》，《湖北工业大学学报》2006 年第 2 期。

② 参见胡凯、杨竞雄：《习近平社会主义意识形态治理思想探析》，《思想政治教育研究》2014 年第 6 期。

进，从而确保在立德树人的共同行动中，始终坚持马克思主义的指导地位，有效培育和践行社会主义核心价值观，不断提高师生员工与社会成员的思想政治素质和道德文化素养，增强高校、党政机关、社会组织、人民群众的实践能力和协同能力。这一模式不仅能促进大学生思想政治教育各个层次具体目标的有序实现，还能确保育人集成目标最终实现，实现二者协同与统一。

二、要素集成

在一般的系统中，系统各组成部分间的关系是相对稳定的。而在集成过程中，集成对象间的关系则是动态的，它们在相互竞争冲突中选择自身最优功能，进行互补匹配和持续优化[1]，从而实现集成体要素的有效集成。大学生思想政治教育管理对象包含三方面内容：一是关于思想的内容，包括思想道德、价值观念、政治素养和社会心理等；二是关于物的内容，包括与育人相关的机构设施、资产等；三是关于人，包括从事育人实践的教师和工作人员及相关社会成员。[2] 这些对象及其内部要素在一般系统中，同样有合作与冲突关系。如，高校努力培育社会主义核心价值观与民间组织自觉倡导良好社会风气的互补，主导性传统传媒与交互性网络平台的竞争，传统民族精神与时代创新精神的呼应，等等。而在集成体中，这些要素之间的合作与冲突是一个动态的过程，它们能在集成主体的主导下进行重新组合与自我优化。大学生思想政治教育集成模式内在地蕴含着大学生思想政治教育各集成对象之间的辩证关系，能够根据育人实践的集成目标要求，利用最佳时机和选择最佳方式进行组合，呈现出这些要素的最佳状态，使各要素互补匹配，在集

---

① 参见潘慧明、黄杰：《集成的基本原理与模式研究》，《湖北工业大学学报》2006 年第 2 期。

② 参见胡凯、杨竞雄：《习近平社会主义意识形态治理思想探析》，《思想政治教育研究》 2014 年第 6 期。

成过程中得以优化，进而超越一般的优势互补。

在大学生思想政治教育集成模式中，集成对象间存在着非线性相互作用，彼此间通过相互竞争、制约和耦合匹配，呈现出整体凸显效应，从而使集成体发生质的飞跃，而满足叠加原理的线性系统则不具备这样的优势。① 大学生思想政治教育具有鲜明的非线性特征，但以往我们习惯于将其视为一个简单的线性系统，过于注重系统内部的层级管理和精细分工，在增强育人的叠加效应上下足了功夫，但是忽略了这个系统内部和内外之间的非线性作用，致使育人的协同性不够，诸多资源的潜能难以充分发挥。因而，通过构建和应用集成模式，将大学生思想政治教育看作一个动态非线性运动的过程，我们可将相关的诸多问题、现象、要素都纳入考察对象与管理范围，深入分析和挖掘它们之间可能存在的相互制约与耦合匹配关系，并通过竞争与合作方式，使各类资源在看似无序交织的过程中实现有机组合，进而使大学生思想政治教育管理产生聚变优势。

三、效应涌现

集成理论兼具还原论和整体论的优长，它既注重对复杂性问题的分解分析，揭示局部调整何以引发系统变化，又注重从全局视野进行总体审视，揭示"整体大于部分之和"如何实现，呈现集成体整体功能倍增和效应涌现的基本过程。而这个过程，具体来说，又表现为功能重组、结构重组、过程重组、协同重组。② 在单一还原论思维下的大学生思想政治教育，可能会因为过于关注局部而陷入过于简化的陷阱；而在单一整体论思维下的大学生思想政治教育，又可能因过分重视结构而落入故步自封的泥潭。通过构

---

① 参见潘慧明、黄杰：《集成的基本原理与模式研究》，《湖北工业大学学报》2006 年第 2 期。

② 参见潘慧明、黄杰：《集成的基本原理与模式研究》，《湖北工业大学学报》2006 年第 2 期。

建和应用大学生思想政治教育集成模式，我们可以全面审视大学生思想政治教育的功能、结构、过程和协同问题，同时从局部和整体出发予以考量，进行动态重组，实现大学生思想政治教育的效应涌现。一是进行功能重组。比如，自媒体原本是网民用于个人社交的网络平台，对主流媒体的引领力和影响力具有一定的消解作用，如今也被宣传思想工作部门用以传播主流意识形态。可见，不同要素的功能，在一定条件下需要进行重组。二是进行结构重组。比如，随着大学生心理问题的凸显，心理健康教育被纳入大学生思想政治教育的内容体系，而随着社会与个人需求的发展，思想政治教育在内容结构、空间结构等方面都在不断进行着新的调整。三是进行过程重组。比如，在网络空间中，由于网络的平等性、虚拟性，教育者和教育对象的身份界限变得模糊，影响和被影响的过程也难以截然分开。因而，根据实践的新特点、新要求，我们可以对思想政治教育的过程进行优化重组，形成新的规则与秩序。四是进行协同重组。党的十八大报告强调，要提高原始创新、集成创新和引进消化吸收再创新能力，更加注重协同创新。当前大学生思想政治教育面临的形式和任务更加复杂与艰巨，尤其需要加强集成创新、协同创新，对各要素进行协同重组。比如，在主体协同方面，高校和地方可以共同建立马克思主义理论研究与实践协同创新中心，集成高校和地方的学科和人才优势，更加深入地研究马克思主义，更好地推进思想政治教育理论创新与学科建设。

第三节　大学生思想政治教育
集成模式的科学构建

模式是一种概括化的构架，它比概念化的理论更加具体，更具可操作性。它源于客观事物的原型，但又非客观事物原型的简单复制，而是经过人们思维加工制作出来的一种认识形式，也是一种可参照模仿的样式或行为规范。① 模式可以是多层面、多视角的，既可以从事物的整体来认识，也可以从事物的局部来考量，因而，同一事物可以构建出多种不同的模式。模式是与事物发展的目标相联系的，有什么样的目标就要求产生什么样的模式。② 大学生思想政治教育集成模式就是为了提升育人实效而提供的样式，与育人实践的目标设定、主要矛盾和突出问题等息息相关，与育人实践的行为方式、组织方式和规模等紧密联系，也是可以从多层面多视角科学构建的。

一、集成模式的构建目标

马克思主义认为，人类的实践活动是合规律性与合目的性的统一。这就告诉我们，在大学生思想政治教育集成模式构建过程中，既要遵循思想政治工作规律、教书育人规律和学生成长规律，又要确立正确的目标和方向，确保该模式构建和谐有序进行。"目标"一词通常具有两种含义，一是指"审计、攻击或寻求的对象"，二是指"想要达到的境地"，英语中目标一词是objective，指想要获得或追求的结果。这里所指的大学生思想政治教育集成模式构建目标，是指构建大学生思想政治教育集成模式所要达到的预期结果。这一目标是一个完整的目标体系，是建设主体在构建大学生思想政治教育集成模式过程中的预定任务、预设指标和预期效果的统一体，对于该模式构建与应用具有重要的定向、规范、激励和调控作用。③ 由于大学生思想政治教育集成模式是以集成管理为主要手段，以教育优化为基本内容，以效能提升为最终目标的，因此，这个目标的制订，既要符合大学生思想政治教育管理的规律，又要符合教书育人规律，还要符合学生成长规律，在三者的辩

---

① 参见黎军：《网络学习概论》，上海人民出版社 2006 年版，第 121 页。
② 参见宋元林等：《网络文化与人的发展》，人民出版社 2009 年版，第 274 页。
③ 参见宋元林、陈春萍等：《网络文化与大学生思想政治教育》，湖南人民出版社 2006年版，第 95 页。

证统一中达成大学生思想政治教育集成模式的理想状态。

（一）管理目标：大学生思想政治教育协同化

大学生思想政治教育有序、有效推进的关键在于教育者和管理者的整体行动能力。当前大学生思想政治教育有关部门、机构和主体存在着以自我为中心的发展思路和自成体系的旧观念，导致了条块分割、机构重叠、职能交叉、效率低下等问题①。大学生思想政治教育集成模式本质上是一种管理模式，是关于教育者、管理者如何协同行动即集成主体如何有效生成的科学模式，其核心目标是实现大学生思想政治教育育人主体的协同化，形成党委统一领导、各部门齐抓共管的"大思政"工作格局。一是要完善高校党的领导体制。高校党委要切实发挥领导核心作用，做好大学生思想政治教育的规划、部署、监督、评估工作；要按照社会主义政治家、教育家标准选优配强高校领导班子特别是党委书记和校长，明确他们以及其他党委班子成员思想政治工作和党的建设责任。二是要强化院（系）党的领导。发挥院（系）党委（党总支）的政治核心作用，保证上级党组织的决定切实贯彻执行，积极推动大学生思想政治教育活动的组织实施与创新发展。三是要加强高校基层党建和日常思想政治教育工作。建立健全高校基层党组织，加强教师党支部和学生党支部建设，充分发挥其战斗堡垒作用，发挥好教师队伍和学生干部的积极性和主动性，形成全员育人全程育人全方位育人的长效机制和工作格局。四是要健全地方党委抓高校思想政治工作制度。切实加强组织领导和工作指导，建立部门协作常态机制，形成党委统一领导、党政齐抓共管、职能部门组织协调、社会各方积极参与的工作格局。②

---

① 参见王志学：《运用综合集成方法推进思想政治教育创新》，《解放军报》2012年8月26日。

② 中共中央国务院印发《关于加强和改进新形势下高校思想政治工作的意见》，新华社北京2017年2月17日电。

（二）结构目标：大学生思想政治教育有序化

大学生思想政治教育是一个复杂的系统工程（集成体），需要妥善处理集成主体及其对象之间物质、能量、信息的交流互换关系，实现各种要素、资源的和谐互动、有序运行。当前我国在大学生思想政治教育方面投入了大量人力、物力、财力资源，但由于统筹兼顾不够，存在着资源闲置和浪费的现象，资源优化配置水平还有待提高。构建大学生思想政治教育集成模式的现实目标，就是在集成主体有效协同的基础上，确立大学生思想政治教育队伍、内容、方法等资源的集成关系，并使这种合理秩序现实化，形成全员全过程全方位育人格局。一是教育队伍的有序化。要加强教师队伍和专门力量建设，提升教师思想政治素质，引导教师将更多精力投入到课堂教学上，打造一支专职为主、专兼结合、数量充足、素质优良的工作队伍；要发挥好校外有关专家和思想文化工作者的专长与优势，将他们纳入高校思想政治教育队伍；发挥学生党员干部、优秀典型的思想引领、行为示范作用，使之成为推动大学生自我教育、自我管理的重要力量。二是教育内容的有序化。把理想信念教育置于首位，切实抓好马克思列宁主义、毛泽东思想学习教育，广泛开展中国特色社会主义理论体系学习教育，深入学习习近平新时代中国特色社会主义思想；培育和践行社会主义核心价值观，把社会主义核心价值观体现到教书育人全过程；弘扬中华优秀传统文化和革命文化、社会主义先进文化，深化党史国史教育。三是教育方法的有序化。将普遍要求与分类指导结合起来，提升工作科学化精细化水平；推进教育创新，增强育人工作的亲和力和时代感。要进一步办好高校思想政治理论课，充分发挥它在育人中的主渠道作用，进一步完善教材体系，提高教师素质，创新教学方法，增强教学的吸引力、说服力、感染力；使各类课程与思想政治理论课同向同行，形成协同效应；充分发掘和运用各学科蕴含的育人元素，健全高校课堂教学管理办法；要更加注重以文化人、以文育人，广泛开展文明校园创建，加强对校园各类思想文化阵地的规范管理。运用新媒体新技术使工作活起来，推动育人工作的传统优势与信息技术的高度融合，加强校园网络安全管理，营造风清气正的网络环境。

（三）功能目标：大学生思想政治教育高效化

实效是评价大学生思想政治教育科学性的重要标准。大学生思想政治教育集成模式是反映集成体实现并发挥其倍增或涌现功能的科学方式与有效途径，其终极目标是实现育人实践中主体行为、资源配置的高效性，实现育人活动的社会价值和个体价值的有机统一。一是更好地巩固马克思主义在高校的指导地位，巩固大学生为实现中华民族伟大复兴中国梦而共同奋斗的思想基础。要持之以恒传播马克思主义科学理论，开展好马克思主义理论教育，为学生一生奠定科学的思想基础，引领广大青年学子自觉作内化和外化社会主义核心价值观的模范，将高校建设成为安定团结的模范之地。二是更好地培养德才兼备、全面发展的中国特色社会主义建设者和接班人。思想政治工作从根本上说是做人的工作，必须围绕学生、关照学生、服务学生，让学生成为德才兼备、全面发展的人才。

二、集成模式的构建原则

大学生思想政治教育集成模式构建的原则，是指为了实现大学生思想政治教育集成模式构建目标，依据大学生思想政治教育及管理规律、功能特征，在总结大学生思想政治教育实践经验的基础上制定的构建大学生思想政治教育集成模式所必须遵循的基本准则。它在大学生思想政治教育集成模式构建方法论体系中起着导向和规范作用。掌握科学的构建原则，是有效构建大学生思想政治教育集成模式，实现其构建目标的重要前提和保证。

（一）齐抓共管与分类推进相统一

大学生思想政治教育具有鲜明的主导性特征，而其实施主体又是多元化的，是具有主体性的，这也决定了其价值选择、行为方式、行为目标的多样性。因此，大学生思想政治教育集成模式的构建也要符合这一特征和目标要求，既要体现大学生思想政治教育主导性要求，服务于其集成目标的实现，形成各集成主体齐抓共管、有效联动的工作格局，又要体现大学生思想政治教育多样化要求，服务于其具体目标的实现，发挥好不同类型和领域集成主体的积极性和创造性，形成分类推进、各司其职的机制方法，并将二者有机统一起来，从而形成不同集成强度的大学生思想政治教育集成体。

根据系统论理论，当一个系统发展到一定程度时，可能会面临系统功能衰退甚至崩溃的风险。这就需要该系统进行聚合重组和改革创新，使各组成部分进一步改善各自功能或结构，从而形成协同一致的整体性功能。在这种情势下，需要着重加强大学生思想政治教育的齐抓共管，从顶层设计着手，强化大学生思想政治教育集成目标，创新大学生思想政治教育管理机制，激活各集成主体的主体性和创造性，形成各集成主体紧密联系的协同和谐模式，为推动大学生思想政治教育发展注入强劲动力。

大学生思想政治教育集成主体的行为目标在根本上是一致的，其相互关系总体上是和谐统一的。但在大学生思想政治教育的动态实践中，由于大学生思想政治教育主体职责分工、具体目标、个体素质不同，各集成主体之间又存在着互补和竞争的关系。因此，大学生思想政治教育集成模式构建，在坚持齐抓共管的同时，又要注重分类推进，对不同类型主体及其行为方式，实施不同的集成互动方式。对于具有互补关系的集成主体，要善于发现合作契机，创新合作平台，推动有效联动，实现优势互补；对于具有竞争关系的集成主体，要善于营造竞争氛围，完善激励机制，促进自身优化，增强长板效应。

（二）统筹兼顾与分层构建相统一

大学生思想政治教育是一项专业性极强的实践活动，同时也是一项广泛性的实践活动，存在于高校教育教学的全过程和校园生活的各个方面，这也决定了大学生思想政治教育要素和资源分布的广泛性和组织方式的多层次性。因此，大学生思想政治教育集成模式构建也要符合这一特征和实践要求，既要体现育人工作的专门化、统一性要求，按照统筹兼顾的原则，建立育人的规范、流程、标准，形成全员育人全程育人全方位育人格局，又要体现育人工作的广泛性、层次性要求，按照分层构建原则，因事而化、因时而进、因势而新，构建不同时空范围内的育人组织方式与结构，并将二者有机结合起来，使大学生思想政治教育各种要素资源既各安其所、各尽所能，同时又协调互补、有效互动。

思想政治教育作为一门发轫于马克思主义理论与共产主义运动，由社会主义新中国创建的新兴学科，是与马克思主义理论与实践发展紧密相关、与人和社会全面发展休戚与共的新生事物，天然地具有系统性、前瞻性等特点，需要运用统筹兼顾的方法科学有序推进。特别是在应对人的思想发展、精神提升、全面发展等重大问题时，尤其需要调动大学生思想政治教育全领域、全要素的功能，在不同层次的同类或异类要素之间，在不同行为主体的集成要素之间，形成一种具有动态性和多样性的集成关系，从而构建大学生思想政治教育系统集成模式、网络集成模式。

大学生思想政治教育要素功能在有机系统中得到充分发挥，但由于各要素除了归属于大学生思想政治教育这一复杂巨系统，它还是相关子系统的组成部分。要素功能的灵活、有效发挥，除了要符合复杂巨系统的总体要求外，还要符合其所在子系统的具体要求。因此，大学生思想政治教育集成模式构建，在遵循统筹兼顾总体要求的同时，也要着眼于单元集成、过程集成的需要和特征，解决好同一层次、一定时序要素的有效集成和功效发挥问题。

（三）效能提升与规模适度相统一

大学生思想政治教育重在实效。而实效问题的根本在于效能，也就是大学生思想政治教育实际效果和成本投入如何有机统一的问题。提升大学生思想政治教育效能，不仅要提升大学生思想政治教育的实际育人效果，还要提升大学生思想政治教育的资源利用效率。因此，构建大学生思想政治教育集成模式也要符合这一目标要求，不仅要以实现集成效应为指向，同时也要注重集成方式的科学性。具体来说，就是要大学生思想政治教育集成模式的效能实现与规模大小紧密结合起来，根据集成目标要求合理确定大学生思想政治教育集成对象的集成密度与维度，确立满足集成目标需要、符合集成体性质特点、体现集成效应的集成关系。

根据系统效能的实现原理，效能实现程度与实际效果成正比，与成本投入成反比。在成本确定的情况下，效果越好，则效能越高；在效果确定的情况下，成本越低，则效能越高；在效能确定的情况下，要追求更大效果，则需投入更多成本。在大学生思想政治教育集成模式的构建过程中，选择不同程度的集成规模，意味着将调动不同集成单元总量（规模）与类别的指标。决定了育人成本投入的高低，对大学生思想政治教育集成模式效能的实现具有重要意义。因此，在构建大学生思想政治教育集成模式时，我们应首先要明确将实现哪一层次的集成目标，再根据这一目标来考虑，在拟构建的集成关系中，需纳入多少集成对象，形成怎样的集成密度，以及需纳入多少（种类）异类集成对象，形成怎样的集成维度。

只有集成目标与集成规模相匹配时，大学生思想政治教育的效能才能得以提升。当我们需要解决的问题属于全局性（巨系统）的思想政治教育及其管理问题时，要实现较高层次的集成目标时，需要选择大规模集成或中规模集成；当我们需要解决的是局部性（子系统）的思想政治教育及其管理问题时，需要选择小规模集成或中规模集成。若对集成目标定位不准，则将导致集成规模选择错位，影响大学生思想政治教育集成效应的生成。如，对于如何解决好大学生思想政治教育实践育人问题，需要形成包含高校、地方党政部门和有关社会组织等主体的大规模集成，而只局限高校这一主体形成的小规模集成是无法实现这一集成目标的，自然也就无法实现其集成效应；而对于个别大学生一般性的心理问题的辅导，则只需以辅导员为主，以相关学院和部门为辅，形成小规模集成即可解决，如再调动更大范围人力、物力、财力资源，采用中规模集成或大规模集成来解决，则可能人为地造成事态升级和资源浪费，从时效性方面来看，也未必能取得更好效果。可见，集成规模并非越大越好。

三、集成模式的构建

大学生思想政治教育集成模式构建是一个理论创新问题，也是一个复杂的实践问题。大学生思想政治教育集成模式构建与大学生思想政治教育集成的行为方式、组织方式、规模密切相关，是在后三者的相互作用和动态联系中形成的。在实践中，每一种大学生思想政治教育集成模式的形成，都不仅仅是某一维度层次要素相互作用的结果，而是多维度多方面不同要素共同作用形成的，是在综合考量主体需要的层次性、集成对象的复杂性以及集成体的可变性等基础上进行构建的。

（一）主体需要定位

大学生思想政治教育集成模式构建归根到底是集成主体的价值行为，是满足特定主体对思想政治教育效能提升之需要的，具有主体性、价值性等特点。而大学生思想政治教育相关主体需求是多样化、多层次性的，这也决定了育人集成目标与集成方式的多层次性。因此，构建科学的大学生思想政治教育集成模式，首先要对大学生思想政治教育主体需求进行分析与定位，明确大学生思想政治教育集成模式构建要满足何种主体以及主体的何种需求，需要达到何种状态目标。在大学生思想政治教育活动中，主体需要既包括不同类型、层次主体的需求，也包括特定主体的不同方面、不同层次的需求。当然，在理想的大学生思想政治教育集成模式中，不同主体的需求以及特定主体的不同需求是可以通过互补、竞争、集成实现有机统一的。

首先，从教育及管理者的需求来看，大学生思想政治教育集成的主体需要包括党和国家的需要、高校需要、基层需要以及教育和管理者个体需要。党和国家的需要是指更有效地从宏观、全局视角巩固马克思主义的指导地位、巩固全国人民共同奋斗的思想基础，培育中国特色社会主义的建设者和接班人。高校需要是指更有效地抓好马克思主义理论教育，坚持不懈培育和弘扬社会主义核心价值观。基层需要是指高校思想政治教育相关部门、单位更有效地贯彻落实党和国家、学校关于思想政治教育的政策、方针和工作部署，不断推进育人机制方法创新，提升育人实效。个体需要是指教育者和管理者在教育活动的有效达成，即教育和管理对象自觉认同所传输内容。

其次，从教育和管理对象的视角来看，大学生思想政治教育的主体需要包括大学生整体性需求和个体性需求。整体性需求指大学生整体更有效地实现共同进步，如全校大学生对于良好校风学风的需求，全班学生对于良好班风的需求等。个体性需求是指大学生个体更有效地实现思想提升，如大学生对于提升自身政治素质的需求、对于提升自身精神境界的需求等。

以上两类主体需求根据其牵涉的范围和要素情况，又可分为系统性需求和局部性需求。如，对于教育及管理者而言，存在着诸如优化顶层设计这样的系统性需求，也存在着创新课堂教学方法这样的局部性需求；对于教育及管理对象而言，存在着诸如思想道德素质全面提升这样的系统性需求，也存在着网络素养培养这样的局部性需求。总之，无论是不同主体的需求还是特定主体的不同需求，均具有其内在的层次结构，并存在从低到高的序列关系。主体需求涉及的范围越广，牵涉的内容越多，所需集成对象的类型与数量也就越多，其集成方式及集成模式也必然更加复杂，所形成的集成体及其功效也将呈现出不同性质或特点。因此，在构建大学生思想政治集成模式的过程中，对相关需求进行深入分析与合理定位是首当其冲的前提工作。

（二）集成对象分析

大学生思想政治教育集成模式是在主体需求驱动和集成对象组织过程中形成的。大学生思想政治教育集成对象是指大学生思想政治教育集成模式构建需要纳入的要素和资源，包括在一定时空范围内以一定组织方式与结构存在的对象，也包括按照主体需要和集成目标要求拟构建组织方式与结构中需要增加或创造的对象。构建大学生思想政治教育集成模式，需要从这两个方面进行系统、深入分析，由此我们才能更好地把握大学生思想政治教育集成对象的现实情况、发展目标，以及需要重点解决的关键问题，从而为集成行为方式、组织方式和规模的选择与确定提供充分依据。

首先，分析大学生思想政治教育集成对象的现实情况。大学生思想政治教育主体需求和集成目标一旦确定，就进入要素集成环节。有别于一般的系统论方法，集成模式构建主要致力于以要素聚合重组来实现功能倍增和涌现的目标。因此，对大学生思想政治教育既有的各种要素资源的利用情况进行清查梳理，是一项重要的基础工作。分析内容包括：1. 集成目标实现所牵涉要素资源的数量和种类情况；2. 既有要素资源功能发挥情况；3. 尚未充分发挥功能的要素资源情况。

其次，分析大学生思想政治教育集成对象的发展目标。构建大学生思想政治教育集成模式是在主体追求效益最大化的行为举措，其目标具有预设性、理想性、创造性等特点，其实现途径除了充分激活既有要素资源的效能外，还需根据主体需求和集成目标的发展、集成环境和主要矛盾的变迁，与时俱进、开拓创新，不断吸纳、转化和创造一些必要的新要素、新对象，从而更好地构建预期的新集成体。因此，对大学生思想政治教育集成对象的分析还要立足未来时态进行充分展望。分析内容包括：1. 大学生思想政治教育预设集成体的层次结构和功能结构；2. 形成新集成体所需要的要素资源；3. 当前缺失的要素资源及其培育途径。

根据大学生思想政治教育集成对象的现实情况和发展目标，我们可以总结出既有要素资源的利用情况、存在的不足以及需要重点解决的问题。在此基础上，更好地确定大学生思想政治教育集成的行为方式、组织方式和规模，从而合理构建大学生思想政治教育集成模式，形成理想的或创新的大学生思想政治教育集成体。

（三）集成模式生成

当大学生思想政治教育集成的主体需求得以确定，集成对象现状和目标情况得以厘清，如何选择和生成恰当的集成模式也就水到渠成了。根据大学生思想政治教育集成模式的分析框架可知，育人集成模式既可从集成的行为方式、组织方式和规模等维度进行构建，每一维度都包含了多种集成模式，而在具体实践中，每一集成体的性能以及集成关系的形成，都不仅仅是某一方面的单一模式作用的结果，而是多方面不同模式共同作用的结果。因此，我们所需要构建的大学生思想政治教育集成模式，更应是在对各个维度集成模式进行综合考量、合理选择的基础上形成的。根据大学生思想政治教育集成模式构建原则，总体来看，基于集成目标的层次性、集成要素的复杂性以及集成体性质、功能的可变性，大学生思想政治教育集成模式的选择与构建应始终遵循从一维到多维、从简单到复杂的演进规律和实践路线。

在图 5-1 中，大学生思想政治教育集成模式包含的行为方式、组织方式、规模等三个分析维度均蕴含不同层级的具体模式，各个维度具体模式的交互影响、共同作用将创造出新的集成模式和集成体。三个维度是紧密联系、相互作用、辩证统一的，不同维度和层级的组合构成不同的集成方式，也必然体现为不同的实效，适用于不同主体需求的满足和不同集成目标的实现。这一新集成模式和集成体的集成强度、组织方式与结构复杂程度、集成密度和集成维度与各具体模式的等级相匹配，同样呈现从低到高的递增性。为便于更好地理解和把握，我们可将这些重组聚合后的集成模式分为初级集成模式、中级集成模式和高级集成模式。

第一，初级集成模式生成。在大学生思想政治教育集成模式分析框架中，当各具体模式均处于第一等级，即集成行为方式为互补匹配模式、集成组织方式为单元集成模式、集成规模为小规模集成时，所生成的大学生思想政治教育集成模式为初级集成模式。其特点是对象集成强度、组织方式与结构、集成密度与集成维度都处于较低等级，适用于大学思想政治教育子系统的要素集成，小规模主体及其局部性需求的满足，主要解决既有要素的充分激活问题，对要素创新的要求不高。

第二，中级集成模式生成。在各具体模式的组合过程中，当所选择具体模式不同时处于最低或最高等级时，所生成的大学生思想政治教育集成模式为中级集成模式。其特点是对象集成强度、组织方式与结构、集成密度与集成维度总体上处于介于最低和最高等级之间，适用于大学思想政治教育多个子系统的要素集成，中规模主体及其局部性或全局性需求的满足，不但解决既有要素的充分激活问题，也寻求必要的要素或资源创新。

第三，高级集成模式生成。当各具体模式均处于最高等级，即集成行为方式为协同和谐模式、集成组织方式为网络集成模式、集成规模为大规模集成时，所生成的大学生思想政治教育集成模式为高级集成模式。其特点是对象集成强度、组织方式与结构、集成密度与集成维度都处于最高等级，适用于大学思想政治教育巨系统的要素集成，大规模主体及其全局需求的满足，对要素创新具有较高要求。

第四节　大学生思想政治教育集成模式的有效运用

实践是检验真理的唯一标准。大学生思想政治教育集成模式是否真正科学有效，最终要在实践应用中进行检验。大学生思想政治教育集成模式分析框架不仅是一种理论创新框架，还是一种问题分析框架。该框架所蕴含的模式交互原理，可以帮助我们深刻理解和科学构建各种类型、层次、等级的大学生思想政治教育集成模式，准确揭示与生动呈现大学生思想政治教育集成体的内在结构、生成机理和理想状态。当前大学生思想政治教育实效性问题主要体现为效能提升与要素资源集成不够的矛盾。集成模式中的集成行为方式、集成组织方式和集成规模等三个维度，不仅是我们认识这些模式及其互动关系的理论依据，同时也是分析大学生思想政治教育实效性影响因素和应对策略的重要视角。大学生思想政治教育集成模式运用也可从这三个方面着手，结合影响大学生思想政治教育实效性的主要因素，选择恰当分析视角的实施路线，实现主体需求与应对方式的科学匹配，最终实现集成目标与集成模式的有机统一，从而形成行之有效的模式运用策略。

一、行为方式选择与集成模式运用

集成的行为方式不当，是制约育人效能提升的重要原因。大学生思想政治教育集成对象之间的关系是复杂多样的，既有互补匹配的关系，也有竞争激励的关系，还有协同和谐的关系，不同要素资源按照自身特性各安其所、各司其职，才能实现有序集成、有机统一。但在实践中，普遍存在着对大学生思想政治教育集成对象的特性认识不清、对其功能定位不准的问题，导致了集成方式的错位现象，造成集成目标与集成强度失衡的问题。对此，应选择恰当的集成模式予以应对。

（一）互补匹配模式运用

在大学思想政治教育系统中，大量要素资源相互之间都具有互补性关系，由此形成了很多互补匹配的集成模式，但也存在着对育人工作互补性要素资源的有效集成不够的问题，造成资源闲置现象，如，大量中国传统文化中的宝贵资源没有得到充分挖掘和运用以及与社会主义核心价值观教育有机融合起来，从而更好地形成价值教育的中国风格、中国气派；此外，还存在着要素资源过度聚集的问题，远远超出相应层次集成目标的实际需要，造成资源浪费现象，如对于学院日常性学风管理工作，按照管理重心下移的原则，由学院教学和学生工作部门牵头完成即可，校级教学和学工部门实行目标管理即可，但也存在着校级管理部门过度集权的现象，造成程序繁冗、效率低下的问题。这些问题都制约了大学生思想政治教育集成效应的实现。

　　对此，我们应牢固树立系统思想，按照从"整体——局部——整体"的思路，对大学生思想政治教育这一复杂巨系统所包含的各个层级的子系统进行全面解析，对大学生思想政治教育各集成对象的功能或结构的优势和劣势进行深入分析，在不同层次集成目标的引导下，将具有鲜明互补性的要素资源结合起来，使不同集成对象的优势和劣势之间形成匹配，从而弥补各自缺陷，实现优势互补，形成有效的集成模式。这一方式主要适用于相同层次子系统的互补匹配，如课堂教学与日常管理的互补匹配、教学与管理部门的互补匹配，等等，同时也适用于同一子系统中不同功能结构的要素整合，如主体的互补匹配、内容的互补匹配、方法的互补匹配，等等。

（二）竞争激励模式运用

　　大学生思想政治教育中的不同子系统，由于结构功能不同，有其各自具体目标，但总体上都是围绕集成目标服务的。按照集成管理的基本原理，这些集成对象之间具有竞争激励的关系，在总体目标一致的情况下，形成相互激励、相互促进的平台和机制，引导大学生思想政治教育相关部门、单位和人员不断促进自身优化，发挥最大潜能，能够更好地实现其具体目标，进而更好地实现集成目标。在实践中，我们已经总结形成了一系列有益的经验做法，但也存在着功利主义的恶性竞争和不同主体各自为阵的孤岛现象，阻碍了大学生思想政治教育效能的提升。

　　对此，我们应牢固树立科学的发展观和正确的绩效观，准确把握不同子系统关于育人实践的具体目标，形成良性竞争的氛围和机制，使相关主体在竞争比较中激发出新的活力，同时又要以集成目标进行总体调控、宏观统筹和科学评价，避免走向恶性竞争的误区。这一方式主要适用于具有共同集成目标的子系统之间的竞争激励，如高校"三全育人"优秀典型评选、全校性大学生思想政治教育优秀工作者评选，也适用于具有相似结构功能的子系统之间的竞争激励，如思想理论课教学能手大赛、辅导员职业能力大赛，等等。

（三）协同和谐模式运用

大学生思想政治教育集成体功能实现受制于其结构状况。一般来说，大学生思想政治教育的结构越复杂，牵涉要素越多，则集成体的整体功能越强大，其集成目标的层次也越高。但其前提是该结构是一个有机结构，即结构内要素资源之间是相互交融、浑然一体的集成关系，否则该集成体也是空有其名、徒有其表，无法取得应有实效。这就要求在谋求大学生思想政治教育复杂结构的整体功能最大化时，必须构建有效的协同和谐模式，使各种集成对象真正实现协同一致。但在实践中，往往是"一切旧有秩序尚未稳定，新的要素又发展起来了"，特别是在社会转型时期，大学生思想政治教育集成环境的重大变化，以及各种集成要素的快速涌现，在不断地给既有结构造成冲击，为大学生思想政治教育集成体的创新和功能实现提出了许多新的课题。

逆水行舟，不进则退。结构形式化、固化将导致效能弱化，甚至造成系统崩溃。如果大学生思想政治教育出现系统性功能弱化现象，则意味着既有集成体的结构功能已经无法完全满足新环境下相关主体的新需要，这就需要我们建立动态、有效的大学生思想政治教育协同和谐模式，不断地反思和优化大学生思想政治教育的结构和功能，有效激活既有资源的潜在效能，充分吸纳各种新兴要素，大胆改进和创造大学生思想政治教育的集成平台、集成机制，使各集成对象同声共奏，共同演绎高校育人的和谐乐章。这一方式主要适用于大学生思想政治教育及管理的全面深化改革，如思想理论课教学改革计划、大学生思想政治教育质量提升工程的部署实施等，也适用于大学生思想政治教育的重大集成创新，如大学生思想政治教育网上网下联动机制、大学生新媒体联盟的创建等。

二、组织方式选择与集成模式运用

集成的组织方式不当，是制约育人效能提升的另一重要原因。大学生思想政治教育集成对象之间在一定时空范围内的组织方式与结构是有其内在秩序和层次性的，通过单元集成、过程集成、系统集成、网络集成等不同组织方式，服务于不同的集成目标和集成体构建。但在大学生思想政治教育实践中，存在不少结构失序、功能失灵的问题。对此，应选择恰当的集成模式予以应对。

（一）单元集成模式运用

大学生思想政治教育单元集成作为一种最基本、最简单的集成组织方式，最为我们熟知。这也是大学生思想政治教育集成模式最基础、最稳定的组成部分。大学生思想政治教育集成单元总是相对于一定的集成体而言的。一般而言，我们把大学生思想政治教育的目标、内容、方法、教育者和教育对象等要素视作大学生思想政治教育的基本集成单元。当然，这些集成单元还可以进一步细分为更小的集成单元。我国形成了系统化、协同化的思想政治理论课教育模式和日常思想政治教育模式。但在实践中，也存在着集成对象之间联系松散的问题，以及对新兴要素单元集成不够的问题，需要进一步做细做实这些基础性的单元集成工作，真正将同一层次的相同或不同的集成对象有效整合起来。

一是要加强思想政治理论课教学单元集成。在思政课教学工作中，存在着育人目标要求不高、内容安排不合理、方式方法单一等问题，归结到一点即单元集成度不高。加强思政课教学单元集成，在目标设定上，要进一步明晰教学任务和具体目标，加强知识、能力、素质的有机融合，着眼于提升大学生运用马克思主义理论分析解决复杂性问题的高级思维与综合能力，使学生做到学思用贯通、知信行统一；在内容安排上，要坚持政治性与学理性相统一、知识性与价值性相统一、建设性与批判性相统一、理论性与实践性相统一，做到破立并举、守正创新；在方法运用上，要坚持统一性与多样性相统一、灌输性与启发性相统一、显性教育与隐性教育相统一。

二是要加强日常思想政治教育单元集成。在日常思想政治教育中同样存在单元集成度不高的问题。比如，主要依靠辅导员队伍，教育力量相对单薄；教育内容偏重日常管理和行为养成教育，在政治引领、价值引领方面的深度教育不够，内容结构不合理；对校园文化等教育资源的挖掘不够，教育资源相对匮乏。加强日常思想政治教育单元集成，在教育主体上，要进一步强化"全员育人"，充分调动党员干部、专任教师和相关管理服务人员的育人责任感和工作积极性，构建高校育人共同体；在内容结构方面，要进一步强化政治教育，突出价值引领，加强理想信念教育，坚持不懈用习近平新时代中国特色社会主义思想铸魂育人，使辅导员等日常思想政治教育工作者真正履行好大学生"人生导师"的职责；学校要高瞻远瞩、全面规划，充分发掘各个部门、各类课程、各项工作和各方面资源的思想政治教育元素与功能，将大学校园建设成为立德树人、铸魂育人的有机整体。

（二）过程集成模式运用

大学生思想政治教育过程集成是较为常见的集成组织方式，包括教学过程集成和管理过程集成两个方面。近年来，党和国家大力推进"全过程育人"，加强思想政治教育全过程管理，分学段、循序渐进、螺旋上升地开展思想政治教育工作，着力构建大中小学思政课教学一体化格局，推动思想政治教育过程集成取得良好效果。但同时也存在着集成对象时空错位，秩序混乱等问题。要按照教书育人规律、思想政治教育规律和学生成长规律，根据不同过程规律和任务，将相关集成对象按照一定的时序关系进行组织，通过过程的协调、重组和集成，消除阻碍因素，优化过程结构，提升整体效能。

一是要加强思想政治教育教学过程集成。习近平强调，新时代新形势下，改革开放和社会主义现代化建设、促进人的全面发展和社会全面进步对教育和学习提出了新的更高的要求。加强大学生思想政治教育过程集成，首先要将教育过程与学习过程有机结合起来，做到教学互动、教学相长；其次要将教化过程与内化过程有机结合起来，真正使大学生对教育内容内化于心、外化于行，做到真学真懂真信真用；最后，要将育人工作的各阶段、各环节有机结合起来，形成思想政治教育"全过程育人"、一体化格局，使大中小学一体化更加科学，使"课前"、"课中"、"课后"教学设计更加合理。

二是要加强思想政治教育管理过程集成。大学生思想政治教育管理过程，按照过程管理中常用的"戴明环"（PDCA循环法），可将其分为规划阶段（Plan）、实施阶段（Do）、检查阶段（Check）、改进阶段（Action）等四个基本阶段。这四个阶段循环往复，迭替运行，是一个紧密联系的有机整体。在大学生思想政治教育实践中，存在着过程管理缺位的现象，导致育人流程不畅甚至循环中断，阻碍着育人工作的可持续发展及其总体效应和总体效果的实现。要牢固树立集成理念，大力推进"全过程管理"和"全面质量管理"，进一步优化大学生思想政治教育总体规划，认真落实规划、实施、检查、改进各阶段任务。

（三）系统集成模式运用

大学生思想政治教育系统集成涉及不同层次的同类或异类功能整体（子系统），需要按照一定的层次结构和功能结构进行整合，使各集成对象（功能整体、子系统）之间相互推动、相互激励，在各个集成对象自身优化的基础上，形成一个相互交融、浑然一体并具有多种功能属性的整体组织①，是解决大学生思想政治教育复杂系统及有关复杂问题的重要方式。在实践中，存在着系统性不明显、层次性不清晰等问题，需要运用系统集成的方式进一步整合增效。

按照一般认知规律，在思想政治教育过程中，人们总是习惯于在相同层次范围内寻求和利用相关资源要素，但这对于解决好复杂性的思想政治教育问题显然是不够的。在世界多极化、经济全球化、社会信息化、文化多样化深入发展，各种思想文化交流、交融、交锋更加频繁的境遇下，思想政治教育面临着更加复杂的形势和艰巨的任务，需要克服线性思维，加强集成创

---

① 参见黄杰：《信息管理集成论》，经济管理出版社2006年版，第35页。

新，将系统不同层次、不同类型的要素充分发掘，进行有效联动，使之形成新的育人集成体，发挥效应倍增功能。比如，要将高校思想政治教育的管理层、执行层有机结合起来，构建包括学校党政决策者和决策机构、学院领导层、一线思想政治教育者构成的思想政治教育共同体；要将"十大"育人体系的不同主体有机结合起来，将马克思主义学院、团学工作部门、相关职能部门和服务机构有机结合起来；要将显性的思想政治教育资源和隐性思想政治教育资源有机结合起来。

（四）网络集成模式运用

大学生思想政治教育网络集成是在开放环境和动态合作过程中形成的，涉及多个行为主体，是最为复杂和高级的要素集成方式，同时也是难度最大、效能最强的集成方式，也最难把握和操作。在全面深化改革开放、大力推进高校"双一流"建设的背景下，该模式无疑是大学生思想政治教育内涵式发展实现质的飞跃的重要途径。

具体来说，就是要坚持将中国立场和世界眼光有机结合，将系统优化与系统创新有机结合，着眼于加强大学生思想政治教育系统内外的资源要素交流，以更加开放的视野提升育人工作的集成水平与实效。比如，要善于吸收、借鉴运用人类优秀文明成果，服务于我国的以文化人、以文育人，要善于将思想政治教育传统优势与新媒体新技术结合起来，不断促进思想政治教育方法技术创新，进一步推动思想政治教育过程、系统、职能创新，使思想政治教育不断适应新时代新形势新要求，做到与时俱进、永葆活力。

三、规模大小选择与集成模式运用

集成的规模选择不当，是制约育人效能提升的第三个重要原因。大学生思想政治教育的集成规模主要表现为集成对象的种类和数量，亦即集成维度与集成密度。选择何种规模的集成模式，关系到大学生思想政治教育集成效应的发挥。一般来说，集成规模要与集成目标相适应，与集成要素相匹配。但在实践中，存在着规模过大或规模过小的问题。对此，应选择恰当的集成模式予以应对。

（一）小规模集成模式运用

规模意味着成本。能用小规模集成解决的问题，就不需要启动更大规模集成方式。育人的规模过大，超出主体需求范围和集成目标设定，则势必造成资源浪费，降低育人的总体效能。在实践中，存在不少这样的现象，如，关于新生入学教育工作，应以学院为主，校级管理部门为辅，着重立足于学院层面打造好形式多样、效果明显的教育引导模式，校级管理部门介入后，集成对象的种类、数量及成本相应增加，效能却不一定增强，相较于学院主导的灵活多样的中等规模的集成方式，大规模集成在效果方面也未必能高其一筹。对此，我们应始终牢固树立成本意识，结合集成目标、集成要素情况，选择合理的集成规模开展好大学生思想政治教育。

（二）大规模集成模式运用

规模也规制着效能。一定的集成效能总是以一定的集成规模为支撑的。育人集成的规模过小，则可能满足不了特定主体需求和集成目标设定，使育人工作的集成效应成为空中楼阁。在实践中，存在着一些这样的现象，如，有的高校宣传部门开展社会主义核心价值观教育，未与马克思主义学院、学生工作部门等重要单位进行深入合作，也未与大学生自媒体平台形成有效联动，最终使宣传教育效果大打折扣。可见，提升大学生思想政治教育效能不能一味地控制成本，而是要量体裁衣，根据集成目标要求选择合适的集成规模，纳入相匹配的集成对象种类和数量，形成合适的集成维度和集成密度。

（三）中规模集成模式运用

小规模和大规模都是相对的，是与一定的集成体、集成过程及其集成目标相匹配和相适应的，集成体要素体量大、目标要求高，一般其规模也就大，反之亦然。从集成效应的视角来看，规模大不一定效应就高，规模小也并不意味着效应就低，而是要根据集成效应的生成原理来具体确定。当然，这是一个十分复杂的计量评估过程，操作起来难度很大。因此，在预判所需集成规模的时候，可运用定性和定量分析相结合的方法，按照中等规模集成进行设计，在实际推进的过程中逐步调整，根据需要加大或减小规模，不断减小估算误差，直至形成效益最高的集成规模。

| 第六章 |

集成评价：提升大学生思想政治教育
实效性的科学路径（三）

评价是育人工作的基本环节，也是提升育人实效性的重要途径。一般认为，"集成永远是正效果而系统有正有负。"① 我们对大学生思想政治教育集成和系统的理解同样如此，认为思想政治教育集成必然产生"1+1>2"的效果，而思想政治教育系统则可能存在高效或低效状态，但对于这一集成效应等级应该如何划分？其形成与集成过程之间存在怎样的函数关系？同样是值得深入探讨和揭示的问题，这对于我们更加精准地把握大学生思想政治教育集成效应现状及其关键影响因素，更加有针对性地改进工作、提升大学生思想政治教育实效性具有重要现实意义。

第一节　大学生思想政治教育
集成评价的基本模型

集成过程虽然一般都会导致集成效应，但集成度不同其集成效应高低也

---

① 李宝山、刘志伟：《集成管理——高科技时代的管理创新》，中国人民大学出版社1998年版，第46页。

是不同的，构建一个科学的评价模型，科学、快捷地对此作出评估显得十分必要。当要素集成为一个新系统或集成体时，各要素之间相互关联、相互影响、相互依存推动，其关联强度即集成度。[①] 集成效应反映了集成体或者说集成管理行为的有效性。但从集成体内部来看，其特征和性质的综合情况则体现在集成度上。对要素集成过程的充分关注和分析，有利于形成有效的集成体；而对于集成度的关注和利用，则会促进集成效应的充分发挥。这些都是决定集成行为是否成功的重要因素。从要素集成过程、集成效应两个维度出发，以集成度为核心依据，我们可以构建一个大学生思想政治教育集成评价的基本模型（见图6-1），用以分析评价大学生思想政治教育集成及其效应实现程度。

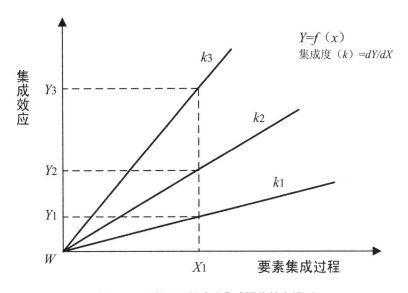

图6-1　大学生思想政治集成评价基本模型

在上图中，X 代表要素集成过程，Y 代表集成效应，k 代表集成度（斜率），w 代表集成前的总效应。从上图可以看出，大学生思想政治教育集成

---

① 参见李宝山、刘志伟：《集成管理——高科技时代的管理创新》，中国人民大学出版社1998年版，第39页。

效应与要素集成过程具有如下函数关系：

$Y=f(x)$。

一、横向维度：大学生思想政治教育要素集成过程

要素集成过程是通过多种多样的集成要素之间各种不同的相互作用实现的。集成要素和相互作用具有多样性，因此会存在不同类型和多种形式的集成过程，它们具有各自的特点；集成过程中会形成不同层次和不同特性的模块和网络，最后产生集成体。不同类型和多种形式的集成过程，形成千差万别的集成体。① 大学生思想政治教育集成要素包含集成单元、集成模式、集成管理、集成条件等方面，这些要素的集成过程是该评价模型的重要维度。对大学生思想政治教育集成进行评价，既可以对要素集成的总体过程进行综合性评价，也可以聚焦于某一方面或环节的要素集成过程进行微观分析，后者是前者的基础。我们可主要对以下几个过程或方面进行测评。

（一）集成单元：要素集成过程的基础

大学生思想政治教育集成单元是指构成其集成体或集成关系的基本单位集成要素，是形成大学生思想政治教育集成体及其集成过程的基本物质条件。② 对相关集成单元的数量、类别、规模、质量等进行评价，是评价特定要素集成过程的前提性和基础性工作。当然，集成单元总是针对于特定的集成体、集成关系及其集成过程而言的。从宏观集成体视角来看，大学生思想政治教育基本集成单元包括教育者、教育对象、教育内容、教育方法等，对于这一集成体，要根据"三全育人"的要求，将全员、全过程、全方位的要素均纳入其集成过程进行考察。当然，这些集成单元，在必要的情况下还

---

① 参见唐孝威：《一般集成论研究（第一辑）》，浙江大学出版社 2013 年版，第 3—4 页。

② 参见李必强：《管理探求》，武汉理工大学出版社 2006 年版，第 155 页。

可以进一步细分为更小的集成单元，属于微观集成体问题。比如，实践育人共同体这一集成单元，涉及高校管理者和教育者、地方党政部门和相关机构、社会组织和大学生等，要以其构成主体类型是否多元化、是否具有协同性为评价标准。可见，对集成单元进行评价，必须是对具体集成体或集成过程的要素进行评价，要以该集成体或集成过程的要素集成目标为依据，衡量该集成单元是否符合要求。

（二）集成模式：要素集成过程的实现

大学生思想政治教育集成模式是由大学生思想政治教育集成行为方式、组织方式、集成规模构成的三维有机系统，是构建新的集成体的基本要素，也是大学生思想政治教育要素集成的核心过程。大学生思想政治教育集成模式是否真正科学有效，最终要在实践应用中进行检验。大学生思想政治教育集成模式分析框架不仅是一种理论创新框架，还是一种问题分析框架。该框架所蕴含的模式交互原理，可以帮助我们深刻理解和科学构建各种类型、层次、等级的育人工作集成模式，准确揭示与生动呈现育人工作集成体的内在结构、生成机理和理想状态。该框架所提供的集成的行为方式、集成的组织方式和集成的规模等三个维度，则不仅是我们认识这些模式及其互动关系的理论依据，同时也为影响育人效能发挥的成因分析和应对策略提供了重要视角和实践依据。对以实现集成效应为指向的大学生思想政治教育集成模式进行评价，依据集成模式的分析维度，从集成的行为方式、集成的组织方式、集成的规模等三个方面着手。首先，评估大学生思想政治教育集成行为方式是否恰当，考察集成体各集成单元之间是否实现了良性互补或相互激励或相互交融。其次，评估大学生思想政治教育集成组织方式是否恰当，考察对单元集成、过程集成、系统集成、网络集成方式的运用是否合理、到位。再次，评估大学生思想政治教育集成规模是否恰当，考察集成对象的种类和数量亦即集成密度与维度情况如何。

（三）集成管理：要素集成过程的管理

大学生思想政治教育集成管理是按照一定集成模式方法，对管理活动、管理要素或管理对象进行整合，通过创新综合运用各种方法、手段、工具，使各管理要素、功能优势互补、匹配协同，从而提升各管理要素交融度和整体功能效应的过程，是要素集成过程的重要组成部分。这一过程以集成理论为指导思想，以集成机制为行为核心，以集成手段为方式基础，与传统的育人管理具有重大区别。要着重考察大学生思想政治教育集成管理要素构成、理念运用、方法发展等方面的情况。比如，对于高校思想政治教育协同创新中心的管理，要考察管理主体及其职责分工是否明确，考察其管理对象包括教育队伍和对象、教育内容和方法以及相关人财物条件是否完善，考察其管理目标包括长远目标和短期目标是否明晰，考察期管理方法包括超前策划、共赢集成、流程重组等方法是否有效运用，等等。

（四）集成条件：要素集成过程的支撑

大学生思想政治教育集成体的科学构建、要素集成过程的有序推进及其创新发展，离不开相关条件的支持与保障。集成条件也影响着该集成体集成效应的顺利实现。这些集成条件包括基本条件、基础条件、必要条件、选择条件、要素条件等。当然，这些条件之间的功能地位并不是一成不变的，是根据集成体的构建目标变化而变化的。某一条件对于某一特定的集成体或集成过程而言可能是基础条件，但对于另一集成体或集成过程来说则可能是要素条件。当然，一旦成为要素条件，则成为了集成体集成单元的一部分，适用于"集成单元"分析。可见，对于大学生思想政治教育集成条件的分析，是比较复杂的，需要我们充分运用系统论、过程论的基本方法仔细辨别、深入比较，及时发现问题和改进工作，为优化大学生思想政治教育集成过程提供有效对策，夯实坚实基础，打造良好环境条件。

二、纵向维度：大学生思想政治教育集成效应

大学生思想政治教育集成效应是特定大学生思想政治教育集成过程的输出结果，是大学生思想政治教育集成目标的实现程度，表现为整体效应、协同效应、涌现效应等三个方面，这三个方面又与要素集成过程中的集成维度、集成密度、集成强度和集成速度密切相关（见图6-2）。可见，集成效应的整体效应、协同效应、涌现效应与集成维度、集成密度、集成强度和集成速度之间存在高度契合性。

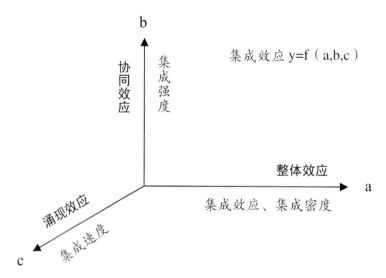

图6-2 大学生思想政治集成效应的形成过程

上图中，y 代表集成效应，a 表示整体效应，b 表示协同效应，c 表示涌现效应。大学生思想政治教育集成效应（y）与其整体效应（a）、协同效应（b）、倍增效应（c）成正比，其数学表达式为：y＝f（a，b，c）（假定 a、b、c 不等于 0 且互不相关[①]），同时也与要素集成维度、集成密度、集成强

①　整体效应、协同效应、倍增效应这三个变量之间是存在内在关联的，且同时对集成效应产生影响。在本模型中，为了研究方便，我们暂且假定这些变量之间互不相关，不存在内生性。

度和集成速度存在着内在关联。对 a、b、c 赋值后可得出相应结果，代表不同程度的集成效应。

（一）整体效应：与要素集成维度、集成密度相关

大学生思想政治教育整体效应主要围绕某一特定集成目标实现这一问题，考察所涉及全部投入的资源要素类型与数量（规模）、质量及其总体效应情况，与要素集成维度、集成密度密切相关。这是我们把握集成效应的总体视角和基本方法。在具体评价过程中，我们可进一步聚焦输出结果表现方式，参照第一章第三节对大学生思想政治教育集成目标"三结合"的界定，运用可观测、可量化、可比较的方法对大学生思想政治教育集成效应进行评价。大学生思想政治教育整体效应，总体而言，体现为用习近平新时代中国特色社会主义思想铸魂育人取得的总体成效，亦即培养担当民族复兴大任的时代新人、德智体美劳全面发展的社会主义建设者和接班人取得的总体成效。具体而言包括根本目标与具体目标、社会目标与个体目标、短期目标与长远目标的有机结合与有效实现程度。

1. 根本目标与具体目标的有机结合与有效实现。"培养什么人、怎样培养人、为谁培养人"是大学生思想政治教育要解决好的根本问题，也是思想政治教育集成的根本目标以及具体目标的主要依据。其中，"培养什么人"是对大学生思想政治教育育人目标的规定，对其进行评价就是对"德才兼备、全面发展的社会主义合格建设者和可靠接班人"这一育人目标实现程度（也即效果）进行综合评价；"怎样培养人"是对大学生思想政治教育过程即工作目标的规定，对其进行评价就是要对大学生思想政治教育内涵式发展过程、管理目标及其质量（也即效率）进行综合评价；"为谁培养人"是对大学生思想政治教育"四个服务"即"坚持教育为人民服务、为中国共产党治国理政服务、为巩固和发展中国特色社会主义制度服务、为改革开放和社会主义现代化建设服务"这一社会目标实现程度（也即效益）进行综合评价。当然，大学生思想政治教育的根本目标与具体目标是辩证统

一的，根本目标是具体目标的价值导向，具体目标是根本目标的具体体现。

2. 社会目标与个体目标的有机结合与有效实现。对大学生思想教育整体效应进行评价，既要全面考察大学生思想政治教育"四个服务"、培养"担当民族复兴大任的时代新人"、"社会主义建设者和接班人"等社会层面的目标实现程度，也要深入考察促进大学生"德智体美劳全面发展"，为青少年成长奠定科学的思想基础等个体层面的目标实现程度。大学生思想政治教育的社会目标和个体目标是有机统一的。社会目标的实现要以个体目标的实现为基础，个体目标的实现要以社会目标的实现为保障。

3. 短期目标与长远目标的有机结合与有效实现。中国特色社会主义建设是千秋万代的事业，大学生思想政治教育也是如此，肩负着培养一代又一代社会主义建设者和接班人的使命任务。习近平总书记指出，我们对时间的理解，是以百年计、以千年计的，体现出对社会主义事业发展高瞻远瞩的战略思维。评价大学生思想政治教育整体效应，既要立足当下考察其现实任务的完成情况，也要着眼长远考察其历史使命的完成情况，将大学生思想政治教育的短期目标和长期目标实现有机结合起来，循序渐进、螺旋上升地开展好大学生思想政治教育。

（二）协同效应：与要素集成强度相关

大学生思想政治教育集成协同效应主要聚焦集成要素之间的相互作用方式，考察大学生思想政治教育主体、资源与过程协同情况及其总体效应，与要素集成强度密切相关，是把握大学生思想政治教育集成效应的关键环节。评价大学生思想政治教育协同效应，主要从以下三个方面进行考察。

1. 育人主体的协同程度。大学生思想政治教育的育人主体既包括教育者个体也包括承担思想政治教育任务、具有思想政治教育功能的教育者组织和大学生组织，对其协同情况主要可从以下几个方面进行考察。第一，教育者的协同。教育者组织按照物理空间区域可划分为社会教育组织（校外教育组织）、校内教育组织。要对校内协同、校际协同、校企（行业）协同、校地（区域）协同、国际合作协同进行深入考察，对全员育人、全方位育人的"大思政"机制及"十大育人"体系的总体效应进行评估。第二，教育对象的协同。教育对象的组织化程度与其实效性呈正比例关系。要对高校各团委学生会、各学生党支部、各类大学生社团等部门（组织）的协同程度及其成效进行深入考察。三是教育者与教育对象的协同程度。在我国社会主义社会，教育者与教育对象的根本利益是一致的，思想政治教育集成效益的实现，有赖于教育者与教育对象的通力合作与有机互动，形成教学相长的有效机制。

2. 育人资源的协同程度。大学生思想政治教育资源除了主体外，还包括以各种形态呈现的思想政治教育内容及其载体，以及思想政治教育的环境与条件。要对这些资源的协同程度进行深入考察。具体包括：第一，思想政治理论课的资源协同。主要考察思政课程、课程思政内部资源协同及二者之间资源协同问题。比如，思政课程与课程思政是否同向同行？第二，日常思想政治教育的资源协同。主要考察辅导员思想政治教育、学院思想政治教育、学校思想政治教育各层级资源的共享与协同情况。第三，思想政治理论课与日常思想政治教育资源的协同。主要考察"十大育人"的统筹推进和协同发展情况。

3. 育人过程的协同程度。思想政治教育过程包括策划、实施、评价、改进等四个基本环节和阶段。大学生思想政治教育协同效应的实现，必须是全过程协同的结果。因此，要对大学生思想政治教育全过程协同程度进行深入考察。比如，大学生思想政治理论课教学是一个由"课前"、"课中"、"课后"等环节组成的有机系统，各环节相辅相成、密切关联、不可分割。要对每一个环节的实施质量和协同程度进行评价，这也是思政"金课"建设的内在要求。

（三）涌现效应：与要素集成速度相关

大学生思想政治教育涌现效应主要着眼于要素集成后与要素集成前所取

得的总体效应的综合比较，主要考察要素集成及新集成体构建所形成的新功能及其在单位时间内耗费的成本，与集成速度密切相关。评价大学生思想政治教育集成效应，要全面考察其效果提升、效率提高、效益增强程度。

1. 效果提升程度。思想政治教育效果主要反映教育目标的实现程度。对大学生思想政治教育效果提升情况进行考察，要着重考察构建新的集成体以后增强的功能及其实现情况。

2. 效率提高程度。思想政治教育效率主要反映育人工作产出与投入的时间及各项成本之间的比率关系。对大学生思想政治教育效率提升情况进行考察，要着重考察新集成体在资源优化配置方面取得的新成果，考察育人资源的利用程度是否提高，育人的时间成本和物力成本的投入是否降低，相对成本条件下产出是否增加等。

3. 效益加强程度。思想政治教育效益主要反映思想政治教育是社会目标实现程度。对大学生思想政治教育效益提升情况进行考察，要立足于长远目标，从经济效益、政治效益和文化效益等方面进行综合考量，分析大学生思想政治教育在"四个服务"方面取得的新成就新效果。

三、核心依据：大学生思想政治教育集成度

习近平总书记强调，做好宣传思想工作要"把握好时、度、效"。集成效应是在要素集成过程中形成的，要素集成度越高，则集成效应越高。因此，集成评价既包含要素集成过程分析，也包含集成效应形成过程分析，而集成度是集成评价的核心指标。在图 6-1 中，$k1$ 代表集成度较低的集成现象，$k2$、$k3$ 代表代表集成度较高的集成现象，其所产生的集成效应是不同的，分别为 $Y1$、$Y2$、$Y3$。其差值为：$\triangle Y = Y2 - Y1$ 或 $Y3 - Y2$ 或 $Y3 - Y1$。可见，要提高大学生思想政治教育集成效应，关键在于提升要素集成度。

当集成度 (k) 的斜率为 0 时，我们所考察的"集成效应"(Y) 则等

同于集成前的总效应（w）即"$1+1=2$"。当集成度（k）大于 0 时，才真正具有"$1+1>2$"的效应。集成度（k）越大，其斜率越大，表示要素间的关联越紧密，联系度越强；反之，集成度（k）越小，其斜率越小，表示要素间的联系越松散。一般来说，集成度（k）越大，意味着集成的效果越好，其集成效应（Y）也越大；反之，集成度越小，意味着集成效应越差。

由此我们可推导出：

集成度（k）$= dY/dX$。

当然，上述结论是建立在高度抽象简化基础上推导得出的。实际上，大学生思想政治教育集成效应的生成过程是相当复杂的，其计算是难以精确确定的。为了方便分析，我们将集成度大体上分为三个等级，即初级集成、中级集成和高级集成。由于大学生思想政治教育集成要求实现"$1+1>2$"的效应，意味着集成后的总体效应（Y）总是大于集成前的总体效应（w）的，集成度越高，其集成效应也越高。我们可根据这一思路来测算集成效应之间的差值，进而判断思想政治教育集成等级。如表 6-1 所示。

表 6-1　大学生思想政治教育集成度的分级

集成等级	初级	中级	高级
判据	$W>F$	$W>>F$	$W>>>F$

大学生思想政治教育的初级集成是指各育人要素集成后的总效应大于各单项要素原有各效应的综合，即 $W>F$；中级集成是指育人各要素集成总效应较大地超过各单项要素原有各效应的综合，即 $W>>F$；高级集成是指育人各要素集成总效应远远大于各单项要素原有各效应的综合，即 $W>>>F$，反映出集成要素达到了高度融合的境界，各要素的集成总成效趋于最大化。[1]

关于总效应的综合比较是对集成度进行等级划分的总体依据，但是由于

---

[1] 参见李宝山、刘志伟：《集成管理——高科技时代的管理创新》，中国人民大学出版社 1998 年版，第 40 页。

思想政治教育总输出主要体现为人的思想政治观念变化，很难实现像经济领域的经济效应那样进行量化分析比较，因此无论是集成前还是集成后的思想政治教育效应评价，都很难做到定量分析，因此要将二者进行精细化比较在操作层面具有一定困难。因此，我们将主要依靠对思想政治教育要素集成过程中的"要素间的关联度"进行分析来把握思想政治教育的集成度。根据集成体要素间相互联系和相互作用的性质、功能、方式和特点，具体来说，可用集成维度、集成密度、集成强度、集成速度等来描述集成体或集成过程中要素间的关联度。其中，集成维度、集成密度主要反映集成单元类别多少和总量（规模）程度，与整体效应密切相关；集成强度主要反映集成单元之间关系紧密程度，与协同效应密切相关；集成速度主要反映要素构成相关集成体所需要的时间成本，与涌现效应密切相关。这四个方面之间具有内在的互动关系，同时也具有复杂的非线性关系，需要我们在大学生思想政治教育集成的具体实践中去深刻把握和科学运用。

第二节　大学生思想政治教育集成评价的指标体系

集成度是大学生思想政治教育集成评价的核心指标，一般来说可以用集成维度、集成密度、集成强度和集成速度及其不同层级来描述（见图6-2）。评价大学生思想政治教育集成过程及其效应，最关键是要准确把握好这四个"度"，要以此为核心依据，构建大学生思想政治教育集成评价的指标体系。这四个"度"既有联系又有区别，从不同方面体现了集成的性质、特征与效能状态，它们之间是密切联系、相辅相成、辩证统一的，是评价大学生思想政治教育集成的基本维度和核心标准。我们应从这四个方面着手构建集成评价的核心指标体系。当然，在大学生思想政治教育集成过程中，并非集成维度、集成密度、集成强度越高其集成效应就越高，因为伴随着这三个方面的提升，集成过程所需要的时间和各方面资源成本也相应增加，因此在集成过程中必须按照一定的集成目标要求，在确保一定集成速度的基础上提升前三个"度"，这样的集成度才是真正合理的集成度，这是在评价中需要牢牢把握的重要原则。

一、大学生思想政治教育集成度的分析框架

集成度是进行集成评价的核心依据，包括集成维度、集成密度、集成强度和集成速度四个方面。这四个维度分别从不同方面反映出大学生思想政治教育要素集成过程中，各要素之间密切联系的不同性质与程度，它们之间是辩证统一的，共同构成大学生思想政治教育集成度的分析框架（见图6-3）。

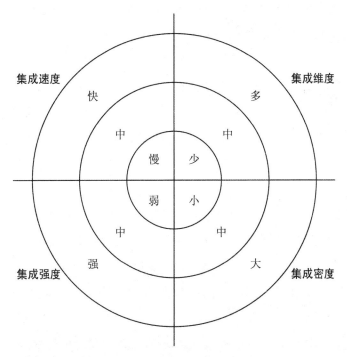

图6-3 大学生思想政治集成度的分析框架

集成维度是用来反映集成单元类别的指标。在大学生思想政治教育集成关系中，异类集成对象数量（种类）的多少，关系到该集成体或集成过程的性质、结构与功能。这一集成对象一般包括教育者、教育对象和教育介体等基本单元，并可大致分为多、中、少三个等级。其中，教育者维度可从以下三个方面进行考察：1. 高校、社会、家庭共同参与思想政治教育情况；2. 全员育人（"十大"育人）教育者身份职责情况；3. 专职为主、专兼结合、素质优良育人队伍建设情况。教育对象维度可从以下三个方面进行考察：1. 教育对象所处学段情况；2. 教育对象专业背景差异性情况；3. 教育对象思想水平差异性情况。教育介体维度可从以下三个方面进行考察：1. 教育内容类型、涉及范围情况；2. 教育方法类型、手段形式情况；3. 全方位育人涉及要素资源类别情况。

集成密度是用来反映集成单元总量（规模）的指标。在大学生思想政治教育集成关系中，集成对象的多少反映了集成的密度，而且在特定的条件下，集成体存在一个均衡集成密度，集成对象的数量唯一确定，即在该密度条件决定的一个稳定的集成关系中。大学生思想政治教育集成密度主要体现为教育者、教育对象、教育介体等基本单元密度，总体上可分为大、中、小三个等级。其中，教育者密度可从以下三个方面进行考察：1. 高校、社会、家庭共同参与思想政治教育总量情况；2. 全员育人（"十大"育人）教育者总量情况；3. 育人队伍数量充足情况。教育对象密度可从以下三个方面进行考察：1. 思想政治理论课教学班规模合理化程度；2. 日常思想政治教育对象规模合理化程度；3. 专题思想政治教育对象规模合理化程度。教育介体密度可从以下三个方面进行考察：1. 教育内容充足、题材丰富情况；2. 教育方法手段充分、运用频率情况；3. 全方位育人要素资源总量情况。

集成强度是用来反映集成单元之间关系紧密程度的指标。一般来说，在大学生思想政治教育集成关系中，集成对象之间联系越紧密，其集成强度就越高，集成体的结构越稳定，功效也越大。我们可根据集成组织方式的不同，主要从单元集成、过程集成、系统集成、网络集成等四个方面对集成强度进行分析，总体上分为强、中、弱三个等级。其中单元集成强度可从以下三个方面进行考察：1. 教育者共同体建设情况；2. 教育对象协同化情况；3. 教育介体系统化情况。过程集成强度可从以下四个方面进行考察：1. 教育过程学段化、一体化情况；2. 管理过程合理化、有序化情况；3. 学思用贯通、知信行统一情况；4. 全过程协同联动情况。系统集成强度可从以下三个方面进行考察：1. 不同层次同类集成对象整合优化情况；2. 不同层次异类集成对象整合优化情况；3. 系统全要素资源整合优化情况；4. 整体组织功能增强情况。网络集成强度可从以下三个方面进行考察：1. 不同行为主体集成对象之间资源共享、协调互补程度；2. 不同行为主体集成对象之间集成关系动态性、多样性程度；3. 不同行为主体集成对象功效及集成体整体功效新增情况；4. 新集成体灵活性、动态合作与开放性程度。

集成速度主要反映在集成过程中要素集成及其效能实现的时间成本及效率问题。在大学生思想政治教育集成过程中，并非集成维度、集成密度、集成强度越高越好，而是要根据集成目标需要，选择适当集成对象，以最低时间及其他成本实现最佳效益，因此，集成速度也是集成评价的重要指标，主要可从要素整合速度、协同联动速度、效应涌现速度等三个方面进行分析，总体上可分为快、中、慢三个等级。其中，要素整合速度可从以下三个方面进行考察：1. 形成教育者共同体的时间；2. 组织教育对象的时间；3. 实现教育介体系统化的时间。协同联动速度可从以下三个方面进行考察：1. 要素协同联动的效率；2. 过程协同联动的效率；3. 系统协同联动的效率。效应涌现速度可从以下三个方面进行考察：1. 产生集成体新效能的速率；2. 形成集成体新效应的倍率；3. 集成过程良性循环的周期。

二、大学生思想政治教育集成评价指标体系

集成维度、集成密度、集成强度和集成速度是大学生思想政治教育集成度的主要表征，与大学生思想政治教育要素集成过程及其集成效应的实现息息相关。这四个维度不仅反映了大学生思想政治教育集成要素的基本构成及其质量状态，还反映了这些要素之间的关联度、融合度等核心问题，对于全面、深入分析比较大学生思想政治教育的要素集成效果、效率和效益，具有重要参考价值，是评价大学生思想政治教育集成度的核心依据。我们要从这四个维度出发，构建科学的集成评价指标体系（见表6-2）。

表6-2　大学生思想政治教育集成评价指标体系

一级指标	二级指标	三级指标
集成维度	1.1　教育者维度	1. 高校、社会、家庭共同参与思想政治教育情况 2. 全员育人（"十大"育人）教育者身份职责情况 3. 专职为主、专兼结合、素质优良育人队伍建设情况
	1.2　教育对象维度	1. 教育对象所处学段情况 2. 教育对象专业背景差异性情况 3. 教育对象思想水平差异性情况
	1.3　教育介体维度	1. 教育内容类型、涉及范围情况 2. 教育方法类型、手段形式情况 3. 全方位育人涉及要素资源类别情况
集成密度	2.1　教育者密度	1. 高校、社会、家庭共同参与思想政治教育总量情况 2. 全员育人（"十大"育人）教育者总量情况 3. 育人队伍数量充足情况
	2.2　教育对象密度	1. 思想政治理论课教学班规模合理化程度 2. 日常思想政治教育对象规模合理化程度 3. 专题思想政治教育对象规模合理化程度
	2.3教育介体密度	1. 教育内容充足、题材丰富情况 2. 教育方法手段充分、运用频率情况 3. 全方位育人要素资源总量情况

续表

一级指标	二级指标	三级指标
集成强度	3.1　单元集成强度	1. 教育者共同体建设情况 2. 教育对象协同化情况 3. 教育介体系统化情况
	3.2　过程集成强度	1. 教育过程学段化、一体化情况 2. 管理过程合理化、有序化情况 3. 学思用贯通、知信行统一情况 4. 全过程协同联动情况
	3.3　系统集成强度	1. 不同层次同类集成对象整合优化情况 2. 不同层次异类集成对象整合优化情况 3. 系统全要素资源整合优化情况 4. 整体组织功能增强情况
	3.4　网络集成强度	1. 不同行为主体集成对象之间资源共享、协调互补程度 2. 不同行为主体集成对象之间集成关系动态性、多样性程度 3. 不同行为主体集成对象功效及集成体整体功效新增情况 4. 新集成体灵活性、动态合作与开放性程度
集成速度	4.1　要素整合速度	1. 形成教育者共同体的时间 2. 组织教育对象的时间 3. 实现教育介体系统化的时间
	4.2　协同联动速度	1. 要素协同联动的效率 2. 过程协同联动的效率 3. 系统协同联动的效率
	4.3　效应涌现速度	1. 产生集成体新效能的速率 2. 形成集成体新效应的倍率 3. 集成过程良性循环的周期

三、大学生思想政治教育集成评价指标权重的确定方法

　　大学生思想政治教育集成评价指标确定以后，要对各个指标在指标体系中的重要程度进行加权，使之更加便于操作。加权是大学生思想政治教育集成评价指标体系要解决的主要问题，它直接体现评价系统设计者的价值取向，折射出其主观的评价观念。权重不仅表示指标的重要程度，而且刻画出指标

间的关系。它是大学生思想政治教育集成评价指标体系的重要组成部分。权重的设计既反映了评价主体价值认识的过程，也是一个统一评价主体价值认识的过程。权重的确定既有主观的方法，又有利用数据本身的客观方法。

对于如何确立权重，美国运筹学家萨蒂在 20 世纪 70 年代提出了层次分析法（AHP）。该方法强调人的决策思维的功能特征，充分运用分析、判断、综合等科学方法，注重把定性分析与定量分析有机结合起来，是一种系统性、层次性、针对性很强的决策方法，其最终目的是要定量地、精确地确定相关决策方案中各个指标对于总目标的重要程度，对于构建评价指标体系、优化评价标准产生了重要作用并在今天得到进一步发展。其基本原理和操作流程包括：首先，将各种选择指标、方案进行分类；其次，将这些指标、方案划分为若干层次，使问题转化为各指标方案相对重要的排序问题；最后，通过构造判断矩阵计算出某一层次因子相对于上一层次各个因子的单排序结构和相对于上一层次的总排序权重。

（一）利用层次分析法确定指标权重的步骤

1. 构建层次结构

层次分析法的结构一般分为三个层次：目标层、准则层和方案层。据此可构建大学生思想政治教育集成评价多层次分析模型（见图6-4）。其中目标层即大学生思想政治教育集成评价指标体系，表示总体目标；准则层即实现总体目标的中间环节，由集成维度、集成密度、集成强度、集成速度构成，这些准则层又由若干分准则层构成；方案层中包括影响目标的各类因素。这三个层次构成大学生思想政治教育集成评价指标体系的一级指标、二级指标及三级指标，它们之间存在明显递阶层次结构，其中，准则层、分准则层与方案层之间存在着支配隶属关系。

2. 构建两两比较判断矩阵

判断矩阵是层次分析法工作的出发点，构造判断矩阵是层次分析法的关键一步。递阶层次结构建立以后，根据各层元素间的隶属关系，下层元素以

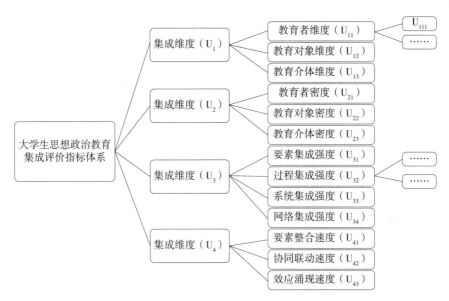

图6-4 大学生思想政治教育集成评价多层次分析模型

上层某元素为标准，进行两两比较，构造比较判断矩阵。以 A 表示目标，U_i、U_j同（i，j=l，2，3，…，n）表示下层元素，U_{ij}表示 U_i 对 U_j 的相对重要性数值，并由 U_{ij} 组成 A—U 两两比较判断矩阵 P。

3. 建立评价量化等级表

U_{ij} 可以通过采用 Saaty 的 l~9 级标度法来对比较结果加以量化。具体含义如表6-3：

表6-3 1~9级评价量化等级表

比较情况	比较结果	量化
两个指标 U_{ij}，U_{ji} 同等重要	同样重要	$U_{ij}=1$，$U_{ji}=1$
按经验一个指标 U_{ij} 比另一个指标 U_{ji} 稍微重要	略微重要	$U_{ij}=3$，$U_{ji}=1/3$
按经验一个指标 U_{ij} 比另一个指标 U_{ji} 更为重要	更为重要	$U_{ij}=5$，$U_{ji}=1/5$
事实证明一个指标 U_{ij} 比另一个指标 U_{ji} 更为重要	确实重要	$U_{ij}=7$，$U_{ji}=1/7$

续表

比较情况	比较结果	量化
按经验与事实均证明一个指标 U_{ij} 比另一个指标 U_{ij} 明显重要	绝对重要	$U_{ij}=9$，$U_{ji}=1/9$
两个指标 U_{ij}，U_{ji} 比较的情况介于上述相邻情况之间	取中间值	$U_{ij}=2$，4，6，8 $U_{ji}=1/2$，1/4，1/6，1/8

4. 层次单排序

判断矩阵 P 对应于最大特征根 λmax 的特征向量，经归一化后为同一层次相应因素对于上一层次某因素相对重要性的排序权值，这一过程称为层次单排序。依据判断矩阵和评价量化等级表，得出其最大特征根 λmax 所对应的特征向量叫 ω0，方程如下：

$PW = λmax \cdot W$

所求特征向量 ω0 经归一化为各评价因素的层次单排序，即权重分配。

5. 一致性验证

以上所得到的权重分配是否合理，还需要对判断矩阵进行一致性验证，检验公式为：

$CR = CI/RI$

其中，CR 是判断矩阵的随机一致性比率；CI 是判断矩阵的一般一致性指标，$CI=(λmax-n)/(n-1)$；RI 为判断矩阵的随机一致性指标，1~9 阶的判断矩阵的 RI 值参见表6-4。

表6-4 随机一致性指标

阶数 n	1	2	3	4	5	6	7	8	9
R_I	0	0	0.58	0.90	1.12	1.24	1.32	1.41	1.45

当随机一致性比率 CR<0.10，或 λmax＝n、CI＝0 时，即可认定判断矩

阵通过了一致性检验，具有满意的一致性，否则，就需重新调整判断矩阵。

6. 层次总排序及一致性检验

上面得到的是一组元素对其上一层中某元素的权重向量。但最终需得到各元素，特别是最低层各方案对于目标的排序权重，以进行方案选择。

设 B 层中与 Pj 相关的因素的成对比较判断矩阵在单排序中经一致性检验，求得单排序一致性指标为 CI（j），（j＝1，2，3，…，m），相应的平均随机一致性指标为 RI（j）（CJ（j），RI（j）已在层次单排序时求得），则 B 层总排序随机一致性比例为：

$$CR = \frac{\sum_{j=1}^{m} CI(j) \, a_j}{\sum_{j=1}^{m} RI(j) \, a_j}$$

当 CR<0.10 时，认为层次总排序结果具有较满意的一致性接受该分析结果。

（二）确定各子要素的指标

排序层次分析法有效吸收了定性分析和定量分析的优势，既有主观的逻辑判断和分析，又有客观的精确计算和推演，使决策过程具有较强的科学性，能处理许多传统技术无法处理的现实问题，应用范围比较广泛。

但是，层次分析法也有其明显的不足：判断矩阵易出现严重的不一致现象。原因在于，层次分析法具有较大的随意性，对于同个决策问题，如果在互不干扰、互不影响的条件下，让不同的人同样都采取该方法进行研究，则他们所建立的层次结构模型、所构造的判断矩阵很可能是不同的，分析所得出的结果也可能各不相同，由此导致判断矩阵出现不一致现象。

因此，为了规避层次分析法的这一不足，就需要开展以下工作：请专家们独立对指标的相对重要性进行排序；为每个指标依据其位置的倒数进行赋值；统计每个指标的总得分；根据总得分对指标进行排序，得分大的排在前面。

遵循上述做法，通过对五位专家进行问卷调查发现，他们对大学生思想政治教育集成评价指标体系中各准则层、分准则层和方案层指标的相对重要性排序如下（见表6-6至表6-9）：

表6-5　目标层下的判断矩阵、权重及一致性检验

	集成维度（U_1）
目标层	集成密度（U_2）
	集成强度（U_3）
	集成速度（U_4）
相对重要性排序	$U_4 = U_3 > U_2 = U_1$

表6-6　集成维度（U1）

准则层 （一级指标）	分准则层 （二级指标）	方案层 （三级指标）
集成维度（U_1）	1.1 教育者维度 （U_{11}）	1. 高校、社会、家庭共同参与思想政治教育情况（U_{111}） 2. 全员育人（"十大"育人）教育者身份职责情况（U_{112}） 3. 专职为主、专兼结合、素质优良育人队伍建设情况（U_{113}）
		$U_{111} > U_{112} > U_{113}$
	1.2 教育对象维度 （U_{12}）	1. 教育对象所处学段情况（U_{121}） 2. 教育对象专业背景差异性情况（U_{122}） 3. 教育对象思想水平差异性情况（U_{123}）
		$U_{121} = U_{122} > U_{123}$
	1.3 教育介体维度 （U_{13}）	1. 教育内容类型、涉及范围情况（U_{11}） 2. 教育方法类型、手段形式情况（U_{12}） 3. 全方位育人涉及要素资源类别情况（U_{13}）
		$U_{132} > U_{131} > U_{133}$

续表

准则层 （一级指标）	分准则层 （二级指标）	方案层 （三级指标）
相对重要性排序		$U_{11}>U_{13}>U_{12}$

表 6-7　集成密度（U2）

准则层 （一级指标）	分准则层 （二级指标）	方案层 （三级指标）
集成密度 （U_2）	2.1 教育者密度 （U_{21}）	1. 高校、社会、家庭共同参与思想政治教育总量情况（U_{211}） 2. 全员育人（"十大"育人）教育者总量情况（U_{212}） 3. 育人队伍数量充足情况（U_{213}）
		$U_{211}>U_{212}>U_{213}$
	2.2 教育对象密度 （U_{22}）	1. 思想政治理论课教学班规模合理化程度（U_{221}） 2. 日常思想政治教育对象规模合理化程度（U_{222}） 3. 专题思想政治教育对象规模合理化程度（U_{223}）
		$U_{221}>U_{222}>U_{223}$
	2.3 教育介体密度 （U_{23}）	1. 教育内容充足、题材丰富情况（U_{231}） 2. 教育方法手段充分、运用频率情况（U_{232}） 3. 全方位育人要素资源总量情况（U_{233}）
		$U_{232}>U_{231}>U_{233}$
相对重要性排序		$U_{21}>U_{23}>U_{22}$

表 6-8　集成强度（U3）

准则层 （一级指标）	分准则层 （二级指标）	方案层 （三级指标）
集成强度（U₃）	3.1 单元集成强度 （U₃₁）	1. 教育者共同体建设情况（U₃₁₁） 2. 教育对象协同化情况（U₃₁₂） 3. 教育介体系统化、一体化情况（U₃₁₃）
		U₃₁₁>U₃₁₃>U₃₁₂
	3.2 过程集成强度 （U₃₂）	1. 教育过程学段化、一体化情况（U₃₂₁） 2. 管理过程合理化、有序化情况（U₃₂₂） 3. 学思用贯通、知信行统一情况（U₃₂₃） 4. 全过程协同联动情况（U₃₂₄）
		U₃₂₁>U₃₂₂>U₃₂₃>U₃₂₄
	3.3 系统集成强度 （U₃₃）	1. 不同层次同类集成对象整合优化情况（U₃₃₁） 2. 不同层次异类集成对象整合优化情况（U₃₃₂） 3. 系统全要素资源整合优化情况（U₃₃₃） 4. 整体组织功能增强情况（U₃₃₄）
		U₃₃₁>U₃₃₂>U₃₃₃>U₃₃₄
	3.4 网络集成强度 （U₃₄）	1. 不同行为主体集成对象之间资源共享、协调互补程度（U₃₄₁） 2. 不同行为主体集成对象之间集成关系动态性、多样性程度（U₃₄₂） 3. 不同行为主体集成对象功效及集成体整体功效新增情况（U₃₄₃） 4. 新集成体灵活性、动态合作与开放性程度（U₃₄₄）
		U₃₄₁>U₃₄₂>U₃₄₃>U₃₄₄
相对重要性排序		U₃₄>U₃₃>U₃₂>U₃₁

表6-9　集成速度（U4）

准则层 （一级指标）	分准则层 （二级指标）	方案层 （三级指标）
集成速度（U_4）	4.1 要素整合速度 （U_{41}）	1. 形成教育者共同体的时间（U_{411}） 2. 组织教育对象的时间（U_{412}） 3. 实现教育介体系统化的时间（U_{413}）
		$U_{411}>U_{413}>U_{412}$
	4.2 协同联动速度 （U_{42}）	1. 要素协同联动的时间（U_{421}） 2. 过程协同联动的时间（U_{422}） 3. 系统协同联动的时间（U_{423}）
		$U_{423}>U_{422}>U_{421}$
	4.3 效应涌现速度 （U_{43}）	1. 集成体新效能形成的时间（U_{431}） 2. 新集成体效能新增的倍率（U_{432}） 3. 全过程良性循环的周期（U_{433}）
		$U_{433}>U_{432}>U_{431}$
相对重要性排序	$U_{43}>U_{42}>U_{41}$	

（三）确定各子要素的指标权重

通过专家调查的方式确定各指标的相对重要性排序后，还需要根据这些排序再要求专家对这些指标进行两两比较评分，构造判断矩阵。评价过程依据德尔菲法的基本操作步骤，以匿名的方式征求专家对指标权重的观点，然后对征求的意见进行统计分析，对于不符合一致性要求的少数专家意见，予以放弃或进行适当修改。在随后进行的意见征询中，将整理后的上次调查结果反馈给各专家，请其重新考虑后再次提出自己的观点，并特别要求那些观点不同的专家详细阐明自身理由。如果所有的 CR<0.10，则整理专家们的打分结果，最后获得有统计意义的专家集体评分结果。

为了能使计算便于操作，可运用 MATLAB 编写应用程序。根据表 6-1 所示的各指标两两比较的标度含义，进一步综合专家意见，列出目标层下属一级指标中集成维度（U1）、集成密度（U2）、集成强度（U3）、集成速度（U4）的判断表矩阵，求出相应权重和一致性检验值；类似地可求出各准则层（一级指标）、分准则层（二级指标）及各方案层（三级指标）相应的权重和一致性检验值。按照上述应用层次分析法计算出来的指标权重，可形成完整的大学生思想政治教育集成评价体系。

第三节　大学生思想政治教育集成评价的基本原则

一、系统性原则

大学生思想政治教育集成评价的基础研究涉及应用研究、开发研究再到成果转移、扩散与规模化等全过程。大学生思想政治教育集成体是具有一定结构的整体，也是一个动态发展的系统，其性质和规律存在于组成要素的相互联系和相互作用，整体与部分的相互依赖、相互制约。集成评价指标体系能够全面而本质地体现思想政治教育集成效应系统的客观属性，它反映指标体系设计者对于思想政治教育集成价值观、思想政治教育本质属性的把握。既要把评价对象作为一个整体来考察，又要注意评价对象内部结构的分析，使指标体系内每一指标反映评价对象的一个侧面，并概括反映评价对象整体目标。

大学生思想政治教育集成体是多种特征要素的集合体，这就要求评价指标体系要有足够的覆盖面，将影响大学生思想政治教育集成的主要因素囊括在内，以系统、全面、真实地反映大学生思想政治教育集成效应的全貌和各个层面、各种类型集成的基本特征。但是，大学生思想政治教育集成评价指标体系并不是单个指标的简单叠加，而是要依据各指标间的内在逻辑关系进行系统的整合与集成，即针对特定集成过程，围绕实际集成效应，聚焦集成度问题，将评价指标划分为不同的层次与模块，形成明晰的框架结构，其中的各评价指标既相对独立，又彼此关联，形成一个有机的大学生思想政治教育集成评价系统。

二、科学性原则

根据大学生思想政治教育集成的特点和规律，尽可能从相关要素中选取那些最能体现育人集成效应本质、实力和潜力的衡量指标，而且各指标要有相对独立性，处于同一层次的指标不应具有明显的隶属关系。要注意保持集成规模指标与集成效益指标、绝对量指标与相对量指标、静态指标与动态指标等之间的平衡性和育人集成效应评价指标的可比性问题。

大学生思想政治教育集成效应量化评价指标体系的设计主要是为了进行横向与纵向比较，所选取的指标应反映评价对象（大学生思想政治教育集成效应实施对象）的共性特征，从不同类型高校和不同集成效应活动中抽象和提炼出能反映其共性特征的指标，并且这些指标通过某种方式获得具体、明确的评价数据，使评价结果具有可比性，同时还要求对末级指标的原始数据进行归一化或无量纲化处理。

三、目标性原则

大学生思想政治教育集成评价目标是评价的根本依据，目标的概括性和抽象性要求我们用一系列具体化的评价指标来反映。一方面，评价指标应反映大学生思想政治教育集成效应的目标；另一方面，由于指标的导向性作用，在设计指标时，要注意指标符合大学生思想政治教育集成效应发展的方向。此外，指标要符合大学生思想政治教育规律，最大限度地反映评价对象自身的本质属性。

大学生思想政治教育集成评价指标体系的设计要适应当前高校育人工作的形势与趋势，符合党和国家关于宣传思想工作战略，贯彻教育部门相关政策文件精神，以引导各高校找准自身的定位，明确自身努力方向和奋斗目标，此原则也可称为大学生思想政治教育集成评价的目标性原则。在进行系统、全面评价的基础上，还要通过权重系数的不同体现各指标在育人工作集成评价指标体系中的相对重要程度。在权值的分配上要注重绩效，突出组织领导和条件保障以及社会环境的转化，以引导各高校更加重视集成效应，瞄准领导机制和工作机制进行创新；引导各高校重视条件保障，提供制度保障、队伍保障和经费保障；引导各高校加快社会环境的建设，为大学生思想政治教育文化建设营造良好的舆论氛围，支持和建立大学生思想政治教育基地，专项部署学校及周边治安综合治理工作；引导各高校进行统筹协调，落实中央关于加强和改进思想政治理论课的各项要求和措施，支持校园文化建设，纳入社会主义文化建设总体规划，定期召开高校党的建设和共青团工作会议，并将大学生思想政治教育研究成果纳入政府教育教学成果奖评选范围，为国家经济建设作贡献。因此，高校管理部门应引导大学生思想政治教育集成工作的开展，认真开展自我评价，以自查方式找出不足并改进，并建立大学生思想政治教育集成效应自评中心，有阶段性进行自我评估和检验评价。大学生思想政治教育集成目标设置要明确、具体，这样才能进行有效的绩效衡量；同时还要将育人工作的集成目标进行分解，将其细化为若干小目标，每完成一个小目标都要及时给予鼓励，这样不仅有利于集成效应的出现，而且可以增强成员的信心。

四、独立性与可操作性原则

大学生思想政治教育集成评价指标的相互独立性要求体系内各指标之间不存在包含关系和因果关系，确保同一事物的不同属性用不同的指标予以刻画，能够通过可达的测量手段获得信息并取得明确的结论。在大学生思想政治教育集成评价指标体系中，次一级指标应较上一级指标更具体。大学生思想政治教育集成评价指标的建立是为了评价该系统的性能，要落实到操作层面上来。首先，有充足的反映研究指标等级水平的可利用信息资料。其次，有充足的人力、物力资源。第三，具有切实可行的对于指标和整个指标体系的量化方法。在设计大学生思想政治教育集成评价指标时，指标内容简洁明了，指标阶层合理清晰，标度的定性语句简单而准确，标度的定量赋值便于计算，既不能过于抽象，也不要过分具象。我们应设计出一个尽可能全面的指标群，以便对育人集成管理工作作出全方位、立体化、多层次、多视角的评价。因为评价指标越多，对事物的刻画越精细，评价结果就可能越精准。但在实际操作中，又需考虑到量化评价的可行性和指标数据的可获取性。因此在指标体系设计中，应当尽量选用那些能够直接量化的指标，且该指标可以通过现有统计系统和检索工具直接采集到相关的统计数据。对那些虽能体现大学生思想政治教育集成效应却难以量化的定性指标，以及难以采集到数据的定量指标，要删除一些内容重复的定量指标，以简化指标体系，提高大学生思想政治教育集成评价的可操作性。总之，及时反馈可操作性既要准确反映大学生思想政治教育集成的理论与效应功能，又要尽量选择具有共性的综合性指标，同时力求保障育人工作集成评价所需数据的可得性、易得性，即一方面，指标资料要易于获取，另一方面，定性指标可直接或间接赋值量化。

斯金纳的强化理论告诉我们，若要取得最好的实施效果，就应当在行为发生以后尽量采用合理的方式进行奖励，这样才能提高集成效应，有助于集成主体更好地理解大学生思想政治教育集成评价的标准，以及时调整行为、方向及思路，并将大学生思想政治教育集成评价结果及时反馈给团队成员。

第四节　大学生思想政治教育
集成评价的有效实施

集成评价是提升大学生思想政治教育实效性的"要害处"，关键在于实施。大学生思想政治教育集成评价是指主体为了实现社会培养人才的要求，通过各种手段有目的地对客体在思想观念和社会行为方面施加影响，在约束、教育、咨询、参与、激励等活动中逐步实现大学生思想政治教育集成目标的过程。这是一个动态、开放、循序渐进的过程，是一个前后连贯、相互关联的有机整体，可划分为决策形成、组织实施和总结评估。要明确大学生思想政治教育集成评价对象，是集成过程评价还是集成效应评价，是前期评价还是终期评价，是静态评价还是跟踪评价。在此基础上，确定大学生思想政治教育集成评价评价体系的构建与运行过程。因此，改进和优化大学生思想政治教育集成过程，要以大学生思想政治教育集成评价基本模型和指标体系为依据，遵循科学的原则，从评价对象确立、评价方案制定、评价结论生成、评价结论运用等四个环节着手，切实加强科学评价、动态反馈和及时整改，不断推动大学生思想政治教育集成水平和集成效应提升。

一、大学生思想政治教育集成评价的对象确立

任何评价都是针对特定对象的评价，确定评价对象及其边界是开展评价工作的基本前提和首要工作。大学生思想政治教育集成工作涉及面广、关系多样而且错综复杂，究竟是评价思想政治教育教育共同体，还是评价齐抓共管的联动机制？是评价思想政治理论课教学集成过程，还是评价日常思想政治教育集成过程？是评价"十大"育人体系的集成效应，还是评价"十大"育人体系中的一种或几种体系的集成效应？不同对象其评价依据和评价方式

是大不一样。因此，明确其评价对象显得尤为重要。

根据大学生思想政治教育集成评价的分析框架可知，要素集成过程、集成效应和集成度是集成评价的重要维度和核心依据，这三者自身又包含着多个维度和层次的子系统和要素。其中，要素集成过程包含了集成单元、集成模式、集成管理和集成条件等基本要素及其集成过程，是我们认识和评价大学生思想政治教育集成特定现象的立足点；集成效应又体现为整体效应、协同效应和涌现效应等三个方面，是我们认识和评价这一特定现象实效程度的着眼点；集成度则可从集成维度、集成密度、集成强度和集成速度三个方面进行衡量，是我们认识和评价这一实效程度的切入点。

由此可见，要素集成过程、集成效应和集成度均是进行大学生思想政治评价的重要对象。但是，在实际工作中，在每一个方面的侧重点又有所不同，需要我们坚持问题导向，集中方向，提前确定。仅从集成模式中组织方式来看，大学生思想政治教育集成现象就可分为单元集成、过程集成、系统集成和网络集成等不同模式，这些模式实际上也分别代表着不同的集成现象，其集成目标和评价标准也是各有侧重的。比如，教育平台体系这一特定现象，属于单元集成模式，从集成效应看主要侧重其整体效应特别是新增效能考察，从集成度看主要侧重其要素整合速度特别是集成体形成所需时间的考察；而教学相长运行机制则属于过程集成，从集成效应看主要侧重其协同效应特别是教育与学习过程有效衔接、协同联动的考察，从集成度看主要侧重其协同联动的速率大小与周期长短。

确立大学生思想政治教育集成评价的对象，要以上述分析框架为学理依据，广泛进行调查研究，收集相关资料，列出亟待解决的问题，在此基础上，对拟评价对象与内容进行筛查和审定，进一步明确大学生思想政治教育集成评价的目的、要求。同时，还需要对评价对象与环境等内外诸因素进行充分调查研究，进一步对特定大学生政治教育集成体及其过程的功能、社会环境、实现可能性等进行分析，为系统的计划、决策提供必要的和可靠的依据。

二、大学生思想政治教育集成评价的方案制定

科学制订工作方案是大学生思想政治教育集成评价的基础性工作。决策是大学生思想政治教育集成过程的起始环节，关系到大学生思想政治教育的方向，影响着大学生思想政治教育集成效益，制约着大学生思想政治教育集成管理的全过程。科学决策有助于提高集成管理的效率，能够合理地组织、指导、协调和控制各方面的管理活动，增强主动性；有利于合理组织管理资源，提高人力、财力、物力的使用效率；有助于管理者在集成过程中检查和调整措施，及时纠正各种偏离目标的行为，保证集成工作的方向。评价系统实施的设计阶段主要是筹划性工作，根据前阶段的结果，把各方面资料进行整理分析，设计出不同的工作方案，为决策和预测创造有利的条件。把实际工作的规范设计出来，对能够预测的一切不确定的因素加以研讨，搞清楚它们之间的关系，尽可能地消除其不利因素的影响。评价系统实施的决策阶段主要是决定性工作，对评价系统进行具体制作并研究在制作过程中高效益地最合理地达到系统的目的，同时制订出系统运行管理规程，做到方向准确，工作可靠。

正确选择评估方法是评估结论科学的基本保证。在大学生思想政治教育集成评估中，常用的方法主要有三种：一是目标评估法。利用大学生思想政治教育集成管理目标测评其客观效果。在测评时，将事先确定的总体目标具体化，把目标要求编制成一个指标体系，使之便于操作。当一个阶段的大学生思想政治教育集成工作结束后，把测量到的结果与原定的目标要求相对照，从中发现大学生思想政治教育集成工作的实际效果。二是舆论评估法。通过实地调查和大众传播媒介了解大学师生对集成工作的看法、态度，从而作出判断，得出结论。大学师生是大学生思想政治教育集成工作的亲身实践者和体验者。通过对社会舆论的归纳、分析能够帮助我们正确评估大学生思想政治教育集成管理工作的效果。三是专家评估法。专家评估是一种重要的

评估方法，大学生思想政治教育集成效果评估常常采用这种方法。这种方法是邀请思想政治教育管理专家，对集成工作进行测评。专家理论基础较为深厚，具有较高的管理素养，再加上他们评估的经验丰富，能够做到客观公正，其评估结论准确度较高。

三、大学生思想政治教育集成评价的组织实施

集成评价关键在落实，在于其组织实施过程。集成评价系统在运行中可能出现与目标的偏差，调控是搞好大学生思想政治教育集成评价系统工程的重要手段，按照既定方向、目标和大学生思想政治教育自身发展规律，以及在运行过程中出现的问题和偏差，严格控制，及时协调，按时按序保质保量达到目的。大学生思想政治教育集成系统运行的评价阶段是优化性工作。系统经过试验调校后，根据拟定的运行管理规程投入运行，及时对大学生思想政治教育集成系统运行的效果进行评价，探索改善系统运行效果的可能性以及优化的手段，巩固、扩大其运行的效果。

集成组织实施环节是把大学生思想政治教育集成管理的决策内容和工作计划加以执行和贯彻的过程，在整个管理过程中处于中心地位。组织各种力量实施预定的方案，这是大学生思想政治教育管理工作的主要内容。把计划内容的理性力量转化为现实的客观物质力量，通过实践提高大学师生的思想政治道德素质，培养良好的社会行为，在实践中找出管理计划与客观实际不相吻合的部分，为进一步完善大学生思想政治教育集成管理计划提供信息资料。

在实施阶段各项工作中，要坚持把握规律和注重效率原则。首先，调动每一个实际工作者的积极性与创造性，把总的大学生思想政治教育集成目标分解落实到育人工作管理体制内部各个机构和每个工作人员的身上，建立一个相互制约、相互协调的严格的责任制体系，使各部门的各级管理人员能根据各自承担的责任，从不同的角度运用不同的方式自觉工作，力求形成合

力，实现总的大学生思想政治教育集成目标。其次，明确集成目标，领会计划的实质，向大学生思想政治教育中的重点项目采取倾斜措施，抓好主要工作，善于总结经验教训，加强业务修养，培养现代大学生思想政治教育集成管理风格。

四、大学生思想政治教育集成评价的结果运用

运用评价结果改进集成过程是大学生思想政治教育集成评价的最终目的也是其最后环节，在大学生思想政治教育集成过程的良性循环中起着承上启下的作用，关系到前一个过程的升华，又涉及对下一个过程的指导。它是对大学生思想政治教育决策、实施的情况作出评价，总结经验和教训，为今后的决策提供客观依据。

集成评价和过程改进的先决条件要掌握足够、及时、准确的管理活动反馈信息。了解教育对象的思想道德现状，掌握思想政治教育计划的实施情况，进行科学评估。信息反馈系统是大学生思想政治教育集成管理系统的重要组成部分，专门机构负责处理来自各方面有关思想政治教育的信息。为了获得真实而有效的反馈信息，工会、共青团、妇联、学生会等群团组织，采取调查表、座谈会、工作汇报等各种形式，多方位地获取各种有用信息。

为了确保大学生思想政治教育集成过程输出的有效性，还要在考核评审大学生思想政治教育集成输入、输出和程序的基础上，对大学生思想政治教育过程中检测到的可能风险，及时进行纠正和改进，确保大学生思想政治教育过程始终在受控状态下进行。过程控制具有多种类型。根据施控主体的角色地位不同，可分为管理者控制和自组织控制；根据施控主体的性质不同，可分为人工控制和自动控制（或机器控制）；根据控制方式和方法的不同，即施控主体作用于施控对象的方式方法的不同，又可分为前馈控制、事中控制和反馈控制，等等。在大学生思想政治教育集成过程控制中，要将前馈控制、事中控制、反馈控制有机结合起来，形成系统、动态的大学生思想政治

教育集成过程控制模式。

前馈控制、事中控制、反馈控制分别对应大学生思想政治教育集成的输入、转化和输出，构成了动态发展、往复循环的大学生思想政治教育集成过程控制模式。其中，前馈控制是根据被控系统可能出现的状态偏差提前实施相应调控措施，调整和改变相关输入状态，以防止偏离给定状态；事中控制是监控正在进行的大学生思想政治教育活动运作，监视和分析各种输入量及其在运行过程中的相互影响，发现问题及时纠正①；反馈控制是将大学生思想政治教育集成过程输出结果与目标和标准相比较，发现偏差并根据这种偏差信息调整和改变系统输入，减小以至消除状态偏差。②

三种控制方式各有利弊。前馈控制能够防患于未然，提高系统的稳定性，促进大学生思想政治教育集成过程和功能优化，但也存在着预测不准确、调控不恰当的局限以及控制失误、偏离轨道的风险；反馈控制使施控者能够根据被控系统运行的过去和现在的结果，及时调整其未来的行为，但也有可能出现消极和破坏性的正反馈效应、反馈过度与反馈不足、滞后性、恢复期较长等不足③；事中控制虽然能够及时发现偏差并进行纠正，但是对于一些重大偏差和全局性问题，受应对时间、人力等资源条件所限，处置乏力。在大学生思想政治教育集成过程控制中，要将三种方式紧密结合起来，实现优势互补，最大限度地减少偏差和失误、提升管理的科学性和实效性。要立足于前馈控制，加强科学预测，充分估计大学生思想政治教育集成的规划、计划及活动可能遇到的各种重大变化和影响因素；同时又要通过若干反馈环节，听取相关意见，不断修改完善实施规划和计划方案。而在大学生思想政治教育集成的实施和转化过程中，也要将事中控制与前馈控制、反馈控制有机统一起来，结合相关工作预案和反馈信息妥善应对各种状态偏差及其干扰因素，保障规划、计划的落实。为了弥补事中控制中人力、精力和处置

---

① 参见孙晓东：《警务系统运行机理及控制方略》，《公安大学报》1999 年第 5 期。
② 参见王树恩：《反馈控制与前馈控制》，《齐鲁学刊》1989 年第 6 期。
③ 参见王树恩：《反馈控制与前馈控制》，《齐鲁学刊》1989 年第 6 期。

速度等方面的不足，还可以借助计算机网络、人工智能和大数据方法，对思想政治教育、思想舆情等有关海量数据和复杂现象进行深度分析，使决策和应对更加科学高效。还可以充分调动相关教育主体和人民群众的主体性和积极性，广泛参与思想政治教育管理和监督工作，对不良思想文化现象和不科学的思想政治教育方式方法提出批评整改意见，形成大学生思想政治教育集成过程的自组织控制模式。

第七章

集成实践：大学生思想政治教育集成化案例分析

新时代以来，我国宣传思想文化战线和高校围绕改革创新这一主题，深入贯彻落实习近平关于集成与思想政治教育集成重要论述，大力推进大学生思想政治教育集成制度体系和治理体系建设，积极采取各种举措方案，取得了明显成效，积累了大量宝贵经验，同时也还存在着一些亟待改进的问题。特别是在大学生思想政治教育实践育人共同体建设、网络思想政治教育集成创新、社会主义核心价值观教育集成化、"三全育人"综合改革等方面的一些实践案例，尤其值得我们深入思考和总结探讨。

专题Ⅰ　大学生思想政治教育实践育人共同体建设

一、背景分析

集成模式就组织方式来看，分为单元集成、过程集成、系统集成和网络集成。在一定的集成条件下，形成特定的集成体，通过一定的集成界面，进而实现集成效应。这是对大学生思想政治教育实践育人进行集成管理的基本技术路径。就理论模型本身而言，集成行为的实现关键在集成主体和集成条件，重点在于损耗最低的集成界面选择。落实到实践育人这一大学生思想政治教育具体方面，育人主体的协同互动、工作机制的有效运行自然尤为重要。由此而论，在一定条件下，构建区别于传统实践育人的工作模式，则必然有助于实现大学生思想政治教育实践育人的集成效应，提升教育实效。

实践是大学生思想政治教育的内在属性。实践育人是实践在育人工作中的有效运用，是大学生思想政治教育内涵建设的主要方法，它生动地体现了马克思主义哲学实践论的基本观点。在我国，多年以来，大学生实践育人工作虽然取得了一定成效，但由于实践育人存在主体多元、资源分散等原因，致使实践育人工作依然存在诸多问题。主要表现在实践的形式化、实践的认识论化和实践的功利化。据相关调查数据显示：只有 58.4% 的大学生对思想政治理论课教学方法满意，而另外，有将近 91.8% 的大学生对参与社会实践表示"比较愿意"或"非常愿意"。① 这一组数据也更加深刻地表明了，当前的实践育人存在着供给与需求不平衡的问题。特别是供给侧的问题，更是造成当前现状的关键所在。

近年来，实践育人越来越受到重视。2012 年，教育部、团中央等七部门下发了《关于进一步加强高校实践育人工作的若干意见》（教思政〔2012〕1 号），专文强调实践育人工作，并就此做出更具操作性的顶层设计。中共十八大报告更是明确提出要"培养学生社会责任感、创新精神、实践能力。"如此可见，直面实践育人存在的问题，破除壁垒、提升实效已然成为国家当前推进大学生思想政治教育质量提升的重要课题。2014 年 7 月 25 日，杜玉波在全国高校实践育人工作会上提出启动"实践育人共同体建设计划"。不难看出，这正是一种集成视角下，改革创新实践育人工作的

---

① 参见沈壮海等：《中国大学生思想政治教育发展报告 2017》，北京师范大学出版社 2018 年版，第 487、567 页。

新思路。

共同体英文为 community，是由拉丁文前缀"com"（"一起"，"共同"之意）和伊特鲁里亚单词"munis"（"承担"）组成。这一概念最初是一个社会学概念，最早出现在法国社会学家滕尼斯 1887 年发表的《共同体与社会》中。其原意是指：为了特定目标而聚合在一起生活的群体、组织或团队等。由于地域或血缘等因素对群体的影响弱化，因此原本意义上的共同体概念瓦解，与此同时，其在新的社会历史语境中获得了重构，出现了学术共同体、学习共同体等概念。直至 1991 年莱芙和温格（Lave 和 Werger）创设"实践共同体"这一范畴，并在 1998 年的《实践共同体：学习、意义和身份》中对其进行了经典性的阐述。他们指出这个共同体具有一个明确的特点，即拥有一个共同的关注点，他们共同致力解决一组问题，或共同为一个主题投入热情。将这一概念引入到大学生思想政治教育工作中，从理念层面体现了一次实践育人工作策略的深刻改革。这次变革是对高校不同内容与形式的实践育人活动的一次整体性价值提升。

顾名思义，实践育人共同体就是政府、学校、社会等要素以培育和践行社会主义核心价值观、提高广大学生的创新精神和实践能力为目标，以实践为载体，按照目标共同、机制共建、责任共担的原则，建立的特定的群体、组织或团队。实践育人共同体不是一个功能性的组织实体，而是一个强调主体行为、突出目标指向的工作机制与关系的总称。说到底，实践育人共同体就是一个集成体，反映了在推进实践育人工作中的一种集成行为。政府、学校和社会就是基本的集成主体（集成单元），三者在推进实践育人过程中，围绕着履行和实现各自的职责义务以及组织利益而产生的联系即是基本的联系条件。在实践育人工作中，需要政府的积极推动、学校的主体实施以及社会的广泛参与。三者既是目标共同的协作者、也是机制共建的组织者，更是责任共担的责任人。基于这样明晰的职责边界，所搭建的高效的工作机制，则正是一种极低损耗的集成界面。所以这种实践育人的集成行为并不是聚合重组式的，而是一种协同式的，在功能关系上其表现的是倍增，而不是突变。实践育人共同体的建设就是集聚育人资源，协同育人主体，构建一个称为共同体的实践育人工作集成体，进而实现实践育人功效的倍增和涌现。因此，大学生思想政治教育实践育人共同体的建设的重点在于集成主体的协同、集成行为的实现以及集成效应的发挥。

二、案例探讨

（一）湖南科技大学实践育人共同体建设案例

社会责任意识是公民道德素质的基本内容。党的十八大强调要着力培养学生的社会责任感、创新精神和实践能力。在十八届五中全会中，更是明确提出要加强思想道德建设和社会诚信建设，增强国家意识，法治意识，社会责任意识，倡导科学精神，弘扬中华传统美德。加强社会责任意识教育，是弘扬和践行社会主义核心价值观的应有之义。围绕加强社会责任意识教育这一共同目的，两个集成主体：湖南科技大学与学校所在地政府——湘潭市政府积极协同合作，经过多年的探索实践，形成了"以协同化为引领，共享资源"，"以常态化为基础，共商教育"，"以专业化为特色，共办活动"，"以多样化为主题，共建平台"，"以规范化原则，共担责任""五共五化"的实践育人共同体建设模式。

湖南科技大学与湘潭市政府在实践育人共同体方面进行了较为深入的协作，并签订了共同体建设合作框架协议。2015 年 8 月，湘潭市胡伟林市长赴湖南科技大学调研交流，双方积极探索了合作共建机制。湘潭市各相关部门单位与学校也进行了全方位的对接，促进了校地融合发展。为了更好地推进共同体建设，学校与地方政府全面加强协同合作。一方面，实现资源协同，促进优势互补；另一方面，加强主体协同，促进双向互动。双方还就此建立了共同规划、共同研讨、共同评估的长效机制，以提高各项教育的科学性和实效性。丰富的教育活动是共同体建设的重要形式，校地双方结合社会责任意识教育主题，共设计开展志愿服务、专业实践、主题教育、困难帮扶、社会调查、文化交流等六大类育人活动类型，继续深入开展社区老人帮扶、走进街道义务维修、留守儿童呵护、城市法制宣传与法律援助、医院志愿导诊、社会问题调研、单位企业文化交流、优秀典型面对面等八个实践育人品牌。这其中，特别强调强化责任意识培养、注重理论联系实际、突出专业技能提升三个原则。在共办活动的过程中，双方也搭建了多个平台，强化了共建的基础。一是凝练特色，打造项目平台；二是整体规划，搭建育人基地；三是强化联动，建设沟通平台。当然，夯实制度基础，明确责任归属，规范行为管理，是推进校地共同体建设的有效保障和重要前提。校地双方坚持以协议为纲领，明确主体责任；以制度为基础，规范行为管理；以精细为标准，强化过程管理，很好地规避了共同体建设过程中的各类风险，提高了建设的有效性。

近两年来，学校联合地市组织学生社会责任意识教育主题实践活动近60余次，各学院以及学生社团和班级基本做到每两周走进社区和其他单位，开展一次志愿服务、专业实践等类型的育人活动。校地联合开展的丰富多彩的育人活动，不仅有力地培养了广大学生的社会责任感，也全面促进了湘潭市和学校关于共同体建设的协作融合。经过多年的共建活动，涌现出了一大批优秀学生。如中国大学生自强之星标兵彭月丹等。实践育人共同体建设活动在兄弟院校中也得到了好评，受到了许多媒体的广泛报道，产生了一定社会影响。通过共同体建设的不断推进，也关爱和帮扶了一部分社区困难群众和留守儿童。另一方面，使广大市民在这其中也进行了一次公民社会公德教育，强化了作为公民基本道德素质的社会责任意识。同时也由于活动的全面开展和深入的宣传引导，营造了积极向上的社会文化氛围，为地区文明城市和和谐社会的建设起到了重要的助推作用。

（二）长沙学院实践育人共同体建设案例

社会需求是高校人才培养的重要方向，但一直以来也存在着社会需求与学校培养脱节的问题。积极通过与企业、政府的合作，对接社会需求，共同开展实践育人，是当前许多高校提升人才培养质量的重要途径。应该说，近几年来，尽管国内许多高校在校企共建、合作育人方面取得了重要成绩，但也同时暴露了一些突出问题。这些问题主要表现在：校企没有有效构建深度合作的机制，部分专业并没有纳入校企合作育人的工作体系中，在合作中，企业的利益没有得到充分的重视等几个方面。面对以上问题，长沙学院以培养应用型人才为目标，进一步加强了政府、企业、学校三者的协同合作，开展实践育人共同体建设，充分发挥了三者的资源优势，同时也有效保证了三方的利益诉求，在实践育人的过程中，全面地实现了双赢。其共同体建设模式有四个非常重要的特点：

以拓展教学资源为目标，共同开展实践教学基地建设。一方面，学校与长沙高新技术开发区和浏阳国家生物产业基地等签订合作协议，建立了覆盖学校各学科专业的校外实习基地，其中有 1 个基地被评为国家级实践育人基地，10 个被评为省级优秀实习基地；另一方面，学校本着利益共赢的原则，积极吸引企业为校内实验实训中心的功能提质改造注入资金，如上海智翔信息科技股份有限公司投资 450.75 万元，为机电与通讯工程实训中心购买了软硬件设备；长沙市月亮星数码科技发展有限公司投资 120 万元，在学校建立了动漫 MIC 苹果实验室；安博教育集团投资了 200 多万元，与学校共同建设了 7 个实验室；长达公路检测中心先后投资 400 万元，为学校购买实验仪器设备。

以提升创新创业能力为重点，共同培养应用型人才。学校在各教学系部成立专业建设咨询委员会，聘请相关企业专家作为咨询委员会的委员，参与共同制定人才培养方案，共同进行学科专业建设，共同进行教学改革。不仅如此，还邀请企业共同参与培养应用型人才、提升创新创业能力相关的双师型教师团队的建设、能力课程与工学结合特色教材的开发、实习实训基地的长效运作等。另一方面，学校加强与企业合作，开办富有企业特色的多元化的课程培训班和专业班级。学校先后与三一重工、中联重科共同开办了

"三一班"、"中联班"。上海智翔科技股份有限公司为学校提供就业培训项目，学校也对此进行了学分课程的认定，有效实行了校企"课程置换"。与安博教育集团工程师合作编写了《C 语言程序设计教程》等 4 部教材和《NET 前沿技术》等 2 部内部讲义。通过一系列的合作共建，学生创新创业能力有了极大提升，也取得了非常可喜的育人成绩。如中联重科班学生的《新型全方位水剂喷射灭火器》获第十二届"挑战杯"全国大学生课外学术科技作品竞赛二等奖，等等。

以服务经济社会为导向，共同开展科技攻关。在共同体的建设过程中，积极发挥教师的科研积极性，通过协同合作、共同攻关的形式，促进科研成果的转化，服务地方建设和社会发展。学校老师承担了多项横向科研课题，也为学校、社会带来非常大的科技产值。如长沙学院潘怡博士的"湖南生物价局实时价格检测评价分析系统项目"获得 462.75 万元的资助。

共建合作就业机制，促进学生就业，提高专业对口就业率。长沙学院依托长沙工程机械、汽车及零部件、家电、电子信息、新材料、中成药及生物医药等六大产业集群，以合作育人的骨干企业为支撑，建立校企协同合作就业机制，拓宽就业渠道，同时也进一步丰富了实践育人共同体的建设内涵。如学校依托国家级实践育人基地——长沙中联重工科技发展股份有限公司，建立起了适应该公司的学生培养及就业机制，使本专业学生进入中联重科的人数不断提升。

不难看出，长沙学院与企业共同建设实践育人共同体的成效是明显的，特色也是非常突出的。在建设的过程中，充分实现了政府、企业、学校三者的协同和共赢。通过共同体的建设，政府实现了地区经济社会的持续发展，企业获得了优秀的人才资源和技术服务，学校也从中获得了更多资源支撑教学和科研的发展，学生在其中不仅提升了综合素质，同时也获得了自身满意、专业对口的就业岗位。

三、启示思考

实践育人共同体的建设是集成理论在大学生思想政治教育中的一种应用，是解决当前实践育人困境、提升教育成效的重要途径。实现这一集成行为，顺利推进实践育人共同体建设，关键要注意以下几点：

（一）注重目标协同，推进实践育人的整体寻优

集成具有三个突出的特征：一是主体行为性；二是整体寻优性；三是功能倍增性。这也是集成区别于其他管理行为而独有的特点。集成之所以具有主体行为性，是因为集成是各集成主体的主观行为，它反映了集成主体客观性质与主观需求。集成行为的实现客观上需要一定的集成条件，而从集成主体的主观方面而言，对集成主体各自利益的观照，也是实现集成行为不可或缺的条件。各个集成主体之所以参与集成模式的构建，或是由于政策的约束，或是由于理想道德的规劝与引导，但更多的是对本身利益的关注，以及对更大程度实现自身利益，达成集成效益的渴求。当然，这里所说的集成主体的利益诉求是统一于集成行为整体目标的。换言之，集成的整体目标是各集成主体目标利益的最大公约数。只有在明确统一目标的基础上，充分满足各集成主体的利益诉求，才是达成目标协同、推进集成模式构建的关键要义。因此，从基于各自利益诉求的集成行为来看，各集成主体无外乎构建了互惠互补、协同共生、聚合重组等多种集成模式。对集成主体利益的充分关注，不仅会影响集成模式的集成度，同样对于集成效应的充分发挥具有重要的意义。

为了特定目标而聚合，这是共同体最初的定义，也是一直延续下来的关于共同体构建的重要内涵。共同体与功能体不同，是一种区别于一般组织的特色集成，因此对自身愿望的满足要比组织本身的成长更为重要。作为一种集成模式，共同体也是包括两个或两个以上的建设主体。随着时代的发展，

地域、血缘等因素对于共同体构建的影响越来越小，利益目标的协同已然成为共同体构建的基础条件。从某种意义上而言，共同体各建设主体的利益关系是相对复杂的。寻找各主体的利益结合点，以达成建设共同体的统一行动，是共同体建设的必要的前置问题，也就是集成主体的整体寻优。实践育人共同体是共同体（集成模式）构建的一种形式，其主要包括了政府、学校、社会（党群社团、社会组织、企事业单位等）等几个育人主体。在实践育人共同体的建设过程中，政府、学校和社会有统筹指导、主体实施、广泛参与的责任，但同样有各自利益的诉求。通过实践育人共同体的建设，政府希望加强社会文明建设，助推经济社会发展；社会希望获得公共服务、公益事业、人才资源、技术服务等方面的帮助；而学校自然期望拓展教育资源，提升人才培养质量。三者的利益结合点是不言而喻的，主要问题是对这些利益诉求的关注与实现。应该说，这就是实践育人共同体建设主体深度合作和持续发展的基础，它直接关系到实践育人的教育成效。武汉大学在推进研究生实践育人共同体建设方面就充分注意到了这一点。截至 2016 年，武汉大学在天津、重庆、广西、广东、湖北、新疆、浙江、江苏等 8 个省（区、市）共建了 18 个实践育人基地，这些基地每年可以为学校提供 500 多个实践岗位，几乎涵盖学校 100 多个学科专业。而且，每年地方政府都要为此投入近 100 多万支持学生在基地开展实践育人活动。广大学生也积极参与实践育人活动，他们举办了技术技能讲座 150 多场，撰写调研报告 200 多篇，翻译外文资料 500 余万字，解决技术难题 500 多项。正是如此，政府、学校和社会在实践育人共同体的建设中充分地实现了互利共赢。

（二）突出优势互补，发挥育人资源的集聚效应

资源集聚是集成行为的突出表征，它深刻地反映着集成理论的优势。集成是集成主体在目标协同下的管理行为，在客观上必然会造成各集成主体资源的集聚，这也是集成通过改变资源配置实现功能倍增的一大特点。从人类历史进程来看，集聚都是社会文明发展的重要标志，如产业集聚、城市化

等。集聚是一种全新的资源配置方式，旨在盘活现有的资源存量，从而提高资源使用效率。集聚是一种有序的行为，其产生需要一定的条件，也遵循一定的规律。同时，在其发挥效应的影响半径内，自然形成集聚区域。在集聚区域内，资源会形成有效的流通、共享、竞争机制。从集聚区域外部而言，也会形成良性互动的外部效应。两者对于资源集聚效应的形成，都发挥着非常重要的作用。就高等教育事业而言，集聚的优越性也是非常明显的，许多学者也就此做了大量的理论和实证研究，如王家庭等的《高等教育资源集聚对提升区域创新能力的影响研究》等。稍微与此有些不同的是，我们所说的集聚是一种发生在集成行为之下的资源集聚，更强调的是资源的共享与互通。在教育事业中，牵涉到多个集成主体的有绝对差异性的资源集聚，是一种教育资源的拓展，必然会造成教育成效的提升。这种提升是在资源总量既定的情况下产生的，因此这种效果是1+1>2的，也就是资源的集聚效应。

实践育人共同体在概念表述上，就充分地体现着资源集聚的内涵。所谓共同，不仅是主体的协同，也是育人资源共同集聚。实践育人是一种特殊性的教育行为，与课堂教学有着明显的区别。在实践育人工作中，学校只能是组织与引导。并且，学校在实践育人方面的教育资源也是非常有限的。而对于政府与社会而言，其就是广阔的实践天地，资源的丰富性可想而知。这不仅揭示了集成实现（共同体构建）的可能性，同时也表明了集成之后带来的可观成效。如前所述，任何资源集聚行为的产生，或是由于政府的主导，或是由于利益的驱动。而实践育人共同体建设形成的资源集聚，既是面向学生主体的立德树人使命的使然，也是对于实现自身目标的一种有益的管理行为。学校、政府和社会都有培养人才的责任，但在人才培养方面也都有着各自的优势与短板。实践育人共同体的建设就是要通过集成管理，实现优势互补，发挥资源的集聚效应。学校发挥人才和学科优势，对共同体建设进行有效的组织和引导；政府和社会全面支持，广泛参与，发挥社会各类资源优势，为大学生实践能力的提升提供资源和环境，三者深度合作，优势互补，协同发展。这种对传统思想政治教育方法的延伸和平台的拓展，正是集成管理为高校大学生思想政治教育带来的一种全新视野。

（三）强调主体互动，实现实践育人的功能倍增

集成的可能性源于一定的集成条件。而一旦集成行为实现，形成了稳定的集成体，那么各集成主体的协同互动就变得非常重要了。集成具有主体行为性这一特征，集成主体的行为在集成体的建设中至关重要。集成主体的行为决定着集成体是否可以形成，也决定着集成模式具体组织形式，最终对于集成体功能的发挥也会产生重要影响。因此，集成主体的行为是贯穿整个集成体构建的始终，是集成行为的核心内容。集成体不是一个静止的组织，而是一个通过不断运行且产生更大效应的管理组织形式。这种基于集成界面的动态运行，说到底是集成主体行为的有效运行。从理论上来说，集成主体的行为包括集成主体之间的行为，也涵盖集成主体与集成环境之间的行为。因为集成环境说到底是一种超集成体，所以集成主体的行为就是集成单元之间的相互影响和作用。虽然，集成效应的发挥需要借助一定的集成界面，与集成环境也有着密切的关系，但集成主体的有效行为既是集成体形成的直接动因，也是集成效应发挥的直接条件。因此，关注集成主体行为，强调集成主体互动，是非常重要且有价值的。

实践育人共同体是围绕提升学生实践能力的多个主体的育人行为。就当前来看，政府、企业等社会力量对实践育人共同体构建的积极性不高、投入不足、互动不够是普遍存在的问题。虽然这样的问题造成有对相关主体利益的忽视等多方面的原因，但其中主体的互动对实践育人的成效有非常重要的影响。政府、学校和社会各有特性，功能与责任不同，所具备的资源也有明显的差异。充分发挥三者的积极性，加强协同互动是推进实践育人共同体建设，提升实践育人成效的核心途径。平心而论，这需要协同三者的目标利益与功能权责，但根本上是需要做好制度设计。大体来说，成功的实践育人共同体建设都充分注意到了这个方面，并且做了大量的工作。许多高校也就此探索出了多种推进建设主体协同互动的特色经验。自2012年开始，河北省

就积极推动全省大学生利用寒暑假开展"体验省情，服务群众"的实践育人活动。在这其中，特别注重校地对接和协调联动。从省委省政府的高度，要求各高校书记和校长亲自挂帅，宣传部、学工部、团委等部门协同参与，要求各校制定专门的工作方案，并有完善的经费保障和政策支持。同时要求各地方各部门积极配合，充分调动资源，协助做好实践育人工作。以张家口市为例，就将学生实践"课表化"，确保各项工作落到实处。另外，北京市的北京化工大学、北京石油化工学院和北京电子科技职业学院与中关村美中生物技术产业集群创新联盟建立合作关系，依托行业协会来推进校企协同的实践育人共同体建设，充分强化校企的协同联动，提升建设的实效。

专题Ⅱ　大学生网络思想政治教育集成创新

一、背景分析

作为一种普遍存在的现象，集成既是一种思想、一种理论，也是一种方法。集成不是技术或要素的简单叠加，而是基于一定创造性思维，实现要素的组合集成和互补匹配，形成更加高级有序的结构，进而发生质的飞跃。创新是人类充分发挥主观能动性的高级行为，无论作为一种认识能力还是实践能力，都对人类社会的发展有着非常重要的意义。不难看出，从提升效率、促进发展这个角度来看，集成和创新具有非常明显的契合关系。将创新要素进行集成管理，就是集成创新的重要内涵。集成创新在理论和实践上都经历了一个相对较短却又快速发展的演变时间。早在20世纪70年代，美国著名学者纳尔逊和温特就率先提出了创新进化论，目的在于推动综合性创新研究。而后，系统论和协同论的相继提出，都极大地强化了创新管理的集成化研究趋势。于是，集成创新便就此应运而生。在我国，1998年李宝山在《集成管理——高科技时代的管理创新》一书中较早提出了集成创新是创新要素的一种创新融合过程。但该书主要是基于管理科学，着重研究了集成管理和技术创新的集群化，对集成创新未作深入探讨。而后，便有许多学者从哲学、管理学等多个角度对集成创新的对象、过程等方面展开了研究。应该说，集成创新就是集成理论的一种应用。集成创新理论就是将集成概念应用于创新管理领域，旨在实现集成与创新的融合。关于集成创新的概念定义，历来众说纷纭，主要有狭义和广义之分。狭义上的集成创新是对相关技术的有效集成，从而形成具有较大竞争力的新产品甚至新产业。狭义上的集成创新偏重于指代技术集成创新。而广义上的集成创新，则拓展了概念的内涵和外延，将制度创新、组织创新等内容囊括进来，是从更加开放的角度来理解集成创新。事实上，我们通常所讲的集成创新更多地也是指广义上的集成创新。因此，我们认为集成创新就是在集成理论的指导下，基于创新目的而将不同主体的创新要素进行创造性地集成，并使其相互之间形成高级有序的结构，进而实现功能倍增的实践过程。集成创新在思想上突出集成理论的指导，在过程方法上强调集成手段的运用。集成创新的优势主要在于创新要素的充分利用以及创新效率和效益的更大提升。所以，进行大学生思想政治教育的集成创新具有很重要的理论意义和现实价值。

大学生网络思想政治教育是大学生思想政治教育的一个内容，在当下具有非常重要的地位。从概念内涵上来看，大学生网络思想政治教育就是面向大学生群体，在网络环境下，依托网络平台，运用现代信息技术开展思想政治教育的活动。我国的大学生网络思想政治教育发展不过 20 多年，却也发生了翻天覆地的变化。自 1994 年我国接入互联网开始，大学生网络思想政治教育便正式起步。作为一种依赖网络环境而进行的教育活动，大学生网络思想政治教育的发展与网络信息技术的发展在很大程度上是同向共生的。从以超文本链接为主的 web1.0 到以生产重视用户需求的内容为主的 web2.0，再到旨在形成全球大互联的 web3.0，网络信息技术发展日新月异。在此之下，大学生网络思想政治教育在应对接入互联网的负面效应中初步形成。这一时期，网络思想政治教育主要是对大学生网络行为的管理以及对网络负面信息的过滤。在 1999 年 9 月中共中央颁发的《关于加强和改进思想政治工作的若干意见》中，明确提出"加强互联网上的信息分析，有针对性地加大网上宣传力度，提高宣传质量"。这是国家第一个关于大学生网络思想政治教育的文件，这也正好说明了我国的大学生思想政治教育是在互联网快速发展的形势下被动展开的。时隔不久，教育部在印发的《关于加强高等学校思想政治教育进网络工作的若干意见》中要求加大教育引导，批评和纠正错误信息和言论。2005 年，教育部下发的《关于进一步加强高等学校校园网络管理工作的意见》，开始全面推行实名制，加强对高校学生网络行为的管理。随着 BBS、博客等应用工具的产生，大学生网络思想政治教育开始注重抢夺网络阵地，提供有益的网络文化产品，这时正式进入全面发展的时期。2007 年，教育部组织召开高校校园网络建设和管理研讨会，强调要"不断丰富校园网络文化产品，打造具有校园特色的网络文化品牌"。直到智能化设备、云计算和物联网的出现，信息社会进入到一个全新的时代，大学生网络思想政治教育也进入到一个深度拓展时期。2013 年，教育部和国信办下发了《关于进一步加强高等学校网络建设和管理工作的意见》。2015 年，中办和国办印发了《关于进一步把加强和改进新形势下高校宣传思想工作的意见》，2016 年，召开了全国高校思想政治工作会议，习近平总书记发表了重要讲话。这一系列的文件和会议，都为当前大学生网络思想政治教育的深入开展提供了有力的思想指导。

随着信息技术的发展，互联网已经成为人们生活的重要组成部分，大学生网络思想政治教育的重要地位越来越凸显。根据调查数据显示，有83.5%的大学生每天上网时长超过 2 个小时，94.0%的大学生使用微博或微信，96.0%的大学生通过上网来休闲娱乐、获取信息、学习交流等。由此可见，大学生作为一类网络行为主体，很多人的学习和生活都在一定程度上依赖于网络。当前，推进大学生网络思想政治教育非常迫切。虽然经过二十多年的发展，大学生网络思想政治教育成效是显著的。但面对快速发展的信息技术和广大学生丰富多元的教育需求以及个性特点，当下的大学生网络思想政治教育还是存在一些问题。基于这样的时代背景和问题现状，推进大学生网络思想政治教育的集成创新就成为提升思想政治工作质量的必要突围策略。

二、案例探讨

（一）重庆邮电大学"红岩网校"集成创新案例

随着信息技术的快速发展以及高校网络硬件设施建设的不断完善，主动抢夺和建设网络阵地逐渐成为网络思想政治教育工作的重要内容。从 1999 年开始，红色资源的网络化成为一时风尚，许多高校纷纷开始建设以红色教育为主题的思想政治教育网站。如北京大学的"红旗在线"、上海交大的"焦点网"、西南大学的"青春缙云"、清华大学的"红色网站"等。在这样的时代大潮中，重庆邮电大学于 2000 年建立"红岩网校"，以此作为学校网络思想政治教育的专题网站。

十多年来，重庆邮电大学在"红岩网校"的集成创新方面，做了大量探索和实践。首先，在组织机制上集成构建了一个全员参与的工作格局。重庆邮电大学从建网伊始就成立了以主要校领导和职能部门负责人为成员的"红岩网校"校务委员会。学生管理工作干部、社团指导教师、学生干部作为"红岩网校"的主要工作人员，也积极参与到网站的建设当中来。由此形成了一个贯穿学校整体、涉及多类人员的组织建设架构，很好地形成了网络思想政治教育的合力与优势。其次，在建设过程中注重弘扬主旋律与突出多样性的统一。一方面，学校在"红岩网校"的建设上弘扬主旋律，坚持马克思主义在网络思想政治教育阵地的主导权。学校在"红岩网"上开设了"网上党校"、"红岩阵地"等弘扬主旋律的栏目，同时通过多媒体技术，使思想政治教育的内容和形式变得生动新颖，从而有效形成了网络主流舆论强势地位。另一方面，学校通过"红岩网校"设立"红岩网站"，并开设了

"红岩影院"、"网上报告厅"、"电子海报"、"校园透视"、"红岩博客"、"技术前沿"、"时尚文化"等一大批教育栏目和版块，全方位为广大学生的成长成才提供帮助和服务，满足了广大青年学生多层次的需求。再次，管理与建设并重，充分维护网络思想政治教育的意识形态安全。在硬件设施建设上，重庆邮电大学不断加大投入，全面实现了有线网络和无线网络校园全覆盖，大部分教学资源全部信息化，师生的网络生活已成为校园生活的重要部分。在规范管理方面，重庆邮电大学非常重视，并采取了大量的措施。如自 2001年开始，学校就全面推行了网络实名制，加强对学生网络身份和行为的管理。另外，学校还先后制定并实施了《关于进一步加强"红岩网校"建设的实施意见》等 21 个管理制度，从自律、教育、技术、行政和法律等方面有力夯实了网络行为管理的工作基础。最后，在"红岩网校"的日常运营方面，坚持学校主导与学生主体相结合。从工作整体流程的设计上来说，"红岩网校"坚持老师的指导，充分发挥学生的网络文化自觉，让学生参与建设和维护。在学生团队中，实施"学生技术导师制"，从而在学生团队的建设上实现了良性循环。经过多年的建设，"红岩网校"建设成效显著，思想政治教育功能也日益得到彰显。

目前，"红岩网校"已基本建成"一校、五网、十三站、229 个一级栏目、756 个二级栏目"体系架构，网站常规注册 2 万余人，日均点击率达到10 余万人次。专题网站的建设经验受到了中宣部、教育部、团中央以及国家广电总局的表彰和推广。由于其出色的建设成绩，2007 年由中央教育科学研究所牵头的全国网络思想政治教育工作会议在重庆邮电大学召开。

（二）中南大学"四位一体"网络思想政治教育集成创新案例

习近平总书记在全国宣传思想工作会上指出，必须增强主动性、掌握主动权、打好主动仗。中南大学基于当下网络思想政治教育的理念、环境等方面的变化，紧扣育人根本，主动适应时代，在网络思想政治教育方面形成了"四位一体"的工作模式。

第一是创建微博矩阵。中南大学系统设计、认真组织，构建了"5+4+1+X"的微博矩阵。"5"是5级微博体系，主要是指校、院、班、会、协五级组织微博，其中涵盖了学工部、研工部、团委、后勤管理处等职能部门微博，30个学院微博，1377个班级团支部微博，学生会、研究生会等2个学生组织体系微博，103个学生社团微博。各级微博积极建设"微思想"、"微百科"等内容板块，形成了较高影响力和活跃度。"4"是4类达人微博，主要是指党政领导、全国模范教师等教学名师、辅导员团干、优秀学生典型。通过利用校园名人魅力和影响，积极教育和引导广大学生。"1"是1个校园微博社区。中南大学在2009年成立了校园微博平台——升华微博，为学生提供了以寝室为单位的小众化微博社区。微博社区通过开展一系列的微活动，营造了良好的校园舆论氛围。"X"是指系列主题微博，即通过学校微博矩阵开展课业科研、就业信息、创业帮扶、心理辅导、生活帮助等特色服务，为学生成长发展提供帮助。第二是深入利用微信平台。中南大学除利用各种团学微信公众号发布通知、宣传典型之外，还积极进行了微信平台的功能开发。如开发微信平台的手机报纸功能、电子杂志功能、活动组织功能、数据查询功能等。通过开发微信平台的应用功能，丰富广大学生的网络生活，同时也使得平台更受学生欢迎。第三是建立微影音传播中心。微影音传播中心即中南大学的网络文化工作室。工作室主要是为学生制作原创微电影、微音乐、微课堂、微软建等微产品提供服务。一方面，中心致力构建网络文化产品分享平台；另一方面，中心也致力组建网络资源互动示范社区。正是由于有这样一个优秀的网络文化工作团队，也就为学校网络思想政治教育提供了有效的产品供应。第四是做精德育网站群。中南大学在统一规划和部署下，根据网站主要内容不同，先后建立了中国高校勤工助学在线、马列网、新闻网等22个德育网站。其中3个网站为全国省部级示范性德育网站、9个获评全国高校百佳网站。除此之外，为了促进德育网站的可持续发展，学校还采取了一系列措施。如细化网站服务，在中南大学就业信息网成立全国高校首家职业选择能力训练实验中心。还有如实化培训，通过德育网站网络视频直播指导学生开展创业实训实验班。

总而言之，中南大学从这四个方面同时发力，有效搭建了这样一个"四位一体"的网络思想政治教育工作模式。应该说，这四个方面涉及了网络思想政治教育的平台、团队、产品等多个方面，充分体现了集成创新网络思想政治教育的工作理念。

（三）重庆大学易班（e-class）集成创新案例

自 2007 年教育部实施易班推广计划以来，易班已经逐渐成为重要的高校学生网络互动社区。但随着互联网技术的不断发展，易班也面临着诸如商业化网络应用、社会化网络平台冲击等的诸多挑战。如何深入实施易班推广计划，切实地将易班建设成高校范围广、影响大的主要的网络思想政治教育平台，已经成为我国大学生思想政治教育不可避免的课题。从另一个角度来说，易班作为国家教育行政部门积极部署的行动计划，易班同时也面临极为有利的机遇。

重庆大学作为易班在沪外推广建设的首批高校，充分将易班的自身特色与学校实际有效结合，通过多措并举，将易班建设成为学校网络思想政治教育的大数据平台。一是搭建工作机制。基于易班作为开放的网络社区平台的综合性特点，重庆大学制定了大数据平台建设规划。学校成立了以主要校领导和 3 个部门负责人为成员的领导小组。与此同时，学校还设立了校级和院级的易班发展中心和学生工作站，形成了校、院、班三级的易班建设组织保障。通过完善的机制和组织建设，深入设计和推进易班建设。二是确定数据来源。通过技术手段，将学生的线下活动迁移到互联网上，并进行相关的网络行为数据采集。这也就是确定数据渠道来源的基本原理。重庆大学在易班的建设上，整合了门禁系统、校园支付等校园服务系统功能，以此将易班建设与智慧校园结合起来。通过深度的资源整合，使学校学生的许多网络行为发生在易班这个平台上，由此易班也就成为学校网络思想政治教育大数据的渠道来源。三是构建分析工作队伍。大数据反映了大学生网络思想政治教育诸多状况，对数据利用的前提自然是对数据进行有效的分析。重庆大学成立了教师工作团队，专门致力于分析易班平台上学校学生活动行为和网络表现的大数据。通过分析研究，了解情况，发现问题，找寻规律。四是科学利用数据，提升思想政治教育工作质量。重庆大学海量数据分析，得到了若干有关学生学习和行为等方面的信息。据此，学校对网络思想政治教育工作积极进行完善和调整。如学校通过调查新生需求之后，将易班新生入学教育前置，有效提升了教育实效。同时，重庆大学还将数据进行共享，为学校相关部门工作的开展提供参考。

对于高校而言，易班作为一个网络平台，既可以作为学校学生服务系统，也是学校网络思想政治教育的重要阵地。重庆大学通过推进易班建设计划，一方面将其作为收集学生网络行为的数据渠道，同时据此来开展针对性的网络思想政治教育。这是一种难得的大数据工作理念的有效实践。当然，大数据说到底是一种现象，真正通过极富针对性的网络思想政治教育提升教育质量，还是有待高素质的思想政治教育工作的甄别和推进。

三、启示思考

大学生的网络身份特征和网络生存方式已经越来越受到关注和重视。在互联网与生活紧密结合的社会背景下，深入推进高校网络思想政治教育，是极为紧迫的政治任务和教育使命。就质量的有效提升而言，结合许多高校的实践案例，网络思想政治教育的集成创新主要有如下几点启示：

（一）价值集成：构建大学生网络思想政治教育的立体价值维度

互联网信息技术的飞速发展，带来了网络思想政治教育工具与理念的不断更新。许多新的变化却无法掩盖关于网络思想政治教育本身价值的探讨。作为网络思想政治教育的核心要义，网络思想政治教育本身价值是亟待解决的元问题。作为一种教育形式，网络思想政治教育既具有自身独特的时代特征，同时也承载着重大的教育使命。因此，构建一个立体的价值维度，是在信息技术飞速发展的今天推进网络思想政治工作的重要基础。总体说来，其价值维度应该包含三个方面：

一是鲜明的政治价值维度。网络思想政治教育具有非常鲜明的意识形态属性，所以其在意识形态方面的安全性自然不可忽视。网络空间，作为实际生活空间的一种映射，充斥着各种各样的信息。又因为网民身份的隐匿性特征，使得网络空间的意识形态斗争极为激烈。在网络空间，主流价值观念经受到诸如普世价值思潮的冲击，存在着反马克思主义的价值体系和思想观念不断传播等问题。网络思想政治教育自然应该提高政治站位，在政治价值维度上坚持马克思主义意识形态，强化意识形态的安全需求，进一步凸显社会主义中国的政治属性。政治价值维度关乎网络思想政治教育的存在意义和价值目标，是推进网络育人的核心价值维度。

二是深厚的社会价值维度。网络思想政治教育是在一个信息化的时代背景、社会场域和网络空间下组织开展的，它是历史发展的必然产物，因此它必定对社会的发展产生一定影响。从这个角度而言，网络思想政治教育的社会价值维度不可或缺。就其本质来说，网路思想政治教育是通过对学生的教育引导和对文化的传承创新来推动社会的发展和进步。具体阐释网络思想政治教育社会价值维度的内容相对较为艰难，但其内涵无疑是深厚的。其核心要义无外乎通过网络思想政治教育的实践探索推动教育质量的提升；通过对思想政治教育资源的网络阐释与传播，建设先进的社会主义网络文化；通过将思想政治教育与网络信息技术深度融合，营造清朗的网络空间。

三是全面的个体价值维度。教育的终极目标是实现人的全面而自由的发展。对人的发展问题的关注，是对网络思想政治教育存在价值的元问题的有效回应。网络思想政治教育是通过运用互联网信息技术和平台来提升育人质量，是一种工具理性和价值理性的有效整合。基于这样的发生背景，网络思想政治教育的着力点就是立德树人。就是通过积极正确的思想引导、文化表达和育人服务来实现广大学生的全面发展，进而教育引导学生成为中国特色社会主义的合格建设者和可靠接班人。三个价值维度缺一不可，是网络思想政治教育存在意义和目标的根基。

（二）管理集成：夯实大学生网络思想政治教育的基础支撑条件

管理集成是指向大学生网络思想政治教育集成创新的过程而言，是要求将管理单元集合成一个有机整体的行为与过程。努力构建一个集成有序的网络思想政治教育基本条件，是推进集成创新的基础。从许多高校关于大学生网络思想政治教育的探索实践来看，需要集成的条件要素主要以下几个方面。

一是搭建集成平台。建设集成平台，是占领网络阵地的先决条件。随着网络信息技术的飞速发展，各种网络平台不断出现。从 web1.0 时代的 BBS 到 web2.0 时代的各类网络社交平台，再到现在基于移动客户端开发的新媒体平台。学生在哪里，思想政治教育就应该在哪里。对于提升教育效果的需求，要求我们必然在各类网络平台上全面推进网络思想政治教育。就目前互联网发展的状况而言，网络平台主要有如下三类：主题网站、新媒体平台和功能 APP。大学生网络思想政治教育只有集成建设这三类平台，教育的场域才算是完整的。如上海大学通过微博矩阵、微圈、功能 APP 等平台的建设，同时进行错位宣传，有效提升了学校大学生网络思想政治教育质量。

二是建设工作团队。高素质的工作团队，是推进大学生网络思想政治教育的核心。网络思想政治教育是一种新生事物，与传统思想政治教育有着诸多的差异，特别是在教育的主客体关系上。严格说来，网络思想政治教育的主客体关系是一种交互式的，存在着复杂的互动关系。作为教育对象的学生，对教育的开展和内容的接受有着非常突出的主体性特征。加之，大学生是这个时代最为活跃的群体，对新兴的互联网有着非常强烈的亲近感和非常深入的了解。因此，建设一个以学生为主体，集成老师和学生的工作团队是网络思想政治教育团队建设的必然选择。如此，既能充分发挥学生的网络文化自觉，提升教育的针对性和感染力。同时也有利于强化对大学生网络思想政治教育工作的指导和监管。如许多高校建设的网络文化工作室就是这样一个团队集成建设的代表案例。

三是完善工作机制。集成界面是集成关系形成和发展的基础。大学生网络思想政治教育的集成创新只有建立起一个完善的工作机制，网络思想政治教育的集成效应才能真正发挥。这个完善的工作机制应该包括：阵地建设、团队管理、产品供应、数据分析、监管督查、对外交流等多个方面，并进行相互衔接、有序整合，从而为集成关系的建立和集成创新行为的实现提供基础。

从理论上而言，平台、团队和机制其实是统一的，只不过在每一个要素优化建设时，需要积极进行集成管理。每一个要素的集成优化，都是对网络思想政治教育集成创新的分解。最后通过对这些要素的整合，统一构成一个科学高效的集成界面，为集成创新提供基础。

（三）策略集成：优化大学生网络思想政治教育集成创新的教育行为过程

作为一个系统的工作模式的创新，大学生网络思想政治教育的集成创新自然包括多条策略路径。但从与传统思想政治教育对比的角度来说，却有三个方面的集成策略需要充分重视。在集成理论上，其实这可以看作是一种小规模的互相匹配式的单元集成。

首先，注重思想性、艺术性与趣味性的有效统一。网络行为、网络空间、网络思想政治教育因为自然地与网络联姻，因此必然带有鲜明的互联网特征。这种特征，深刻地体现在话语、关系、传播、行为等多个方面。其中，对传统思想政治教育庄重性讲授和线性的传播的消解，是最为突出的表征。因此，在积极进行理论、话语等网络文化创新的同时，应该充分注重网络思想政治教育思想性、艺术性和趣味性的统一。既要明确社会主义理想信念教育的核心教育内容，也要兼顾互联网上的网络传播特点，让大学生网络思想政治教育既有意义，又有意思，从而提升教育的针对性和感染力。

其次，加强线上与线下的深度融合。大学生网络思想政治教育是思想政治教育的重要组成部分，并不是孤立的存在。因此，从文化场域来说，大学生网络思想政治教育行为的发生应该存在线上与线下两个场域。而且，这两个场域相互联系，共同维护网络思想政治教育的完整性。线上与线下的融合，说到底其实是一种思想政治教育的整合行为。线上与线下的有效结合，一方面规避了互联网的某些教育缺陷，同时丰富了线下思想政治教育的文化形式。通过这样的深度融合，很好地结合了线上的创意性和线下的实效性，提升了大学生思想政治教育的质量。例如上海大学在易班网上建设党建工作模块，将党校培训等内容搬到网上。这种方式既迎合了学生的个性特点，同时也通过信息技术减少了工作成本，因此也更大程度地提升了工作成效。

最后，推进信息技术与教育方法的全面融合。当然，组织开展大学生网络思想政治教育自然就含有信息技术与教育方法融合的命题。但是，融合的行为本身却是一个值得关注的问题。平心而论，在推进网络思想政治教育的过程中，既不能裹足不前、不思进取，滞后于网络的发展，甚至割裂信息技术与思想政治教育方法。另外，也不能过度强调网络信息技术的工具性，而忽略思想政治教育本身的理论与文化创新，造成大学生思想政治教育异体化隐忧。总而言之，既要有互联网思维，也要有思想政治教育本位意识，有效进行信息技术与教育方法的融合。

这三个方面的集成策略，是互联网发展的客观要求，也是大学生网络思想政治教育的特征体现和质量提升的重要途径。

专题Ⅲ　大学生社会主义核心价值观教育集成化

一、背景分析

集成体的形成依赖于一定的集成条件，而作用的有效发挥则需要高效的集成界面。因此，在一定程度上，集成效应反映了集成体或者说集成管理行为的有效性。但从集成体内部来看，其特征和性质的综合情况则体现在集成度上。而集成条件正是集成度的重要客观基础。以集成单元的关系为标准，集成度主要用集成关联度、集成融合度、集成密度和集成维度来描述。其中，集成融合度主要通过质参量的变化影响来反映集成单元的动态关系。而集成关联度则主要通过集成单元间的联系来反映集成单元的静态关系。所以，对集成条件的充分关注和利用，有利于形成有效的集成体。而对于集成度的关注和利用，则会促进集成效应的充分发挥。两者都是决定集成管理行为是否成功的重要因素。

核心价值简而言之，就是社会群体判定社会事务所依据的准则和标准。与法律、政治、经济一样，核心价值观都是组成社会结构不可或缺的要素。古今中外，各个时期，各个国家，都在致力于建设自己的核心价值观。所谓社会主义核心价值观，其实质就是进行中国特色社会主义现代化建设所需要秉持的价值观念。从党的十六届六中全会提出建设社会主义核心价值体系，到党的十八大明确提出积极培育和践行社会主义核心价值观，再到《关于培育和践行社会主义核心价值观的意见》提出将培育和践行社会主义核心价值观融入国民教育的全过程，我国对社会主义核心价值观的认识和实践经历了一个不断深化的过程。

社会主义核心价值体系与社会主义核心价值观联系密切。社会主义核心价值体系是在中国特色社会主义现代化建设中主导人们思想和行为的价值体系，而社会主义核心价值观是对社会主义核心价值体系的高度凝练和概括。二者都体现着社会主义意识形态的本质要求，是中国特色社会主义道路、理论、制度和文化在价值层面的表达。可以说，社会主义核心价值观源于马克思主义理论的深刻启示，植根于中华优秀传统文化的深厚土壤，得益于西方思想文化的有效借鉴。

培育和践行社会主义核心价值观，是我国一个长期而又重要的战略任务。从心理学上来看，社会主义核心价值观本质是一种态度。从理论上来说，在广大学生中培育和践行社会主义核心价值观，就是他们将其转化为自身所认同，并能付诸实践的价值态度的过程。社会心理学家凯尔曼·本将态度的形成分为三个阶段，一是模仿或服从阶段，二是认同阶段，最后是内化阶段。三个阶段其实说明的正是社会主义核心价值观培育和践行的内在心理机制。综合而言，培育和践行社会主义核心价值观客观上应该涵盖三个必然的环节：理论上的深刻认识，情感上的深度认同，行为上的深入实践。

作为建设中国特色社会主义的未来人才和核心力量，在青年大学生中培育和践行社会主义核心价值观影响深远，意义重大。《中国大学生思想政治教育发展报告 2017》调查显示："87.1%的大学生赞同'国家提出社会主义核心价值观十分有必要'，对此持中立态度的大学生比例为 10.7%，仅有 2.1%的大学生对此持不赞同态度。"① 从现状来看，应该说大学生认同和践行社会主义核心价值观的主流是好的，但依然存一些问题和挑战，主要表现为：一是隐藏的价值危机。即西方普世价值、自由主义思潮的冲击，干扰社会主义核心价值观的教育。二是无奈的教育困境。即由于教育举措的乏力，没有全面地结合时代发展，面向学生特点，影响广大学生对社会主义核心价值观的认知和接受。三是不良的社会风气。随着经济社会的迅速发展，不可避免地衍生出了拜金主义、诚信缺失、贪污腐败等不良社会现象，这给大学

---

① 沈壮海等：《中国大学生思想政治教育发展报告 2017》，北京师范大学出版社 2018 年版，第 86 页。

生社会主义核心价值观的教育也带来了不小的负面影响。

面对问题，既要有深刻的问题认识，也要以问题为导向，找出切实可行的举措。社会主义核心价值观作为社会结构的核心要素，代表着先进文化的方向，在价值层面生动地表达着中国特色社会主义道路、理论和制度。因此，社会主义核心价值观与我们国家民族的文化、政治、经济、科学技术存在丰富的联系。这就是实施集成管理，形成集成体必需的集成条件。换而言之，基于与社会主义核心价值观的联系，积极进行集成管理，推进社会主义核心价值观的教育集成化。对教育原则、教育机制、教育环节、教育资源等方面的整合创新，构建社会主义核心价值观教育集成体，提升其在大学生中的引领力，就是社会主义核心价值观教育集成化。它着眼于一定的教育目标，运用集成理论，因人、因事、因时、因地不同，而组织开展不同的集成行为，构建社会主义核心价值观教育集成体，以实现提升社会主义核心价值观教育实效的工作目标。这其中，因人、因事、因时、因地就是如前所述，充分关注和运用集成条件与集成度。无论从集成行为、集成规模还是组织方式的角度而言，这都是一种集成体的深度构建。以集成化的形式推进社会主义核心价值观的培育和建设，也正是面对当前困境，集成理论所提供的一种创新教育思路。

二、案例分析

（一）湘潭大学大学生社会主义核心价值观教育集成化案例

作为中国先进文化的代表，红色文化是社会主义核心价值观的重要文化来源，更是一种不可或缺的教育载体。湘潭大学因其独特的区位优势和红色资源优势，努力集成红色文化与社会主义核心价值观，积极构建红色文化传承教育与大学生社会主义核心价值观教育的集成体，有效地加强了大学生社会主义核心价值观教育，因此形成了大学生社会主义核心价值观教育集成化的特色做法。

湘潭大学利用红色文化传承教育，推进大学生社会主义核心价值观教育集成化，主要有以下途径：一是开发红色文化课程资源，推进大学生社会主义核心价值观理论教育。湘潭大学大力支持教师开展理论教学工作，注重推进红色文化进校园、进教材、进课堂。湘潭大学为此编写了《毛泽东思想概论》，并编入教学计划，进行课堂讲授。另外，还出版了《毛泽东晚年遗物解读》、《毛泽东的家世渊源》、《走进毛泽东遗物馆》等一大批体现红色文化精神的教材，作为课堂辅导教材。将毛泽东故居、彭德怀纪念馆、刘少奇纪念馆等红色文化纪念地作为大学生实践教育基地，进行现场实践教学。

二是开展红色文化教育实践，推进大学生社会主义核心价值观实践教育。湘潭大学与韶山管理局等单位长期紧密合作，联合开展红色文化的教育实践。如协助韶山毛泽东同志纪念馆等进行改馆和布展，完成《中国出了个毛泽东》陈列布展及解说词等。另外，积极开展红色文化表演、红色文化学习心得交流、红歌会、"红色旅游校园行"百人大合唱、"红色旅游故事会"等一系列红色文化教育实践活动，不仅深化了红色文化传承教育和社会主义核心价值观教育的感染力和吸引力，还有效提升了大学生思想政治教育实效。

三是充分运用红色文化校园媒体，推进大学生社会主义核心价值观网络教育。湘潭大学积极利用校园广播、校园网络、校报等媒体开展红色文化的宣传，弘扬红色文化精神，形成了浓郁的红色文化校园氛围。学校还以红色网站为平台，组织开展红色文化论坛的活动。通过推进红色文化校园网络的建设，进一步巩固了社会主义核心价值观网络教育阵地。

四是宣传红色文化校园人物，推进大学生社会主义核心价值观典范教育。通过挖掘学生身边的红色人物，发挥榜样示范引领作用，提升大学生的思想道德素质。这些典型人物有全国"双百"人物、全国诚实守信道德模范、"全国十大杰出青年"、十一届全国人大代表、十八大党代表文花枝，全国孝老爱亲道德模范杨怀保、"舍身救火英雄"夏彤义等。通过这些典型人物的宣传教育，充分彰显了他们身上的红色文化基因和红色文化精神，使广大学生深受熏染。

湘潭大学的红色文化传承和大学生社会主义核心价值观教育的集成体建设，既充分利用了红色文化与社会主义核心价值观的联系条件，也在集成体的建设过程中，有效把握了集成体的集成度。通过一系列的举措，增加了红色文化传承与大学生社会主义核心价值观教育的集成融合度，也强化了二者的集成度，深入推进大学生社会主义核心价值观教育的集成化，提升了价值观的教育实效。

（二）北京第二外国语学院大学生社会主义核心价值观教育集成化案例

丰富多样的教育形式对培育和践行大学生社会主义核心价值观具有重要作用。教育形式不断创新是一个不断发展的过程，而对于形式创新的集成却能有效形成教育集成体，从而实现大学生社会主义核心价值观教育集成效应。北京第二外国语学院以微活动为核心特色，对社会主义核心价值观的教育形式进行有效集成，具有重要的示范价值。

所谓微活动就是在简短有限的时间内开展教育活动，其主要特征就是时间简短、内容精炼和教育对象化。北京第二外国语学院主要从三层方面着力组织开展大学生社会主义核心价值观教育的微活动。一是注重理论宣传的针对性。北京第二外国语学院通过微活动将社会主义核心价值观教育的"长篇文件话"转变为当下的"流行话"。如学校设计了"百节微党课"、"百人微宣讲"、"百篇微传播"，用大学生日常事例和话语，将社会主义核心价值观讲明白、讲清楚，使广大学生听得懂、愿意听。而且，在此过程中，充分发挥学生参与的主动性，使他们由教育对象转变为教育的参与者和宣传者，实现了教育主体的双向互动。

二是提升情感交流的亲和度。在教育互动中，充分重视学生的情感体验，与学生进行平等对话，从而实现大学生对社会主义核心价值观的情感认同。北京第二外国语学院坚持"以情感人、以情暖人、以情育人"的情感教育理念，与学生在教育活动进行情感交流，实现平等对话。例如连续三年开展了100多场的"百场微约定"，让校长、书记走进学校，与学生进行零距离交流。交流的主题有："如何更好适应大学"，"您大学时期有什么理想"，"我该如何选择自己的职业"等。在面对面的交流过程中，校领导以自己对社会主义核心价值观的坚定信仰和自觉践行，激发学生的积极情感体验。并在此过程中，对学生的自身困惑和现实关切进行回应。进而通过示范教育，使大学生社会主义核心价值观教育更具说服力和感召力。这样的微活动还有"百人微故事"、"百对好语伴"等。

三是强调知行合一的统一性。北京第二外国语学院积极设计多种微活动，将教育的大目标与学生日常的"微行动"结合起来，引导广大学生将社会主义核心价值观落实到日常生活之中。如学校的"百人微行动"，就是号召学生"每天晨读一刻钟，上课早到10分钟，每天锻炼1小时"，引导学生结合社会主义核心价值观，从日常生活的点滴小事做起，将自己的成才大目标落实到日常生活的小细节上。这样的活动还有"百台微展示"、"百佳微推荐"等。

不难看出，北京第二外国语学院以"微活动"为特色统领，从理论教育、情感认同、日常实践三个层次集成了一系列的教育举措，构建了一个目标明确、内容丰富、特色突出的大学生社会主义核心价值观教育的集成体。这一集成体成功地实现了将社会主义核心价值观的宏大教育转变为与大学生日常生活紧密相关的微传播，使广大青年学生百分百参与。这个集成体以微活动打造大格局，使大学生社会主义核心价值观更有情感、更有温度、更有内容。正是因为这一成功的特色品牌打造，北京第二外国语学院这样的特色做法，还被《人民日报》、中央电视台等媒体宣传报道，形成了良好的社会影响。

（三）广西师范大学大学生社会主义核心价值观教育集成化案例

习近平总书记强调：培育和弘扬社会主义核心价值观必须立足中华优秀传统文化。牢固的核心价值观，都有其固有的根本。抛弃传统、丢掉根本，就等于割断了自己的精神命脉。博大精深的中华优秀传统文化是我们在世界文化激荡中站稳脚跟的根基。[①] 作为涵养社会主义核心价值观的文化土壤，中华优秀传统文化的内核与社会主义核心价值观要求深度契合。广西师范大学将社会主义核心价值观教育融入中华优秀传统文化教育，构建传统文化与大学生社会主义核心价值观教育的集成体，实现以文化人，以文育人。

广西师范大学构建传统文化与大学生社会主义核心价值观教育的集成体，主要从以下四个方面展开：一是组织经典诵读。国学经典蕴含着中华优秀传统文化的精髓，通过组织学生以多种方式进行经典诵读，强化了学生对优秀传统文化的感受和理解。如在军训期间，学校要求学生每天先读 15 分钟经典才开始军训。另外还有如"爱心晨读"、"吟唱比赛"等诵读活动。

二是注重课程学习。通过设置选修课，开设系列报告会等，广西师范大学推进中华优秀传统文化教育，深化学生对经典文化的理解。学校编写了《老子今读》、《大学中庸译解》、《庄子分解》、《论语译注》等课程教材，同时还开设了经典解读的选修课和传统文化讲座。并且，将参加和选听文化讲座纳入学校通识课程体系，给予一定学分。

三是突出文化体验。所谓的文化体验就是通过组织礼乐典礼文化、新生拜师礼、书法比赛等的体验式学习来强化学生对中华优秀传统文化的认同。如学校每年以儒家礼乐文化要求设计开学典礼、组织孔子诞辰日论语诵读活动等。通过文化体验，加深了广大学生对优秀传统文化中精髓的认同，这同时也正是社会主义核心价值观的价值要求。

---

① 《习近平谈治国理政》，外文出版社 2014 年版，第 163—164 页。

四是强调公益服务。所谓公益服务，就是支持学生开展与中华优秀传统文化的传承相关的志愿服务活动，让学生在公益服务中践行社会主义核心价值观。广西师范大学自 2013 年以来，组织开展了"小黑板计划"，组织学生利用寒暑假到家乡所在地，通过"一对一"结对诵读，陪伴留守儿童一起读国学经典。这一公益服务项目，也得到了积极响应，全国有 30 多所高校参与其中，还获得了社会各界捐赠 50 多万元。

除此之外，广西师范大学紧扣社会主义核心价值观的教育核心内容，把握新生入学教育、中华传统文化节庆日等关键时间节点，达到了社会主义核心价值观教育事半功倍的效果。可以看出，在教育活动的实施过程中，广西师范大学特别注重教育载体和教育时机的选择。在适当的时候，通过合适的教育载体，提升了教育的实效。

应该说，广西师范大学推进大学生社会主义核心价值观教育集成化，既突出了传统文化教育的内容特色，同时也优化了教育时机和教育载体的选择，即高校集成界面的选择。这一集成体的构建，正是因为集成单元的特色和集成界面的优化，高效地实现了教育集成体的集成效应。

三、启示思考

通过多个案例不难发现，大学生社会主义核心价值观教育集成化是一个长期探索和发展的过程。关键是要把握好社会主义核心价值观的精髓要义，拓展教育视野，集成教育内容，创新教育形式，构建特色各异的大学生社会主义核心价值观教育集成体，进而实现大学生社会主义核心价值观教育的集成效应。具体而言，有以下三点启示。

（一）注重实施原则的集成

实施原则是推动大学生社会主义核心价值观教育集成化的关键一环。科学高效的教育实施原则的确立，对于推动大学生社会主义核心价值观教育集成化具有巨大的统领和推动作用。

一是主导与多样相结合。社会主义核心价值观的二十四个字的价值要求，是价值观教育的核心内容和永恒主题。所有的教育集成体构建都应该紧紧围绕这一教育内容进行展开。一言以蔽之，社会主义核心价值观的教育内容主导着其集成化的根本方向。在此基础上，积极拓展与社会主义核心价值观精神相契合的教育内容，进行有效集成，从而推动社会主义核心价值观教育平面走向立体。这里的集成目标则是教育集成化的重要前提，即提升大学生社会主义核心价值观的教育实效。例如，安庆师范学院将修身教育与社会主义核心价值观教育进行集成，促进学生修德明理，锐意创新。

二是理论与实践相结合。如前所述，培育和践行社会主义核心价值观的内在心理机制，理论上应该包括三个环节，分别是理论认知、情感认同和行为践行。毋庸置疑，社会主义核心价值观的理论教育永远都是价值观教育的核心环节和教育原点。大学生对社会主义核心价值观全面完整的理论认识是各个教育环节的基础和前提。社会主义核心价值观的教育作为一种价值教育与其他知识教育不同，还需要将这种总体的价值要求转变为大学生个人的价值观念，并能进行自觉践行。这其中的关键就是要通过教育实践来推动大学生对社会主义核心价值观的认同和接受。因此，通过多种方式来促进大学生社会主义核心价值观的实践教育也是不可或缺的。

三是线上与线下相结合。随着互联网时代的到来，单一的线下教育形式已经无法满足当代大学生的教育需求。应该说，互联网、新媒体等线上媒介的运用，对于提升大学生社会主义核心价值观教育具有非常突出的促进作用。当然，线上与线下的结合并不是简单两种教育载体和教育平台的集成运用，而是一种线上与线下教育的深度融合和互动。通过线上线下两个维度，构建立体的教育平台，形成教育合力。同时，强化线上与线下的双向互动，将线上的创意性和线下的实效性有效结合，扩大教育的覆盖面和参与度。线上与线下相结合的教育实施原则，在更广的意义上而言，是一种信息时代的教育理念。它重新构筑了一种基于线上与线下集成的教育情境，形成维度立体的教育形式，使社会主义核心价值观从时空性走向了超时空性，增强了大学生社会主义核心价值观教育的渗透力和实效性。

（二）强化教育形式的集成

2016 年，习近平总书记在全国高校思想政治工作会议上强调"要把思想政治工作贯穿教育教学全过程"。实现这一目标，集成理论可谓提供了一种全新的思路。如前所述，要把社会主义核心价值观的教育融入国民教育全过程，各种形式都可以为我所用，关键在于对这些有效形式进行集成，形成教育合力。教育形式多种多样，也在不断发展，概括而言，对于形式的集成应该把握以下三个方面。

一是实现全员育人。作为人类灵魂的工程师，教师承担着"传道、授业、解惑"的重要使命。作为学生的人生导师，教育者首先应该坚持先受教育。作为高校教师自然应该成为社会主义核心价值观的坚定信仰者、积极传播者、模范践行者。其次，教师既有教书的责任，也有育人的使命，应该将教书和育人进行有机统一，将知识教育和价值观教育进行有机统一。最后，教师对于学生思想引导不仅在于传道，还在于立身。只有言传与身教相统一，教师才能以高深的学识和高尚的情操赢得学生敬仰。进而，以模范的言谈举止引导学生培育和践行社会主义核心价值观。在高校，无论是专业教师，还是行政管理人员，还是服务保障人员，都应该全面参与到学生的思想教育当中，推进全员育人。

二是实现全过程育人。人生的扣子需要从一开始就扣好。青年是人生价值观形成的关键时期，而青年大学生的价值观教育则是核心环节。从大处来讲，大学生的社会主义核心价值观教育应该包含三个过程，一是新生入学时期，二是入学后的日常思想政治教育时期，三是毕业生离校时期。新生入学时期是学生刚刚迈入高校，对各类事物都比较陌生，应该强调适应性引导。入学后的日常思想政治教育时期则是大学价值观教育的主体过程，重在夯实基础，强化过程。而毕业生离校时期，时间短，离校毕业的生活主题相对明显，因此应该进一步突出针对性教育。当然，从小处来说，社会主义核心价值观教育也应该贯穿在大学的每一堂课、每一个教育环节。如此，社会主义核心价值观教育才能真正实现过程的全覆盖。

三是实现全方位育人。青年大学生的价值观教育并不是学校教育这一个单向维度，还需要家庭教育、社会教育融入其中。学校教育是主体，承担着知识教育和价值观教育的双重职能。家庭教育是基础，青年学生的行为习惯、人格品质等都是在家庭教育的基础上养成的。社会教育是重要配合，社会风气的好坏对于青年学生价值观的形成具有非常重要的直接影响。学校教育、家庭教育、社会教育共同构建起大学生价值观教育的三个核心维度。三者信息互通、优势互补、协同互动，形成教育合力，共同推进大学生社会主义核心价值观教育。

综上，全员育人、全过程育人、全方位育人从集成理论上说是对教育单元和过程的集成，从多个维度去构建不同组织方式的集成体，最终形成共同指向的大学生社会主义核心价值观集成教育系统。从理论上说，这是大学生社会主义核心价值观教育的各个主体协同和谐的最大规模集成。从教育形式集成度的角度来看，这是一个更高层级的形式集成体，对于具体教育形式的集成具有直接的指导作用。

（三）突出工作机制的集成

高效的集成界面，对于集成效应的充分发挥具有重要作用。推进大学生社会主义核心价值观教育的集成化，关键是要形成高效的教育工作机制。通过多个工作机制的有效集成，激发各个教育要素的活力，实现各类教育主体的协同互动，最终为促进大学生社会主义核心价值观教育的集成化效应实现奠定基础。

一是积极健全理论教育机制。从马克思主义认识论而言，全面的理论认知是提升认识的重要基础。如前所述，理论教育是推进大学生社会主义核心价值观教育的首要和核心环节，理论教育机制的建立健全对于大学生认知社会主义核心价值观具有至关重要的作用。完整的理论教育机制应该包含三个方面：即理论教育队伍、理论教育载体和理论教育制度。拥有高深学识、坚定信仰的师资队伍是关键。与时俱进的理论教育教材、平台等是大学生社会主义核心价值观的核心。而以教育方案、评价制度等为主要内容的理论教育制度则是理论教育的核心。健全理论教育机制的主要要求就是要围绕学生，面向时代，突出针对性和感染力。

二是积极健全实践体认机制。深入认同社会主义核心价值观，并在日常生活中予以自觉践行，应该是大学生社会主义核心价值观教育的最高目标。实践体认机制是促进认识和指导实践的关键一步。因此，推进大学生践行社会主义核心价值观，实践体认机制是前提。完善的实践体认机制应该包含三个方面：即深入的教育引导、广阔的实践平台、科学的成效评价。实践体认机制的建设和运行本身是一个复杂的问题，其中最重要的是要调动社会、企业等多类教育资源，协同育人，拓展大学生社会主义核心价值观实践体认的深度和广度。以此为基础，使大学生在实践中将社会主义核心价值观转化为个人价值崇尚，实现对心理认同和行为践行。

三是积极健全基础保障机制。社会主义核心价值观是我国关于公民价值观内容的最大公约数，应该成为国民思想教育的核心内容。同理，社会主义核心价值观在大学的教育体系中，也应该成为思想政治教育的引领和先导。因此，在思想政治教育领域，应该大力集聚资源，构建社会主义核心价值观全面的基础保障机制。主要是要从人、财、物等方面予以支撑保证。如前所述，资源集聚就是基础保障机制的根本要求。集中力量，才能办好大事。当然，基础保障机制的健全还有赖于学校、社会、企业、政府等各个主体的全面推动和协同共享，如此才是真正将社会主义核心价值观教育融入了国民教育之中。

三个机制的集成和健全，是构成大学生社会主义核心价值观教育集成体集成界面的核心要求。而在各个工作机制的具体建设过程中，也需要主体、过程、资源等方面的集成。无论从整体还是局部而言，都是对集成理论的深度实践。

专题 IV　"三全育人"综合改革

一、背景分析

集成单元是形成集成体的基本物质条件，也是构成集成体或集成关系的基本要素。质参量反映集成单元的内在性质，而象参量则反映其外部特征。在一个集成体中，集成单元越多，则其集成度也就越高。因此，在科学高效的集成界面条件之下，最大限度地拓展集成单元，那么其集成效应也将发挥得更好。并且，在集成管理中，围绕同一个集成目标，又可以通过单元集成、过程集成、系统集成的组织方式来构建集成体，进而实现功能倍增的集成效应。所以，集成管理作为一种管理行为而言，并不只是将两个以上的集成单元进行集合，构成集成体的过程，而是包含建设集成体、选择集成模式、完善集成界面的行为与过程。

习近平总书记在 2016 年 12 月召开的全国高校思想政治工作会议上强调，要坚持把立德树人作为中心环节，把思想政治工作贯穿到教育教学全过程，实现全程育人、全方位育人。自此之后，深化"三全育人"综合改革便成为高校思想政治工作的核心主题。最早提出"三全育人"可以追溯到 2005 年的全国加强和改进大学生思想政治教育工作会议。胡锦涛同志在会上指出：各高校要努力形成党委统一领导，党政群团齐抓共管，全体教职员工全员育人、全方位育人、全过程育人的工作机制。进入新时代，在新的历史方位和时代要求之下，"三全育人"又有了新的内涵。中央近年下发的《中共中央、国务院关于加强和改进新形势下高校思想政治工作的意见》，为深化"三全育人"综合改革进行了全面部署和系统规划，是新时代推进高校思想政治工作的根本遵循。

教育部党组在 2017 年 12 月 6 日印发了《高校思想政治工作质量提升工程实施纲要》（下文称《纲要》），《纲要》以构建一体化育人体系为核心，旨在着力深化"三全育人"综合改革，打通育人最后一公里。《纲要》在主要内容中提出了构建课程、科研、实践、文化、网络、心理、管理、服务、资助、组织等"十大育人"体系，并设计了具体的实施内容、载体、路径和方法。应该说，这既是贯彻落实全国高校思想政治工作会议的重要举措，也是深化"三全育人"综合改革的具体指导。教育部办公厅在 2018 年 5 月下发了《关于开展"三全育人"综合改革试点工作的通知》，委托部分省（区、市）、高校和院（系）开展"三全育人"综合改革试点工作。文件将改革试点分为三个类别，分别是"三全育人"综合改革试点区、"三全育人"综合改革试点高校、"三全育人"综合改革试点院（系）。通过立项资助、试点建设的方式，来推动构建高效完善的高校思想政治工作体系，进而形成全员全过程全方位育人格局。各省、直辖市、自治区也相继开始推行"三全育人"综合改革试点，于是"三全育人"综合改革在全国各地区、各高校逐步推广开来。

全员全过程全方位育人就是要全面统筹各领域、各环节、各方面的育人资源和育人力量，来推动思想政治工作，着力培养担当民族复兴大任的时代新人。从本质上来说，就是对各类人员、各个环节、各类资源、各个领域等育人要素进行集成管理，进而构建"三全育人"集成体。这是在坚持立德树人根本任务的前提下，对现有育人资源存量的最大激发，是一种对育人工作的有效集成管理，能极大地提升育人工作实效。从集成管理的角度来看，"三全育人"综合改革关键在于集成单元拓展的有效性和集成界面建设的科学性。而这两方面又是一个不断发展变化的过程。因此，深化"三全育人"综合改革，既要"全"，也要"实"。在坚持育人导向的前提下，因事而化、因时而进、因势而新，"三全育人"工作格局才能得到有效构建。

二、案例探讨

（一）桂林电子科技大学"三全育人"综合改革案例

桂林电子科技大学切实加持党的领导，认真贯彻落实全国高校思想政治工作会议精神，扎实推进"三全育人"综合改革。在该校具体的"三全育人"综合改革过程中，充分发挥了党建工作的引领作用，有效地提升了改革工作成效。其工作经验主要集中在以下三个方面。

一是坚持立德树人根本，扎实推进全员育人。该校全面围绕立德树人根本任务，通过"三全育人"示范校建设动员会、精神宣讲报告会等形式，在全校上下凝聚育人共识，营造浓厚的全员育人氛围。制定出台了《关于加强和改进新形势下思想政治工作的实施办法》等制度，进一步完善机制，搭建育人平台。全面实施党员中层干部担任本科生班主任，专家教授担任本科生班级学业导师制度，建立舆情监控员、网络评论员队伍，充分发挥教工党支部育人功能，有效地推进了育人队伍建设。

二是把握教书育人规律，扎实推进全过程育人。全面推进社会主义核心价值观"三进"工作，真正把社会主义核心价值观融入校园文化、校风学风建设；制定了《桂林电子科技大学"新时代本科课程综合改革"实施方案》，设置"大思政"课程体系建设项目。招标建设以提高学生综合素质为目的的"专业通识课程群"，设立思政课程专项教改项目，不断推进了思政课程和课程思政建设。启动了课程育人、科研育人、实践育人、文化育人等10个质量提升工程，全面构建一体化的育人体系。表彰宣传第六届全国道德模范杨科璋、"全国最美家庭"孙立贤家庭、全国三八红旗手苗蕾等先进典型。汇集校园先进人物事迹，编印《榜样的力量》，充分发挥典型示范作用。

三是创新思想政治教育，扎实推进全方位育人。以"互联网+党建"为抓手，发挥党建引领作用。建设了涵盖"党务管理信息系统"、"党建ERP系统"、"党员网络教育系统"、"党员积分管理系统"、"党支部评星定级系统"等五个模块的"智慧党建云平台"，在每个二级党组织和学生公寓区建设开放式的标准化党员活动室，开设线上线下"青马班"、"花江精英班"。制作学生喜闻乐见的新媒体作品，如十九大精神宣讲动漫，"跟着总书记重温入党誓词"H5微信等，提升了思想政治教育的感染力。另外，学校还基于本身的网络信息技术工作特色，承建了教育部广西高校舆情信息工作分中心，运营维护广西教育系统舆情监控平台，以此为契机，全面加强了学校的网络舆情监控工作。

桂林电子科技大学立足学校学科专业特色，充分发挥党建引领作用，以课程思政改革为重点，扎实推进"三全育人"综合改革。因为该校育人工作特色突出，成绩显著，还作为广西高校代表，参加了2017年全国加强和改进高校思想政治工作座谈会并作经验交流。

（二）四川大学华西临床医学院"三全育人"综合改革案例

四川大学华西临床医学院作为四川大学的二级单位，充分利用四川大学作为高水平综合性大学的资源优势，以提升医学生胜任力为导向，积极推进"三全育人"综合改革。作为一个高校的教学院系来开展"三全育人"综合改革，其主要特色就是围绕医学生的培养为核心导向，具体来说，其工作经验主要是以下几个方面。

一是集聚资源，着力推进全员育人。首先，改革管理架构。四川大学华西临床医学院与四川大学华西医院实行"院院合一"、"系科合一"、"室科合一"，开创高等医学教育独有管理体制，使教学机构和医疗、科研单位融为一体，围绕本科教学实现资源集约化配置。同时，在科室设立教学主任、实践教学专职教学岗等，以此突出人才培养的核心地位。其次，构建激励机制。华西临床医学院每年对于医学生培养给予足够的经费支持，同时还确保最优资源要为育人所用。同时，学院积极改革分配制度，确保教学工作所得不低于临床工作所得，有效地激发了教师的育人工作积极性。在职称晋升中，专门设置"医疗教学系列"，鼓励广大中青年教师将潜心教书育人作为其职业生涯的发展方向。最后，实行本科生导师、兼职班主任、名誉班主任等制度，形成育人合力。进一步强化导师职责，实现本科生导师全覆盖。积极鼓励专业教师参与学生的课外指导。通过引入学生参与科学研究，或者指导学生开展学术创新，促进学生成长成才。四年来，华西临床医学院共有800余人次教师指导学生完成大学生创新创业训练计划校级项目675项，省级项目62项，国家级项目48项。

二是遵循规律，着力推进全过程育人。首先，加强阵地管理。学院制定了《四川大学华西临床医学院/华西医院意识形态工作责任制实施办法》，以此来规范课堂教学管理。其次，推进师德师风建设。同时还制定了《四川大学华西临床医学院/华西医院关于进一步加强教风学风建设的实施意见》，深化从严治教，从严治学，营造良好的育人环境和氛围。最后，加强课程思政建设。学院将"医学职业素养要求"融入医学教育的全课程，既有思想理论的教育，也有科学人文精神的培养。将社会主义核心价值观教育融入医学教育全课程。制定《本科课程教学基本要求》，强化课程思政标准和要求。同时在教学质量监控过程中，也要求充分关注在医学专业教学中的思想政治教育内容。另外，学院还通过医学生宣誓、授予白大褂仪式等活动，有效发挥仪式的育人功能，提升育人工作的感染力。

三是构建体系，着力推进全方位育人。首先，规范第二课堂体系。学院制定了《华西临床医学院学生综合素质教育规划手册》，构建了以"我是医学生"主题教育活动为核心的第二课堂活动体系。同时，还组建了舞蹈队、声乐队、摄影队、语言队、器乐队等社团，组织开展文艺演出。从新生入学直至毕业，通过规范化的主题活动，充分发挥校园文化的育人作用。其次，结合医学生特点，弘扬社会主义核心价值观。通过"我为核心价值观代言"等活动形式，积极开展社会主义核心价值观的宣传教育。除此之外，还组织开展了践行社会主义核心价值观班团组织公约撰写评比活动，确定了以

"爱国励志，勇担复兴大任；求真力行，圆梦最好医科"为具体内容的《四川大学华西临床医学院践行社会主义核心价值观医学生公约》，有效推进了学院学生将社会主义核心价值观内化于心，外化于行。再次，充分发挥医疗科研优势，推进科研育人。进一步完善了学生进科研实验室、进科研项目、进教师科研团队制度，极大地提升了学生创新创业能力。最后，开展实践育人创新。华西临床医学院构建了"一医一护一志愿"模式，并积极组织医学生参加各类志愿服务活动。经过 15 年的探索实践，学院逐步形成了"阳光中国梦"医学生急救志愿服务项目，包括阳光中国——社会急救知识技能普及，生命干线——重大灾害应对志愿服务，安全川大——川大急救知识技能普及，益暖华西——门急诊道义陪护志愿。该项目荣获 2016 年中央文明办评选的全国 100 个最佳志愿服务项目称号。通过规范化、精品化的志愿服务实践，使广大医学生切实将理论运用于实际，并在实践中受教育、长才干。

（三）桂林航天工业学院"三全育人"综合改革案例

桂林航天工业学院作为一所具有鲜明航天学科专业特色的高校，在推进"三全育人"综合改革的工作中，也全面依托航天特色，在实践中逐渐形成了具有航天特色的一体化育人体系。其改革创新的经验主要是以下三个方面。

一是以航天特色思政课程改革为契机，推动全员育人。学校专题立项航天特色课程教改课题，以"新时代·航天梦·中国梦"为主题，将航天精神和航天故事，融入到思想政治理论课、专业课以及专业实践。进一步扩大航天特色教学实践在专业学习中的比重，如在课程教学中组织学生到桂林飞虎队遗址、桂林航天 165 厂、桂林航天博物馆等航空航天特色基地进行考察学习，并与此同时来推进思想政治教育。另外，学校积极深化航天精神与教育教学相结合。即将航天精神讲授与专业学习研究相结合，将航天成就与形势政策宣讲相结合，将航天文化与学生第二课堂活动相结合。同时，并以此作为重要标准来培育航天品质教研团队。

二是以思政工作同频共振为抓手，来推动全方位育人。首先，学校建设了一批互动思政课程。如《中国近现代史纲要》、《毛泽东思想和中国特色社会主义理论体系概论》等课程，都已经实现集"PC 端+手机端+微信端"为一体的一站式学科网站，初步建立线上线下、课内课外融合联动的课堂。其次，制作了一批网络思政视频。学校原创了 10 集航天精神系列动漫作品，并推出了"航天工匠"、"载人航天精神"、"社会主义核心价值观校园行"等微视频作品，并同步进行了议题设置，引导师生广泛开展学习讨论。最后，打造了一批特色思政活动。学校每年组织开展"航天日"、航天科技文化节等主题活动，来培育和践行社会主义核心价值观。总之，学校通过课内课外、线上线下思想政治教育的同频共振，有效推动了全方位育人。

三是以"航天+"为核心，来推动全过程育人。学校根据大学生的成长过程与特点，切实推动"航天+"、"知、情、意、行"4 个方面，创造性地推动了全过程育人。首先是普及航天科技认知。通过航天科技活动、航天讲坛、航天知识竞赛等，有效提升了广大学生的航天科技认知和思想政治素质。其次是培养航天文化情怀。通过邀请中国航天英雄杨利伟、神舟飞船总设计师戚发轫、陆基巡航导弹总设计师刘永才等名人、院士来学校与师生进行零距离交流，进一步激发广大学生热爱祖国、投身航天的情怀。再次是锤炼航天品格意志。通过设立中国航天奖学金、中国航天科技集团公司 CASC 奖学金等来激励桂航学子。同时，广泛宣传中国航天人热爱祖国、艰苦创业的励志事迹，来砥砺广大学生的航天品格与意志。最后是促进航天精神践行。学校通过"航天行"主题社会实践、推行航天科普计划、建立航天科普基地、打造"航天人，奉献有我"活雷锋志愿团队等形式，积极推动广大学生践行航天精神。

应该说，桂林航天工业学院在推进"三全育人"综合改革的过程中，创造性地运用了集成管理的思想，在工作内容上是特色鲜明的，在运行机制上是协同联动的。因此，桂林航天工业学院被成功立项为广西壮族自治区首批"三全育人"综合改革试点院校。

三、启示思考

应该说，"三全育人"综合改革是当前加强和改进大学生思想政治教育工作最为核心的课题。"三全育人"从集成理论上来说，充分集成了育人队伍、内容系统以及教育过程，是一个特色鲜明、科学高效的教育集成体，生动地体现了集成管理理论在大学生思想政治教育工作改革创新上的有效实践。总体来说，有以下三点启示。

（一）以功能倍增为目标，深化集成管理

立德树人是高校的根本任务。为党育人、为国育才，关系到中国特色社会主义事业和中华民族伟大复兴的实现。因此，各教育主管部门和各高校都要深刻认识立德树人的重要意义，切实将一切思想和行动统一到育人上来。

在深化"三全育人"综合改革中，首先应当统一思想认识。只有统一了认识的育人主体，才是有效的集成单元，才能成为推动全员育人的重要力量。高校教职员工要深刻领会育人工作的重要性和紧迫性，增强育人的使命感和责任感，积极拥护和参与全员育人。管理职能部门和教学科研单位也须通过一步深化工作认识，把立德树人工作落实到职责上，体现在管理中，通过明确育人职责，强化质量管理的方式来推动"三全育人"综合改革。

其次，要统筹育人资源。"三全育人"综合改革是一项面向全体的工作动员部署，并不是单方面的专项改革。因此，高校要加强资源的统筹协调，聚焦育人使命，集聚育人资源，发挥育人要素的集聚效应。在资源的统筹过程中，关键是要统筹好"三全育人"综合改革和高校"双一流"建设，以及与各高校教育领域综合改革的关系。在立德树人和发展事业的总目标上来加强统筹，推进改革。

最后，要深化集成管理。如前所述，"三全育人"综合改革其实质是构

建一个科学高效的育人集成体。因此，推进"三全育人"综合改革并不是育人力量的简单相加，必须要进行集成管理。通过有效的相容互补、聚合重构等方式来进行集成组织，从而形成育人合力，达到功能倍增的集成效应。如此，才能保证改革的成功和育人的实效。

（二）以整体寻优为导向，凝练集成特色

推进集成管理，不是简单地对集成单元进行数量的集成，必须充分利用集成条件，努力提升集成度（关联度和融合度），进而确保集成效应的有效实现。"三全育人"综合改革从工作实践上来说是国家推进大学生思想政治教育工作的重要战略举措。就此而言，国家既出台了整体的工作方针，也制定了明确的管理标准。但高校在深化改革的具体工作过程中，却不能复制沿袭，必须从实际出发。因此，特色引领和关键突破是各高校在深化"三全育人"综合改革中必须充分认识的管理举措。

首先，必须立足特色实际。高校深化"三全育人"综合改革，前提是要从实际出发。即要充分关注学校的办学层次、学科特色、区位优势和文化传统。这些都是高校存在发展的重要因素，也是推进各项改革工作的核心基础。坚持从实际出发，充分发挥已有特色优势，如此才能为推进集成管理，深化"三全育人"综合改革提供不可或缺的现实条件。

其次，必须凝练精品特色。正是因为各高校的改革基础和工作实际不同，因此在推进"三全育人"综合改革的过程自然也就是精彩多样的工作局面。在弘扬传统的基础上进行改革的探索实践，这其实就是一个打造精品、凝练特色的过程。这些精品和特色从某种意义上来说就是改革成效的确证。

最后，必须实现关键突破。综合改革是一个系统工程，涉及教育教学的各个方面。每个高校的工作实际也不尽相同。整体推进虽然是改革的理想状态，但往往对推动改革收效甚微。所以，在深化"三全育人"综合改革的过程中，既要遵循改革的整体原则，也要聚焦改革的工作内容，但更要瞄准

制约学校育人工作的重点和难点。以此为改革的关键，实现重点突破，从而促进改革工作的推进。

（三）以协同联动为核心，优化集成界面

集成界面是集成单元之间接触方式和机制的总和，是集成关系形成和发展的基础。科学高效的集成界面，对于推进集成管理，实现集成效应具有关键作用。"三全育人"综合改革是对高校各育人要素的一次全面的集成管理，涉及育人主体、育人内容、育人过程、育人场域、育人资源等多个方面。因此，要对这些育人要素进行全面的集成管理，形成一体化的育人体系，实现育人工作的集成效应，则必须有赖于一个科学高效的集成界面即"三全育人"工作机制。

一方面，必须夯实制度基础。制度设计工作，是推进"三全育人"综合改革工作的重要基石。科学的改革制度设计直接关乎改革工作的成败。在"三全育人"综合改革整个制度体系的设计中，三个方面的内容不可或缺。首先，完善改革设计。即要有一个整体的改革工作方案，其中既涉及全面育人工作的整体改革，也涵盖重点突破的关键领域，既有符合学校实际的改革总体目标，也有分阶段推进的任务安排。其次，明确育人职责。"三全育人"综合改革是调动一切育人要素来共同推动立德树人工作。这些要素育人功能的发挥，关键是要明确各个单位、各类岗位、各类人员、各个过程、各块工作的育人内容和育人职责。并且，通过标准化的质量管理来推动育人职责的落实。这是对现有制度体系的最大改革，因此是改革的核心所在。最后，组织改革评价。评价是指挥棒，是试金石。在组织改革评价的工作中，考核机制和激励机制缺一不可。将绩效评价引入"三全育人"综合改革过程中，以此倒逼改革工作责任的落实，从而顺利推进各项改革内容。

另一方面，必须完善工作机制。科学的制度设计是改革成功的基础，高效的工作运行机制则是改革顺利推进的保证。"三全育人"综合改革是对高效教育教学各主体、各内容、各过程的育人工作改革，规模大，任务重。因

此，高效的工作运行机制，是提升改革效率的重要保障条件。首先，必须加强组织领导。坚持党的领导，充分发挥学校党委在推进"三全育人"综合改革工作中的领导核心作用，统筹改革工作布局，协调改革工作推进。在此基础上，努力形成一个党委统一领导，改革工作小组具体负责，相关单位全面落实，广大师生共同参与的组织领导体系。其次，必须加强协同联动。"三全育人"综合改革涉及高校的教学科研单位、管理服务部门以及普通教职员工。各改革主体之间必须加强工作联动，深化协同创新，避免资源浪费，降低改革成本，提升"三全育人"综合改革的集约化和实效性。最后，必须加强结果运用。推进改革的过程，也是工作评价的过程。改革的成效是评价的依据。因此，评价的结果必须强化在改革工作中的运用。通过评价结果的运用来督促改革，推进改革。

主要参考文献

《马克思恩格斯选集》第1—4卷，人民出版社 2012 年版。

《马克思恩格斯文集》第1卷，人民出版社 2009 年版。

《马克思恩格斯全集》第 37 卷，人民出版社 1995 年版。

《习近平谈治国理政》第1卷，外文出版社 2018 年版。

《习近平谈治国理政》第2卷，外文出版社 2017 年版。

《中共中央关于坚持和完善中国特色社会主义制度推进国家治理体系和治理能力现代化若干重大问题的决定》，《光明日报》2019 年 11 月 6 日。

习近平：《关于〈中共中央关于全面深化改革若干重大问题的决定〉的说明》，《光明日报》2013 年 11 月 16 日。

《加强改革系统集成协同高效推动各方面制度更加成熟更加定型》，《光明日报》2019 年 9 月 10 日。

《习近平在全国宣传思想工作会议上强调　胸怀大局把握大势着眼大事　努力把宣传思想工作做得更好》，《人民日报》2013 年 8 月 21 日。

习近平：《在欧美同学会成立 100 周年庆祝大会上的讲话》，《人民日报》2013 年 10 月 22 日。

习近平：《在纪念毛泽东同志诞辰 120 周年座谈会上的讲话》，《人民日报》2013 年 12 月 27 日。

《习近平在调研指导兰考县党的群众路线教育实践活动时强调　大力学习弘扬焦裕禄精神继续推动教育实践活动取得实效》，《人民日报》2014 年 3 月 19 日。

习近平：《在哲学社会科学工作座谈会上的讲话》，《人民日报》2016 年 5 月 19 日。

习近平：《在庆祝中国共产党成立 95 周年大会上的讲话》，《人民日报》2016 年 7 月 2 日。

习近平：《在纪念红军长征胜利 80 周年大会上的讲话》，《人民日报》2016 年 10

月 22 日。

习近平：《在纪念周恩来同志诞辰 120 周年座谈会上的讲话》，《人民日报》2018 年 3 月 2 日。

习近平《在深入推动长江经济带发展座谈会上的讲话》，《人民日报》2018 年 6 月 14 日。

《习近平在全国宣传思想工作会议上强调：举旗帜聚民心育新人兴文化展形象 更好完成新形势下宣传思想工作使命任务》，《人民日报》2018 年 8 月 23 日。

《习近平在全国教育大会上强调：坚持中国特色社会主义教育发展道路 培养德智体美劳全面发展的社会主义建设者和接班人》，《人民日报》2018 年 9 月 11 日。

习近平：《在庆祝改革开放 40 周年大会上的讲话》，《人民日报》2018 年 12 月 19 日。

习近平：《青年要自觉践行社会主义核心价值观——在北京大学师生座谈会上的讲话》，《人民日报》2014 年 5 月 5 日。

习近平：《做党和人民满意的好老师——同北京师范大学师生代表座谈时的讲话》，《人民日报》2014 年 9 月 10 日。

习近平：《决胜全面建成小康社会夺取新时代中国特色社会主义伟大胜利——在中国共产党第十九次全国代表大会上的报告》，《人民日报》2017 年 10 月 28 日。

习近平：《辩证唯物主义是中国共产党人的世界观和方法论》，《求是》2019 年第 1 期。

习近平：《努力造就一支忠诚干净担当的高素质干部队伍》，《求是》2019 年第 2 期。

习近平：《在北京大学师生座谈会上的讲话》，《人民日报》2018 年 5 月 3 日。

《习近平主持召开学校思想政治理论课教师座谈会强调 用新时代中国特色社会主义思想铸魂育人 贯彻党的教育方针 落实立德树人根本任务》，《人民日报》2019 年 3 月 19 日。

习近平：《在党的群众路线教育实践活动总结大会上的讲话》，《人民日报》2014 年 10 月 9 日。

《习近平在全国高校思想政治工作会议上强调 把思想政治工作贯穿教育教学全过程 开创我国高等教育事业发展新局面》，《人民日报》2016 年 12 月 9 日。

《习近平首次点评"95 后"大学生》，《人民日报》2017 年 1 月 3 日。

《"新时代高校思想政治理论课创优行动"工作方案》（2019）。

《关于深化新时代学校思想政治理论课改革创新的若干意见》（2019）。

《关于加强和改进新形势下高校思想政治工作的意见》（2017）。

《关于实施中华优秀传统文化传承发展工程的意见》（2017）。

张耀灿等：《现代思想政治教育学》，人民出版社 2006 年版。

张耀灿等：《思想政治教育学前沿》，人民出版社 2006 年版。

张耀灿等：《高校思想政治理论课教育教学质量检测体系研究》，经济科学出版社 2014 年版。

秦在东：《思想政治教育管理论》，湖北人民出版社 2003 年版。

秦在东：《社会主义精神质量：逻辑关联与价值转换》，华中师范大学出版社 2010 年版。

冯刚：《探索思想政治教育发展的内生动力》，人民出版社 2017 年版。

冯刚：《改革开放以来高校思想政治教育发展史》，人民出版社 2018 年版。

陈秉公：《思想政治教育学原理》，高等教育出版社 2006 年版。

宋元林等：《网络文化与人的发展》，人民出版社 2009 年版。

宋元林等：《网络文化与大学生思想政治教育》，湖南人民出版社 2006 年版。

石云霞：《中国共产党思想理论教育 30 年（1978—2008）》，高等教育出版社 2008 年版。

骆郁廷：《思想政治教育原理与方法》，高等教育出版社 2010 年版。

谢守成：《大学生思想政治教育创新研究》，湖北人民出版社 2007 年版。

谢守成、王长华：《国际化视野下大学生思想政治教育创新发展研究》，人民出版社 2014 年版。

沈壮海：《思想政治教育有效性研究》，武汉大学出版社 2016 年版。

沈壮海等：《中国大学生思想政治教育发展报告 2017》，北京师范大学出版社 2018 年版。

万美容：《思想政治教育方法发展研究》，中国社会科学出版社 2007 年版。

项久雨：《思想政治教育价值论》，中国社会科学出版社 2003 年版。

罗洪铁：《思想政治教育基础理论研究》，西南师范大学出版社 2000 年版。

李俊奎等：《思想政治教育效益论》，中国社会科学出版社 2012 年版。

钱学森：《论系统工程》，湖南科学技术出版社 1982 年版。

李必强：《管理探求》，武汉理工大学出版社 2006 年版。

黄杰：《信息管理集成论》，经济管理出版社 2006 年版。

李红革：《大学生思想政治教育思维模式研究》，中国文史出版社 2014 年版。

刘志忠、李毅：《过程转化论》，中国展望出版社 1988 年版。

王伟军、黄杰：《企业信息资源集成管理》，华中师范大学出版社 2008 年版。

周建安：《政府部门集成管理》，中国标准出版社 2013 年版。

谭力文、李燕萍：《管理学（第三版）》，武汉大学出版社 2009 年版。

唐孝威：《一般集成论研究（第一辑）》，浙江大学出版社 2013 年版。

黎军：《网络学习概论》，上海人民出版社 2006 年版。

李宝山、刘志伟：《集成管理——高科技时代的管理创新》，中国人民大学出版社 1998 年版。

秦在东：《思想政治教育学的理论结构探微》，《思想政治教育研究》2011 年第 2 期。

秦在东、唐佳海：《新时代提升文化育人质量的基本方略》，《思想理论教育》2019 年第 2 期。

张澍军：《论思想政治教育的历史定位与运行特征》，《教育研究》2015 年第 4 期。

王伟光：《人类思维方式、认识方法的一场革命——关于运用"综合集成实验室"开展经济社会发展和社会科学总体研究的意义》，《哲学研究》2009 年第 5 期。

冯刚：《新时代文化育人的理论考察》，《学校党建与思想教育》2019 年第 5 期。

骆郁廷：《论思想政治教育内容结构及其优化》，《学校党建与思想教育》2002 年第 Z1 期，第 39 页。

熊建生：《思想政治教育内容结构研究导论》，《思想理论教育》2007 年第 Z1 期，第 77 页。

邱仁富：《"课程思政"与"思政课程"同向同行的理论阐释》，《思想教育研究》2018 年第 4 期。

胡凯、杨竞雄：《习近平社会主义意识形态治理思想探析》，《思想政治教育研究》2014 年第 6 期。

王莎、徐建军：《运用大数据增强大学生思想政治教育实效性研究》，《思想理论教育》2016 年第 9 期。

廖和平等：《制约高校思想政治教育实效性的原因分析》，《思想教育研究》2003 年第 10 期。

李红革、唐佳海：《集成视阈下社会主义意识形态治理探析》，《江淮论坛》2015 年第 6 期。

李红革、唐佳海、王威峰：《集成视角下大学生思想政治教育实效性研究》，《湖南科技大学学报（社会科学版）》2016 年第 5 期。

侯勇、孙其昂：《思想政治教育系统与体系优化》，《思想教育研究》2010 年第 11 期。

王火利：《大学生日常思想政治教育调查分析（上）》，《思想教育研究》2017 年第 11 期。

徐冶琼：《大学生日常思想政治教育调查分析（下）》，《思想教育研究》2017 年第 11 期。

陈腾等：《主体性教育视阈下大学生思想政治教育的实效性研究》，《湖北社会科学》2017 年第 12 期。

杜利英：《从实践角度论高校思想政治教育实效性的提升》，《电子科技大学学报（社会科学版）》2017 年第 2 期。

卢东祥：《移动互联网时代大学生思想政治教育实效性研究》，《学校党建与思想教育》2017 年第 4 期。

陆璐：《人文关怀视野中的大学生思想政治教育实效性》，《中国高等教育》2018 年第 22 期。

田丽娜：《提升大学生思想政治教育质量的维度转换研究》，《学校党建与思想教育》2013 年第 3 期。

吴少华：《大学生思想政治教育实效：前提、保障与预期》，《毛泽东思想研究》2016 年第 3 期。

李必强：《论管理创新和管理集成创新》，《中国地质大学学报（社会科学版）》2003 年第 5 期。

海峰、李必强、冯飞艳：《集成论的基本范畴》，《中国软科学》2001 年第 1 期。

海峰、李必强：《集成论的基本问题》，《自然杂志》2000 年第 4 期。

王乾坤：《集成管理原理分析与运行探索》，《武汉大学学报（哲学社会科学版）》2006 年第 3 期。

王树恩：《反馈控制与前馈控制》，《齐鲁学刊》1989 年第 6 期。

霍国庆、杨英：《企业信息资源的集成管理》，《情报学报》2001 年第 1 期。

潘慧明、黄杰：《集成的基本原理与模式研究》，《湖北工业大学学报》2006 年第 2 期。

孙晓东：《警务系统运行机理及控制方略》，《公安大学报》1999 年第 5 期。

王习胜：《一体两翼：思想政治教育质量保障的内在根基》，《思想理论教育》2018 年第 8 期。

房广顺、李鸿凯：《以大学生获得感为核心提升思想政治理论课教学质量》，《思想理论教育》2018 年第 2 期。

张根福、朱坚:《亲和力和针对性:提升高校思想政治理论课质量与水平的重要途径》,《思想理论教育导刊》2017 年第 3 期。

应中正、严帅、谌荣彬:《推进大学生日常思想政治教育供给侧改革》,《高校辅导员》2017 年第 5 期。

秦书生、李毅:《习近平高校立德树人思想的逻辑阐释》,《现代教育管理》2018 年第 8 期。

曾兰:《论内容优化与大学生思想政治教育质量提升》,《思想教育研究》2016 年第 2 期。

李立、周义:《新时代大学生思想政治工作质量提升路径研究》,《学校党建与思想教育》2018 年第 8 期。

刘俊峰:《大学生思想政治教育质量评价中的协同育人研究》,《学校党建与思想教育》2018 年第 1 期。

后　记

在中国共产党成立 100 周年之际，中共中央、国务院印发的《关于新时代加强和改进思想政治工作的意见》指出，思想政治工作是党的优良传统、鲜明特色和突出政治优势，是一切工作的生命线。加强和改进思想政治工作，事关党的前途命运，事关国家长治久安，事关民族凝聚力和向心力；要坚持守正创新，推进理念创新、手段创新、基层工作创新，使新时代思想政治工作始终保持生机活力。高校思想政治工作关系高校培养什么样的人、如何培养人以及为谁培养人这个根本问题。高校要牢记立德树人初心，不忘为党育人、为国育才使命，结合大学生成长的新情况新需求，更加有效地传播马克思主义，增进对习近平新时代中国特色社会主义思想的政治认同、思想认同、理论认同、情感认同，更好地培育堪当民族复兴重任的时代新人、全面发展的社会主义建设者和接班人。

近年来，本人立足习近平总书记关于集成与思想政治工作的重要论述，对大学生思想政治教育实效性问题进行了较为系统深入的探索与研究。2015年获得国家社会科学基金项目"集成视角下大学生思想政治教育实效性研究"立项资助，此后还陆续获得湖南省高校思想政治工作名师工作室建设项目、湖南省社科评审委员会重大项目等项目资助，形成了系列研究和实践成果，产生了较好社会反响。本著作深入探讨了以集成提升大学生思想政治教育实效性的理论基础、现状考察与对策方法等问题，具有一定创新价值，但是因为大学生思想政治教育工作是一项复杂系统工程，该研究不可避免存在一些不足，还需要进一步深化研究。

在课题研究和专著撰写过程中，华中师范大学博士生导师秦在东教授给予了悉心指导并欣然为该书作序；湖南科技大学宋元林教授、禹旭才教授、戴树根教授、叶文忠教授和湖南文理学院周忠华副教授等学者提出了诸多宝贵意见，唐佳海、王威峰、张本青、彭立春、刘韧、吴大平、蒋利平、戴开成等博士广泛参与调研、资料收集和学术研讨等工作，为本研究顺利完成付出了辛勤的劳动，在此表示衷心感谢。

本研究还得到了湖南省高校思想政治工作专项资金资助，在此表示感谢。

特别感谢教育部思政司《高校思想政治工作研究文库》的资助；感谢人民出版社忽晓萌老师为本书的付梓所付出的努力。

本书在写作过程中参阅了大量文献，在此对相关作者一并表示谢意。

李红革

2021 年 8 月 6 日

责任编辑:忽晓萌

封面设计:林芝玉

版式设计:王欢欢

图书在版编目(CIP)数据

集成视角下大学生思想政治教育实效性研究/李红革 著. —北京:人民出版社,
　2021.12

(高校思想政治工作研究文库)

ISBN 978－7－01－023893－7

Ⅰ.①集… Ⅱ.①李… Ⅲ.①大学生-思想政治教育-研究-中国
Ⅳ.①G641

中国版本图书馆 CIP 数据核字(2021)第 212881 号

集成视角下大学生思想政治教育实效性研究

JICHENG SHIJIAO XIA DAXUESHENG SIXIANG ZHENGZHI JIAOYU SHIXIAOXING YANJIU

李红革　著

人民出版社 出版发行

(100706　北京市东城区隆福寺街 99 号)

中煤(北京)印务有限公司印刷　新华书店经销

2021 年 12 月第 1 版　2021 年 12 月北京第 1 次印刷
开本:710 毫米×1000 毫米 1/16　印张:16.25
字数:232 千字

ISBN 978－7－01－023893－7　定价:65.00 元

邮购地址 100706　北京市东城区隆福寺街 99 号
人民东方图书销售中心　电话 (010)65250042　65289539